Frank Arnold

Der beste Rat, den ich je bekam

Lebensrezepte von Spitzenköchen

Carl Hanser Verlag

Die Inhalte dieses Buches wurden sorgfältig recherchiert und erarbeitet. Dennoch übernehmen Autor, Beitragende und Verlag keine Haftung für die Richtigkeit von Angaben, Ratschlägen und allen weiteren Inhalten sowie für eventuelle Druckfehler.

Die Mitwirkung der Köche an diesem Buch erfolgte ausschließlich auf Initiative von Dr. Frank Arnold. Weder Dr. Frank Arnold noch Familienangehörige, Freunde oder Mitarbeiter der ARNOLD Management GmbH sowie des Verlags haben Vergünstigungen, finanzielle Zuwendungen oder Einladungen von den Beitragenden oder deren Arbeitgebern erhalten. Keiner der im Buch vertretenen Spitzenköche oder deren Arbeitgeber hat sich zu einer Mindestabnahme von Büchern oder Leistungen zur Förderung des Buchvertriebs verpflichtet.

1 2 3 4 5 21 20 19 18 17

ISBN 978-3-446-25498-5

Illustrationen: illustratoren.de/Silke Bachmann
Satz: Kösel Media GmbH, Krugzell
Druck und Bindung: CPI – Ebner & Spiegel, Ulm
Printed in Germany

FSC www.fsc.org
MIX
Papier aus verantwortungsvollen Quellen
FSC® C083411

Für meinen Bruder Stefan
(1975–2016),

der die Gespräche beim Kochen suchte,
die Gesellschaft mit Familie und Freunden genoss
und das gute Essen liebte.

Ich vermisse dich.

INHALT

VORWORT

Essen bringt Menschen zusammen. Es führt zu wundervollen Gesprächen, dem Vertiefen von Freundschaften und zum Austausch von Wissen und Erfahrung. Jeder hat sie, die Erinnerungen an großartige Abende mit Familie, Freunden und Bekannten. Ob privat oder beruflich, gemeinsames Essen schafft einen Rahmen für Erlebnisse und Emotionen.

An gutem Essen kann man jeden Tag eine schier unendliche Freude entwickeln. Wenn man sich dafür öffnet, kann leckeres Essen das Leben bereichern – ob morgens, mittags oder abends. Schon der Besuch auf einem Wochenmarkt mit seinem Angebot voller Frische und Vielfalt lässt so manchem das Herz höherschlagen. Die Faszination von außergewöhnlichen, exotischen oder überraschenden Speisen und Zutaten aus Feinkostläden oder Spezialitätengeschäften für Fisch, Fleisch, Käse, Patisserie oder Wein kann einen in wahre Begeisterung versetzen.

Sterneköche faszinieren uns, weil sie mit diesen Zutaten, die jeder von uns zu Hause haben kann, etwas schaffen, dass nur wenigen von uns gelingt. Selbst bei einfachen Gerichten lassen Sterneköche einen Unterschied entstehen, den man bemerkt. Mit ihren Menüs schaffen sie Erlebnisse, die man vielleicht nie vergisst. Einigen Meistern ihres Faches gelingt es sogar, wahre Kunstwerke in der Küche zu kreieren und die Kunst des Kochens in ihrer höchsten Vollendung auszuüben.

Was macht aber den Unterschied aus zwischen einem mittelmäßigen Koch und einem exzellenten? Was kann man von Spitzenköchen lernen – wenn man über ihre faszinierenden Rezepte hinausschaut? Denn nicht die Kochrezepte haben mich interessiert, sondern die Lebensrezepte. Die Lebensrezepte von Spitzenköchen. Und so fragte ich die Besten der Besten: »Was war der beste Rat, den Sie je bekamen?«

Mich faszinieren Spitzenleistungen. Ich habe zu diesem Thema zwei Bücher geschrieben, die beide Bestseller wurden. *Management – Von den Besten lernen* ist weltweit in vielen Sprachen erfolgreich und erhielt unter anderem den Buchpreis *Beste Bücher des Jahres*. Der Bestseller *Der beste Rat, den ich je bekam – Lernen von Denkern und Machern* befasste sich mit den Lebensweisheiten von Spitzenmanagern und Spitzenpolitikern. Ich bin Managementberater und begleite Top-Führungsteams sowie einige der besten Manager ihrer Branche. Viele waren so großzügig, ihren besten Rat nicht nur mit mir, sondern auch mit vielen Lesern zu teilen. Der große Erfolg des Buches zeigt, dass es für viele interessant und nützlich ist, sich mit den authentischen Erkenntnissen und Erfahrungen von wirklichen Könnern auseinanderzusetzen. Bei den Gesprächen zu *Der beste Rat, den ich je bekam – Lebensrezepte von Spitzenköchen* faszinierten mich nicht nur die Persönlichkeiten und deren Leistungen, sondern auch die Parallelen zu Höchstleistungen auf anderen Gebieten.

Bei Spitzenköchen kann man in exzellenter Weise beobachten, wie sie Prinzipien zur Erbringung von Höchstleistung umsetzen. Gerade in der Spitzengastronomie steht natürlich eine Person im Zentrum der öffentlichen Wahrnehmung. Das ist nicht bei allen Hochleistungsteams so. Die exponierte Stellung des Sternekochs heißt aber nicht, dass dem Team nicht eine ganz herausragende Bedeutung in der Gourmetküche beizumessen ist. Hochleistungsteams funktionieren aufgrund von Prinzipien

wirksamer Führung. Diese Führung versehen Sterneköche mit ihrer eigenen Handschrift.
In der Sternegastronomie kann man auf faszinierende Weise einige wesentliche Einstellungs- und Verhaltensmerkmale von Hochleistungsteams erkennen, die man in folgende Dimensionen gliedern kann: Führung, Strategie, Struktur und Kultur.
Führung: *Erstens*, Spitzenköche setzen hohe Ziele und stellen große Erwartungen an die Leistung jedes einzelnen Mitglieds im Team. Orientierung an gemeinsamen Zielen ist zentral. Jedem Teammitglied sind die Ziele klar und der Beitrag jedes Einzelnen zum Erfolg des Ganzen ist Grundbedingung. *Zweitens*, Spitzenköche fördern die Entwicklung der einzelnen Mitglieder im Team. *Drittens*, die unterschiedlichen Fähigkeiten der Teammitglieder werden genutzt und für das gemeinsame Ziel eingesetzt. *Viertens*, Spitzenköche fokussieren sich auf die Nutzung des kollektiven Wissens. Sie schaffen Voraussetzungen und Synergien, um das Wissen im Team zu erhöhen. Spitzenköche prägen jedoch stärker als Führungspersönlichkeiten in anderen Hochleistungsteams das Wissen und die Ausrichtung. *Fünftens*, Spitzenköche führen durch Vorbild und Persönlichkeit.
Strategie: *Erstens*, Spitzenköche haben klare Ziele für ihr Restaurant. *Zweitens*, sie konzentrieren sich auf Ergebnisse und darauf, ihre eigenen hohen Standards zu erreichen. *Drittens*, die eigenen Grenzen immer weiter nach oben zu verschieben und das eigene Leistungsniveau kreativ und innovativ zu erweitern, trägt zur dauerhaften Sicherung ihrer Spitzenposition bei. *Viertens*, Spitzenköche konzentrieren sich auf ihren Stil und ein klares Profil ihres Hauses.
Struktur: *Erstens*, Spitzenköche achten darauf, dass alle Teammitglieder die gesamte Palette der erforderlichen Leistungen zumindest grundlegend beherrschen und den Gesamtablauf in

der Küche kennen. *Zweitens*, jedes Teammitglied hat ein klares Rollenverständnis und ist auf die Leistung als Team konzentriert. *Drittens*, die Fähigkeiten und Stärken der Teammitglieder sind bekannt und werden genutzt. *Viertens*, in den Hochleistungsteams in der Sterneküche kommt es auf individuell sehr gut ausgebildete und lernbereite Leute an. *Fünftens*, Spitzengastronomie ist auf allerhöchste Verlässlichkeit und Präzision ausgerichtet, da Fehler auf diesem hohen Niveau nur sehr begrenzt passieren dürfen. *Sechstens*, der reibungslose und intensive Informationsfluss ist zentral für das sichere Funktionieren, d. h. dem konstanten Erreichen der höchsten Maßstäbe.

Kultur: *Erstens*, Spitzenköche sorgen für gemeinsame Werte. *Zweitens*, großes Vertrauen im Team ist zentral. *Drittens*, Wissen wird umfassend geteilt. *Viertens*, die Wertschätzung der Teammitglieder genießt einen hohen Stellenwert. *Fünftens*, Fehler werden sofort angesprochen und im Nachhinein analysiert. *Sechstens*, Flexibilität und Vielseitigkeit im Können ist in der Spitzengastronomie wichtig, um die hohen Leistungsstandards auch beim Ausfall von Teammitgliedern sicherstellen zu können. *Siebtens*, das ständige Suchen nach Verbesserungsmöglichkeiten ist selbstverständlich. *Achtens*, die Orientierung an der Qualität der Produkte und der Leistungserbringung ist kompromisslos. *Neuntens*, Spitzenköche und ihre Teammitglieder in der Sterneküche sind hochgradig von sich aus motiviert.

In den Beiträgen dieses Buches wird Ihnen vielleicht die eine oder andere dieser skizzierten Einstellungen und Verhaltensweisen auffallen, die die Spitzenköche bezeichnen als *den besten Rat, den sie je erhielten*.

Die Lebenserfahrung und Weisheit von rund 120 Michelin-Sternen fließt in dieses Buch. Es entstand nur durch die großzügige Mitwirkung vieler Menschen:

An erster Stelle danke ich den hier versammelten Spitzenköchen für ihre Zeit und ihre Offenheit. Die Gespräche waren Freude, Bereicherung und Inspiration. Für das entgegengebrachte Vertrauen danke ich von Herzen.
Ich danke Christoph Frey für die engagierte und gewissenhafte Unterstützung im Management und Entstehen des Projekts.
Silke Bachmann danke ich für ihre wundervollen Illustrationen. Jo Lendle und Christian Koth vom Carl Hanser Verlag danke ich für ihre Förderung dieses Buches.
Besonders danke ich Evelyn Boos-Körner. Mit ihren wertvollen Impulsen, ihrer großen Kreativität und langjährigen Erfahrung im Verlegen von Büchern hat sie Großartiges zur Verwirklichung dieses Werks beigetragen.
Meinen Eltern, Klaus und Gunhild, danke ich für ihre große Unterstützung.
Mein größter Dank geht an meine Frau Isabel Arnold, die mit strategischem Weitblick wesentlich zum Gelingen dieses Buches beigetragen hat. Das Schönste ist, dass sie in allen Zeiten unsere Familie gemeinsam mit unseren Kindern Julius und Valérie zu einer Quelle von Kraft und Freude macht.
Ich liebe gutes Essen. Ich genieße die Gespräche mit Familie, Freunden und Bekannten. Der Austausch von Erlebnissen, Wissen und Erfahrung in guter Gesellschaft ist eine wunderbare Bereicherung des Lebens. Und Gespräche in der Küche bringen Familien näher zusammen.
Ich wünsche Ihnen eine inspirierende Reise in die Gedankenwelt der Spitzenköche.
Genießen Sie es!

Frank Arnold,
Zürich, 6. Januar 2017

Christian Bau

LASS DEINE FRAU TEILHABEN AM ERFOLG

Christian Bau ist Küchenchef und Gastgeber im Sterne-Restaurant *Victor's Fine Dining by Christian Bau* in Perl-Nennig an der Mosel. Seine Frau Yildiz Bau ist als Servicechefin ebenfalls dort angestellt. Nach seiner Ausbildung im Hotel *Götz Sonne Eintracht* in Achern machte der leidenschaftliche Koch auf seinen Lehr- und Wanderjahren in zahlreichen Spitzenrestaurants Station. Christian Bau kochte nicht nur in der *Talmühle* in Sasbachwalden und im *Le Canard* in Offenburg, sondern stand auch über fünf Jahre bei seinem wichtigsten Mentor und mittlerweile Freund Harald Wohlfahrt in der *Traube Tonbach* am Herd. Seit 1998 ist er in Perl-Nennig, wo er im selben Jahr seinen ersten Stern des Guide Michelin erkochte. Bereits ein Jahr später folgte der zweite und 2005 der dritte Stern. Die drei Guide-Michelin-Sterne hält Christian Bau seitdem ununterbrochen. Sein »BauStil«, den er zusammen mit seiner Frau Yildiz erfolgreich umsetzt, versteht Spitzengastronomie als ganzheitliches Erlebnis aus Kochkunst, Service und Ambiente.

Den besten Rat, den ich je bekam, gab mir mein Mentor und Freund Harald Wohlfahrt mit auf den Weg, als ich mich zusammen mit meiner Frau Yildiz entschieden hatte, die *Traube Tonbach* zu verlassen. Obwohl ich auch als Koch von Harald unendlich viel gelernt hatte, bezog sich dieser äußerst wertvolle Rat aufs Privatleben und lautete schlicht: »Nimm ein Kindermädchen!«

Inzwischen begreife ich, wie richtig und wichtig diese Empfehlung war. Der Beruf als Koch, zumal in der Spitzengastronomie, ist auch für angestellte Köche wie mich extrem anspruchsvoll, fordernd und zeitintensiv. Ich wüsste nicht, wie ich es schaffen könnte, diese Herausforderung zu meistern, ohne eine Frau an der Seite, die ihren Mann zu 100 Prozent unterstützt. Es gibt nicht wenige Tage, da bin ich um 8.00 Uhr im Restaurant, stehe dann bis zu achtzehn Stunden in der Küche und mache nachts gegen halb drei das Licht aus, bevor ich schließlich zusperre. Zu Hause angekommen, falle ich dann todmüde ins Bett und schlafe sofort ein. So geht das mehrere Tage die Woche und natürlich auch am Wochenende. Das lässt kein Familienleben im herkömmlichen Sinne zu.

Harald Wohlfahrt und ich haben als Freunde viele lange und inhaltsreiche Gespräche geführt. Dabei wurde dieser großartige Mensch und Koch nicht müde, eines immer wieder zu betonen: »Das Wichtigste ist, dass deine Frau dich unterstützt. Deswegen schaff ihr die Möglichkeit für eigene Freiräume und auch dafür, mit dir zusammenzuarbeiten, wenn sie es möchte.« Aber natürlich sollte die Frau an der Seite eines Spitzenkochs nicht nur an der Arbeit teilhaben, sondern auch am Erfolg. Dieser Erfolg ist nämlich nicht mein Erfolg alleine, sondern beruht wesentlich auf der Tatsache, dass ich mich auf die Unterstützung und Rückendeckung meiner Frau – und auch meiner Töchter – jederzeit verlassen und darauf aufbauen kann. Als Servicechefin und erste Gastgeberin im *Victor's Fine Dining* versteht Yildiz nicht nur die Herausforderungen meines Arbeitsalltags, sondern bietet vor allem auch den exorbitanten Service, der meine Gerichte so perfekt ergänzt und zusammen mit dem Ambiente erst den ganzheitlichen »BauStil« ergibt. Wenn ich von Erfolgen spreche, dann spreche ich immer in der Wir-Form, denn meine Erfolge sind auch die Erfolge meiner Frau. Aus diesem Grund bitte ich meine Frau auch immer, mich auf Feierlichkeiten und Veranstaltungen zu begleiten. Sehr häufig sind mittlerweile auch meine wundervollen Töchter dabei, die mitten im Leben stehen und sich (fast) nie über meinen fordernden Beruf beschwert haben. Generell haben meine »drei Frauen« sich nur äußerst selten darüber beklagt, dass ich zu wenig Zeit für sie hätte. Aber nicht nur auf Veranstaltungen begleiten mich meine Frau und meine Töchter, sondern ich bitte sie außerdem, auf meine mittlerweile jährlichen Promotion-Reisen mitzukommen. Auch diese Erlebnisse stärken den Zusammenhalt und die Harmonie in meiner Familie, für die ich so dankbar bin.

Meine Frau und ich arbeiten seit unserem achtzehnten Lebensjahr immer in den gleichen Betrieben und sind heute fast vierundzwanzig Stunden am Tag zusammen. Da gibt es natürlich schon einmal kleinere Reibereien und aufgrund unserer unterschiedlichen Funktionen im Restaurant auch manchmal Kompetenzprobleme. Da wir uns aber gegenseitig respektieren und genau wissen, wo die Stärken des anderen liegen, ist aus diesen Diskussionen bisher immer ein Resultat entstanden, dass das Ergebnis unserer gemeinsamen Arbeit noch besser gemacht hat.

Natürlich habe ich von Harald Wohlfahrt und meinen anderen Lehrmeistern weitere wertvolle Ratschläge bekommen – zum Kochen, zur Mitarbeiterführung, zum nachhaltigen Wirtschaften und viele andere mehr. Aber die Basis meines Erfolgs liegt im Familienleben. Mittlerweile sind wir seit über zwanzig Jahren verheiratet und haben zwei wundervolle Töchter. Ich hole meine ganze Kraft, die ich für die jahrelangen Höchstleistungen, die einem die Sterneküche abverlangt, brauche, aus meiner Familie. Diese glückliche Konstellation verdanke ich dem Rat von Harald Wohlfahrt, der mir schon sehr früh klargemacht hat, dass eine gleichberechtigte Ehe, in der Triumphe geteilt werden, und ein erfülltes Familienleben das Fundament für Glück und Erfolg sind.

Christian Baus Tipp zum Kochen

WENN DIE PRODUKTE NICHT EXZELLENT SIND, WIRD DER AUFWAND RIESIG

In der Küche ist die Qualität des Produkts der entscheidende Erfolgsfaktor. Das gilt für alle Küchen: Das ist beim Alltagskoch genau dasselbe wie beim Hobbykoch, beim Kantinenkoch genauso wie in der Spitzengastronomie. Sterneküche zu realisieren und tolle Gerichte zu kreieren ist nur möglich, wenn man einwandfreie Zutaten verwendet. Deswegen scheue ich keine Mühe, das beste Produkt für uns zu bekommen. Natürlich sind gute Produkte meist teurer als Durchschnittsware, aber es ist mindestens genauso teuer, mittelmäßige Produkte so zu verarbeiten, dass ein hochwertiges Gericht entsteht. Es gilt dann zu kaschieren, teures Beiwerk zu verwenden und auch bei der Arbeit am Herd einen enormen Aufwand zu betreiben. An den Fragen meiner Gäste merke ich immer wieder, dass die Leute beim Einkauf oft zu sparsam sind oder falsch einkaufen. Ich kann es nur noch einmal betonen: Der größte Aufwand, den wir in der Küche betreiben, muss es sein, gute Produkte zu bekommen. Der Rest ist dann das Handwerk.

Sonja Baumann

NUR WER SEINEN EIGENEN WEG GEHT, KANN VON NIEMANDEM ÜBERHOLT WERDEN

Sonja Baumann leitet seit 2015 gemeinsam mit Erik Scheffler die Küche des Restaurants *Gut Lärchenhof* in Pulheim, in dem sie zuvor als Souschefin unter Bernd Stollenwerk und Sven Messerschmidt arbeitete. Der Guide Michelin bewertet sie mit einem Stern, der Gault-Millau mit 17 Punkten. Sonja Baumann machte ihre Ausbildung als Köchin im besternten *Halbedel's Gasthaus* in Godesberg. Nach ihrem Lehrabschluss arbeitete sie zunächst als Demi-Chef im Restaurant *Alte Feuerwache* in Würselen bei Aachen, bevor sie 2008 zum *Gut Lärchenhof* wechselte.

Einen entscheidenden Rat erhielten Erik Scheffler und ich von unserem damaligen Chef, als wir beide noch Souschefs im Restaurant *Gut Lärchenhof* waren. Sven Messerschmidt sagte zu uns: »Nur wer seinen eigenen Weg geht, kann von niemandem überholt werden.« Seine Intention war, uns klarzumachen, dass wir uns beim Kochen nicht verbiegen, sondern unseren eigenen Stil durchsetzen sollen. Wenn man Koch ist, geht es darum, dass man so kocht, wie es einem persönlich am besten gefällt, schmeckt und Spaß macht.
Als Erik Scheffler und ich dann im Januar 2015 gemeinsam die Leitung der Küche des Restaurants *Gut Lärchenhof* übernahmen, setzten wir diesen Rat um. Wenn man in der Küche arbeitet, kann man nicht unbedingt von Beginn an so kochen, wie es einem gefällt – das geht erst, wenn man selbst Chef ist. Ansonsten ist man natürlich an den Stil des Küchenchefs gebunden. In meiner Laufbahn fiel mir das nicht immer leicht, weil ich manchmal nicht damit einverstanden war, wie es andere gemacht haben. Im Grunde muss man sich da immer wieder mal arrangieren und sich mit seinen Ideen unterordnen.
Als ich selbst Chef de Cuisine geworden bin, war eigentlich von Anfang klar, dass jetzt eine neue Ära anfängt. Wir wollten einen komplett neuen Kochstil prägen: weg von der etwas schweren französischen Küche hin zur skandinavischen leichten Küche mit viel Gemüse und wenigen Komponenten auf dem Teller. Zu viel Chichi, also Garnituren, geschnitzte Gemüse und sonstige Spielereien, haben unserer Meinung nach auf dem Teller unseres Restaurants nichts verloren. Alles, was wir auf den Teller tun, hat einen Sinn, daher verzichten wir konsequent auf unnötige, rein dekorative Komponenten.
Das Tolle war, dass uns unsere Chefs tatsächlich freie Hand gelassen haben! Sie mussten zwar etwas schlucken, bis sie damit klargekommen sind, weil unser Stil ein kompletter Bruch zu

dem war, was vorher serviert wurde. Aber die Resonanz der Gäste und die Auszeichnung mit einem Michelin-Stern und 17 Gault-Millau-Punkten innerhalb eines Jahres sprechen eine deutliche Sprache. Wir sind froh, dass wir als Köche unseren eigenen Weg gegangen sind!

Zu unserem Erfolg trägt natürlich das ganze Team bei. Wir sind nur ein kleines Team von sieben oder acht Köchen, obwohl wir nicht nur das Gourmetrestaurant und das Bistro für die Golfspieler auf unserem Gelände betreiben, sondern auch Catering für bis zu tausend Personen anbieten. Für alle sichtbar, hängt in unserer Küche ein Zitat von Arnold Schwarzenegger: »You can't climb the ladder of success with the hands in your pocket.« Das finde ich sehr bezeichnend, gerade für die Tätigkeit als Koch: Das ist nicht einfaches »Vor-sich-hin-Arbeiten«, sondern es muss viel Leidenschaft und Engagement dahinterstecken, mit denen man auch sein Team infiziert und motiviert.

Unser Team ist wie eine Familie, weil wir auch alle persönlich miteinander befreundet sind. Das Zusammenspiel funktioniert bei uns gut, keiner steckt die Hände in die Hosentaschen! Das dürfte daran liegen, dass Erik Scheffler und ich praktisch alles vorleben und versuchen, mit gutem Beispiel vorauszugehen. Das fängt beim Putzen an und hört bei den langen Arbeitszeiten auf. Sieht das Team, dass die Chefs selbst mitarbeiten und genauso viel machen wie alle anderen, dann fällt es ihnen leichter, auch ordentlich zuzupacken.

Sonja Baumanns Tipp zum Kochen

EINFACH MAL SCHÖN UND LECKER MACHEN

Hobbyköche könnten sehr davon profitieren, wenn sie einfach einmal draufloskochen würden. Sobald man etwas Sicherheit im Umgang mit den Produkten, Garmethoden, Geräten und Hilfsmitteln gewonnen hat, ist es an der Zeit, die eingetretenen Pfade eines funktionierenden Rezepts zu verlassen.

Meine persönliche Devise lautet: »Einfach mal schön und lecker machen.« Am besten gehen Sie einmal ohne Einkaufsliste in den Supermarkt oder auf den Wochenmarkt, schauen, was Ihnen gut schmeckt, und überlegen sich, was Sie daraus kochen möchten. Lassen Sie Ihrer Kreativität freien Lauf, lösen Sie sich davon, geradlinig nach Rezept zu kochen, und gehen Sie Ihren eigenen Weg. Dabei gilt: Alles ist erlaubt! Probieren Sie ruhig auch mal neue Kombinationen aus, z. B. Sauerampfer mit Sauerrahm oder Joghurt fürs Dessert. Versuchen Sie einfach, ein Gericht schön aussehen und sehr lecker schmecken zu lassen. Wenn man selbst denkt, das sei das Leckerste, was man jemals im Leben gegessen hat, dann kann man davon ausgehen, dass es den Gästen auch schmeckt.

Sonja Baumanns Tipp zum Lesen

Crenn, Dominique; Leibowitz, Karen: Atelier Crenn – Metamorphosis of Taste; Houghton Mifflin Harcourt, Boston, 2015.

Wolfgang Becker

SICHERE DICH IMMER AB, DAMIT ES PERFEKT WIRD

Wolfgang Becker führt seit 1994 das Gourmetrestaurant *Becker's* in Trier. 2001 erkochte er sich den ersten Michelin-Stern, 2009 folgte der zweite. Der Gault-Millau ehrt Beckers Kochkunst seit 2011 mit 18 Punkten. Wolfgang Becker lernte zunächst Winzer und schloss daran 1989 eine Ausbildung zum Koch an. Nach seiner Lehrzeit im Schwarzwald und anschließenden Stationen im Restaurant *Scheid* in Wasserliesch, im Restaurant *Altes Badhaus* in Eberbach, im *Imperial* im *Schlosshotel Bühlerhöhe* sowie in der *Schwarzwaldstube* bei Harald Wohlfahrt kehrte Wolfgang Becker zurück in den elterlichen Betrieb. 1997 übernahm er gemeinsam mit seiner Frau das Familienunternehmen, zu dem auch *Becker's Weingut* gehört. Nachdem er dort die Küche für seine Zwecke ausgebaut hatte, eröffnete er

2007 auf dem Nachbargrundstück das im puristischen Stil neu erbaute *Becker's* Hotel und Restaurant. Im ursprünglichen Weinhaus, im Gourmetrestaurant *Becker's* sowie in der Weinbar des Hotels werden Weine aus eigener Produktion serviert.

Als gelernter Winzer und Koch habe ich zwei Berufe, die eine große Gemeinsamkeit und ein Ziel haben: Genuss. Die Verbindung von Wein und Essen ist naheliegend. Aus beiden Bereichen – der Winzerei und dem Kochen – habe ich zwei verschiedenen Menschen einen ähnlichen Rat zu verdanken, der mir stets nützlich war. Dabei geht es darum, immer genau und mit Bedacht zu handeln und sich immer noch einmal abzusichern, damit eine Sache auch wirklich perfekt wird.
Ich bin auf dem elterlichen Weingut in Trier aufgewachsen und habe schon in jungen Jahren Begeisterung für das Thema Wein entwickelt. Von klein auf arbeitete ich im Weingut mit. Mein Lehrmeister dort war mein Vater, der in allem, was er getan hat, stets sehr gewissenhaft handelte. Er sagte wiederholt zu mir: »Auch wenn du dir in einer Sache sicher bist, solltest du die Möglichkeit nutzen, dich nochmal abzusichern.« Spätestens nach einem denkwürdigen Vorfall im Weingut wurde mir klar, wie wertvoll dieser Rat ist: In der Kellerarbeit wurde damals noch zur Mostvorklärung eine Hochgeschwindigkeitszentrifuge eingesetzt. Sie läuft mit einer sehr hohen Drehzahl (6500 Umdrehungen/Minute) und trennt dabei mithilfe der Fliehkraft die Festteile des ungeklärten Mostes von der Flüssigkeit. Ein Mitarbeiter hatte die neue Zentrifuge zusammengebaut. Ich hatte Respekt vor diesem Gerät, weil es beeindruckende Kräfte entwickelt und in anderen Betrieben wegen unsachgemäßer Installation und Fehlbedienung schon schwere Unfälle passiert waren, weshalb ich diese Maschine lieber eigenhändig zusammenbaute. Die Arbeit eines Fremden in dieser Angelegenheit

wollte ich – auch wenn es einen großen Mehraufwand bedeutete – vor dem Einschalten lieber nochmals überprüfen. Es stellte sich prompt heraus, dass die Zentrifuge nicht korrekt zusammengebaut war. Was für ein Glück, dass ich hier die Möglichkeit genutzt habe, mich abzusichern!

Nicht nur bei der Weinkellerei, sondern auch beim Kochen ist es essentiell, dass man mit einem hohen Maß an Präzision arbeitet. Sehr prägend vermittelte mir dies mein Küchenchef Ludwig Bechter im *Schlosshotel Bühlerhöhe*. Er arbeitete mit höchster Akkuratesse. Bei jeder Zutat, bei jeder Schnitttechnik, bei jedem Teller musste bei ihm alles bis ins kleinste Detail und auf den Millimeter genau stimmen. Jede Zutat musste vorher probiert werden. Er vergewisserte sich immer noch einmal, ob alles vollkommen war. Heute arbeite ich genauso und verlange auch von meinen Mitarbeitern, dass sie sehr genau arbeiten. Nichts ist für mich schlimmer, als wenn schlampig angerichtet ist, wenn etwas weggelassen wird, wenn das Gericht auf irgendeine Art und Weise nicht vollkommen ist. Es ist extrem wichtig für mich, mich stets abzusichern, damit alles perfekt ist.

Heutzutage ist es nicht immer einfach, dies durchzusetzen. Eine Laissez-faire-Haltung und eine gewisse Lässigkeit entsprechen eher dem aktuellen Lifestyle als präzises Arbeiten und das Abmühen mit Details. In der Sterneküche ist es wie bei der Olympiade: Da zählen auch Zehntel- und Hundertstelsekunden, da kommt es auf die letzten Prozente an, da muss ganz hart an der Grenze des Machbaren agiert werden. Und das geht nur, wenn man präzise und millimetergenau arbeitet und sich am Schluss nochmal absichert, dass alles perfekt ist!

Wolfgang Beckers Tipp zum Kochen

ARBEITE MIT BEIDEN HÄNDEN

In jedem meiner Kochkurse für Hobbyköche beobachte ich Teilnehmer, die nur eine Hand benutzen. Das ist ein eigenartiges Phänomen. Da nimmt ein Hobbykoch eine Schüssel, eine Pfanne oder eine Sauteuse und hält sie in der Hand, statt sie abzustellen, um eine zweite Hand frei zu haben. Von da an agiert die Person nur noch einhändig: Zutaten hineingeben, anbraten, umrühren, aufschlagen, zerkleinern – alles erfolgt nur mit einer Hand. Die andere Hand wird einfach nicht eingesetzt, dabei ist sie für ein präzises Arbeiten doch so wichtig. Wirklich akkurat schneiden, vorbereiten oder etwas füllen können Sie nur, wenn Sie beide Hände einsetzen. Neben der Qualität des Gerichts leidet außerdem ganz gewaltig die Optik: Um das Gericht auf einem Teller wirklich schön und ansprechend anzurichten – das Auge isst mit –, ist das Fingerspitzengefühl beider Hände gefordert. Wer mit einer Hand anrichtet, dem rutscht laufend das Essen vom Löffel oder von der Gabel, und es gibt kein optisch überzeugendes Ergebnis.

Wolfgang Beckers Tipp zum Lesen

Horberth, Hans: Kulinarische Kontraste – Das Spiel der Gegensätze; Matthaes, Stuttgart, 2011.

Holger Bodendorf

LERNE VON DEN STÄRKEN DER ANDEREN

Holger Bodendorf leitet seit 2001 das *Landhaus Stricker*, ein Fünf-Sterne-Hotel auf Sylt mit den zwei Restaurants *Siebzehn84*, das für eine junge, leichte Küche steht, und *Bodendorf's*, das südfranzösisch-mediterran geprägt ist. Seit 2003 trägt Letzteres einen Michelin-Stern und ist mit 18 von 20 Punkten im Gault-Millau bewertet. Schon im Jahr 2000 hatte Bodendorf für das Restaurant *Veneto* im Hotel *Windrose* in Wenningstedt einen

Michelin-Stern erkocht. Der *Schlemmer Atlas* führt den gebürtigen Heiligenhafener als einen der fünfzig besten Köche Deutschlands. Holger Bodendorfs weitere berufliche Stationen spannen sich vom *Landhaus Scherrer* und dem Hotel *Atlantic* (beide in Hamburg), dem Zwei-Sterne-Lokal *Petermann's Kunststuben* in Zürich über das *Da Gianni* in Mannheim, das damals zwei Michelin-Sterne trug, bis zu *Tappe's Restaurant* in Kampen.

Es muss um das Jahr 1989 herum gewesen sein, als ich den besten Rat meines Lebens erhielt. Ich arbeitete in Baden-Württemberg, wollte aber unbedingt zu *Andresens Gasthof* im norddeutschen Bargum wechseln. Der Name klingt vielleicht etwas unbedeutend, und Bargum hat tatsächlich nur bescheidene achtzig Einwohner, aber dieses Restaurant rangierte damals unter den zwanzig Besten in Deutschland. Geführt wurde es von Fritz Schilling, dem später in den *Schweizer Stuben* in Wertheim zwei Michelin-Sterne verliehen wurden. Leider war zu dieser Zeit im *Andresens* kein Job für mich frei. Aber, was mich wahnsinnig freute, Herr Schilling lud mich ein, mit ihm Kaffee zu trinken – einer der besten Köche des Landes nahm sich Zeit für mich, einen damals Einundzwanzigjährigen! Ich empfand das wirklich als Ehre. Am Ende unseres Gesprächs legte er mir die Hand auf die Schulter und sagte mir, was sich als wichtigster Rat meines Berufslebens herausstellen sollte: »Herr Bodendorf, wenn Sie sich aufmerksam jedes Jahr den neuen Gault-Millau durchlesen, dann können Sie viel über die Stärken der anderen Köche erfahren und daraus lernen.« Auch wenn das etwas platt klingen mag: Ich habe sofort damit angefangen und all die Bücher quasi verschlungen. Der Gastroführer aus Frankreich war schon immer ein sehr genaues und vor allem sehr kritisches Buch (auch wenn sich das in den vergangenen Jahren zumindest etwas abgemildert hat), sodass man wirklich viel daraus lernen kann.

Im Kern geht es bei dem Ratschlag ja auch darum, über den Tellerrand hinauszublicken, quasi in die Töpfe der anderen Köche hinein. Das ist heutzutage noch viel wichtiger als früher, da der reine Akt des Kochens durch die zahlreichen Hilfsmittel einfacher geworden ist und auch Hobbyköche ein immer höheres Niveau erreichen. Heute steht in keiner Restaurant-Kritik mehr, dass es der Meister nicht geschafft hat, das Steak medium zu braten – das schafft heute jeder Hobbykoch. Es geht daher nicht mehr so sehr um kleine konkrete Tipps, wie man etwas in der Küche besser macht, sondern um die größeren Erkenntnisse, die man durch die Gault-Millau-Lektüre von Spitzenköchen lernen kann.

Der Rat von Herrn Schilling, den ich wirklich als ausgesprochen sympathisch in Erinnerung habe, hat mir jedenfalls wesentlich mehr geholfen als all die kleinen – natürlich ebenfalls wichtigen – Ratschläge, die ich zum Handwerk des Kochens erhalten habe. Auf Fritz Schilling gehört zu haben hat sicherlich mit dazu beigetragen, dass ich jetzt an dem Ort arbeiten kann, an dem ich schon früher am glücklichsten war – nämlich auf Sylt. Auch wenn das Geschäft dort sehr stark von der Saison abhängig ist und man als Koch immer sehr viel arbeiten muss, bekomme ich meine persönliche Work-Life-Balance recht gut hin. Ich habe am Nachmittag regelmäßig drei bis vier Stunden Zeit, in denen ich zum Beispiel mit meiner Tochter am Strand spazieren gehe.

Holger Bodendorfs Tipp zum Kochen

BEREITEN SIE EINLADUNGEN EINFACH GUT VOR

Hobbyköchen gebe ich den gleichen Rat wie meinen Auszubildenden: Haltet die Gerichte einfach und überdreht nicht. Plant lieber eine Komponente weniger ein, bereitet die überschaubare Zahl von Komponenten dann aber erstklassig zu. Ein Beispiel: Wenn man einen Fisch verarbeitet, sollte man sich auf das perfekte Braten konzentrieren und bestenfalls noch eine Soße und ein schönes Gemüse dazu zubereiten, die den Fisch unterstützen – statt noch sechs weitere Zugaben zu versuchen. Und auch das gilt für Auszubildende genauso wie für private Kochfans: Bereitet euch vor! Wer etwa eine Einladung gibt, kann sich (und seinen Gästen) eine wesentlich entspanntere Zeit ermöglichen, wenn die Gerichte akribisch vorbereitet sind – und das geht fast immer. Und ich kann Sie beruhigen: Es ist nicht so, wie viele Hobbyköche denken, dass alles, was wir am Abend in unserer Küche machen, wahnsinnig kompliziert wäre. Wenn du ein Küchenchef mit Überblick bist, dann hast du auch als Profi das allermeiste vorbereitet.

Holger Bodendorfs Tipp zum Lesen

Bodendorf, Holger: Eine Prise Sylt – eine kulinarische Rundreise; Collection Rolf Heyne, München 2012.

Jean-Claude Bourgueil

MACH DEINE GÄSTE GLÜCKLICH UND DER ERFOLG KOMMT (FAST) VON ALLEIN

Jean-Claude Bourgueil ist seit 1977 Inhaber und Küchenchef des Restaurants *Im Schiffchen* in Düsseldorf-Kaiserswerth, das mit zwei Michelin-Sternen und 16 Gault-Millau-Punkten ausgezeichnet ist. Er kochte im Madrider Restaurant *Horcher*, bevor er 1970 nach Düsseldorf kam und dort 1974 als Küchenchef für die *Walliser Stuben* den zweiten Michelin-Stern vom Himmel holte. Nachdem er das *Im Schiffchen*, das im ersten Stock eines Barockhauses residiert, übernommen hatte, erkochte Jean-Claude Bourgueil drei Michelin-Sterne, die er von 1987 bis 2006 halten konnte. Im Erdgeschoss des Barockhauses in Kaiserswerth betreibt er das italienische Restaurant *Enzo im Schiffchen*, das mit einem Michelin-Stern ausgezeichnet ist. Im Jahr 2004 empfing Jean-Claude Bourgueil aus den Händen von

Paul Bocuse den Ritterorden der Ehrenlegion für seine Verdienste als »kulinarischer Botschafter Frankreichs« in Deutschland.

»Koch für deine Gäste mit Liebe und Elan. Vergiss die Mode und alles andere, koch einfach nur jeden Tag gut für deine Gäste.« So lautete der beste Rat, den ich je bekam und der mich nun schon seit Jahrzehnten begleitet und leitet. In der Tat sind es die Gäste, die über das Wohl und Wehe eines Restaurants entscheiden; nur wenn sie begeistert sind, immer wieder kommen und das Restaurant weiterempfehlen, wird man als Koch auf Dauer Erfolg haben. Natürlich ist auch die Freude an der Arbeit, die man selbst empfindet, viel größer, wenn man merkt, dass die Gäste glücklich nach Hause gehen. Gäste kann man aber nur glücklich machen, wenn man ihre Vorlieben und Traditionen kennt. Bietet man in Deutschland ein sensationelles Gericht an, das den Essgepflogenheiten der Deutschen komplett widerspricht, kann man auch mit perfekter Kochkunst keinen Blumentopf gewinnen. Dies ist eine große Herausforderung, denn gerade wenn man nach Sternen strebt, versucht man sich gerne an komplizierten und ungewöhnlichen Kompositionen. Dies birgt die Gefahr, dass man für sich und die Kritiker kocht, Moden hinterherläuft und die Gäste aus den Augen verliert. Daher sage auch ich mittlerweile den jungen Köchen immer wieder: »Koch nur für die Gäste, mach sie glücklich und alles Weitere wird sich finden.«
Wenn man, so wie ich, seit mehr als fünfzig Jahren in der Küche steht, hat man die Pflicht, nicht nur den erhaltenen Rat, sondern auch generell sein Wissen und Können weiterzugeben und die nächste Generation an die Sterneküche heranzuführen. Ich gehe dabei so vor, wie ich es als ganz junger Mann bei den Offizieren der französischen Armee beobachtet habe. Während meines zweijährigen Militärdiensts fiel mir auf, dass uns die

Offiziere nicht befahlen, was wir tun sollten, sondern eher die Anweisung gaben: »Mach es wie ich.« Diese Art zu führen, also ein Vorbild zu sein, setzt voraus, dass man auch wirklich alles selbst kann, was man von seinen Mitarbeitern verlangt. Wenn die Mannschaft sieht, dass man nicht nur Anweisungen erteilt, sondern als Vorbild agiert und alle Tätigkeiten auch selbst ausüben kann, lernt sie viel schneller und arbeitet mit größerem Engagement.

Als Chef muss man dabei natürlich aufpassen, dass man bescheiden bleibt und sich bewusst ist, dass man auch selbst immer noch besser werden kann. Überhaupt ist Bescheidenheit eine ganz wichtige Komponente für den Erfolg. Nur wenn man sich vergegenwärtigt, dass man nie der Allerbeste sein kann, weil es immer irgendwo auf der Welt noch jemanden gibt, der dies oder jenes besser kann, bleibt einem die innere Unruhe erhalten, die einen weiter antreibt. Auch heute noch koche ich jeden Tag mit großer Freude und hohem Engagement. Ich will immer noch besser werden, denn wirklich zufrieden mit mir bin ich – allen Auszeichnungen und Erfolgen zum Trotz – nur ganz, ganz selten.

Jean-Claude Bourgueils Tipp zum Kochen

ACHTEN SIE AUF DIE RICHTIGE TEMPERATUR

Für jedes Gericht gibt es die optimale Gartemperatur, die nicht nur Profis, sondern auch Hobbyköche einhalten sollten, wenn sie Familie oder Freunde mit gutem Essen verwöhnen möchten. Besonders wichtig ist dies bei Fischgerichten. Erhitzt man Fisch auf mehr als 54 Grad Celsius, stockt das enthaltene Eiweiß und der Fisch kann trocken und faserig werden. Daher ist es wichtig, dass der Fisch langsam bei niedriger Temperatur nur so lange gegart wird, dass er noch glasig bleibt. Auch andere Gerichte sind temperaturempfindlich, so darf beispielsweise eine Hummersuppe niemals richtig kochen. Dies gilt übrigens auch für die Zubereitung der jodreichen Alge Kombu, die beispielsweise in Japan für Suppen und als Zusatz im Kochwasser des Sushi-

Reises verwendet wird. Überhitzung vermindert auch den ursprünglichen Geschmack, wie z. B. bei Kaffee, Fisch, Dashi und Soßen. Beachten Sie die im Rezept angegebenen Temperaturen und Garmethoden und Sie werden ein Ergebnis erhalten, das Ihre Gäste begeistern wird.

Jean-Claude Bourgueils Tipp zum Lesen

Bourgueil, Jean-Claude: Typisch Deutsch – Neues aus der klassischen regionalen Küche; Fackelträger, Köln, 2007.

Bobby Bräuer

MAN BRAUCHT AUCH GLÜCK IM LEBEN

Bobby Bräuer ist Küchenchef im Restaurant *Esszimmer*, das von Michael Käfer betrieben wird und mit zwei Michelin-Sternen sowie 18 Gault-Millau-Punkten ausgezeichnet ist. Seine Lehre machte er ab 1980 bei Otto Koch im *Le Gourmet* in München. Weitere wichtige Wirkungs- und Ausbildungsstätten waren von 1985 bis 1987 das *Fischerzunft* von André Jäger, die Zeit bei Meisterkoch Dieter Müller, damals noch in den *Schweizer Stuben* in Wertheim-Bettingen, und die Mitarbeit als Souschef im *Aubergine* bei Eckart Witzigmann. In der Folge leitete er mehrere Restaurants, für die er immer mindestens einen Michelin-Stern erkochte. So auch das *Petit Tirolia* in Kitzbühel, das unter seiner Leitung zu den führenden Küchen Österreichs gehörte. Dort wurde er 2012 als *Koch des Jahres* vom Gault-Millau ausgezeichnet. Für das *Esszimmer*, das in der BMW-Welt München beheimatet ist, erkochte er 2014 den zweiten Michelin-Stern.

Nach meiner Bundeswehrzeit war ich unschlüssig, was ich machen sollte. Also immatrikulierte ich mich zusammen mit tausend anderen Erststudenten an der Universität München für

Betriebswirtschaftslehre. Das war damals so das Übliche, was man mit einem mittelmäßigen Abitur, wie ich es hatte, anfing. Vom ersten Tag an hat mir das Studium nicht gefallen, aber ich wusste auch keine Alternative. Ich spürte, dass ich lieber praktisch arbeiten als noch acht Semester Theorie büffeln wollte. Eines Abends klagte ich einem Freund aus meiner Schwabinger Clique mein Leid. Ich betonte auch, dass ich mir vorstellen könnte, in der Gastronomie zu arbeiten, zum Beispiel im Service oder als Barkeeper. Mein Freund Dietmar, der schon einige Tätigkeiten ausprobiert und auch mal ein Restaurant betrieben hatte, riet mir: »Mach eine Kochlehre, dann hast du eine anständige Ausbildung und etwas in der Hand.« Ich war mir nicht sicher, ob das das Richtige für mich wäre, aber Dietmar vermittelte mir den Kontakt zu Otto Koch, der damals schon in einem Sterne-Restaurant, dem *Le Gourmet*, am Herd stand. Nachdem ich dort drei Tage zur Probe gearbeitet hatte, stellte mich Otto Koch tatsächlich als Auszubildenden ein.

Wie schwer und herausfordernd der Kochberuf ist und wie lange und steinig mein Berufsweg werden würde, war mir damals noch nicht klar. Generell ging ich die Sache etwas blauäugig an und wusste gar nicht, worauf ich mich da eingelassen hatte. Aber ich denke, auch mein Lehrherr wusste nicht, worauf er sich mit mir eingelassen hatte. Am Anfang war ich zugegebenermaßen nicht gerade ein Musterschüler. Wenn ich beispielsweise zum Viktualienmarkt fahren und dort etwas einkaufen sollte, ging ich erstmal einen Kaffee trinken und widmete mich danach den Erledigungen. Aber Otto Koch ist eben nicht nur ein erstklassiger Koch, sondern auch ein großartiger Mensch. Er nahm mich unter seine Fittiche und manchmal auch an die Kandare. Nicht ohne Wirkung, denn so etwa nach sechs Monaten fiel bei mir der Groschen und ich erkannte, was für einen schönen Beruf ich ergriffen hatte. Ich hatte im wahrsten Sinne des Wortes meine Bestimmung, ja sogar mein Glück gefunden. Bis heute liebe ich diesen Beruf, der es einem ermöglicht, interessante Menschen kennenzulernen, und der die Chance bietet, weltweit zu arbeiten und sich weiterzuentwickeln. Es gibt auch nur wenige Tätigkeiten, in denen man so unmittelbar Lob oder Kritik für die Arbeit, die man abgeliefert hat, bekommt. Natürlich erlebt man auch als Koch, wie wahrscheinlich in jedem anderen Beruf, Niederlagen und Rückschläge. Aber es gab in den mehr als fünfunddreißig Jahren, in denen ich jetzt in der Spitzengastronomie tätig bin, keinen einzigen Moment, in dem ich den Beruf wechseln und etwas anderes machen wollte.

Otto Koch habe ich aber nicht nur die Ausbildung zu verdanken, sondern letztendlich hat er mich auf den Weg gebracht, auf dem ich heute noch unterwegs bin. Er hat mich als Mentor lange begleitet und mich nach Abschluss der Lehre zu André Jäger in die Schweiz und danach zu Dieter Müller vermittelt. Die Zusammenarbeit mit diesen Spitzenköchen hat mich natürlich ebenfalls sehr geprägt und mir geholfen, mich weiterzuentwickeln. Darüber hinaus war auch die Zeit bei Eckart Witzigmann im *Aubergine* sehr wichtig für mich.

Natürlich sind Fleiß und eine gewisse Begabung für jeden beruflichen Erfolg unerlässlich, aber manchmal braucht man auch den glücklichen Zufall, der dann die Weichen stellt. Es war einfach Glück, dass ich den Rat erhielt, Koch zu werden, und mir mein Lehrherr und weitere Spitzenköche geholfen haben, die Laufbahn in der Spitzengastronomie konsequent weiterzuverfolgen.

In der Küche sind mir Ehrlichkeit und Authentizität wichtig. Ich liebe es zu experimentieren, aber es darf nicht passieren, dass der eigentliche Geschmack der verschiedenen Komponenten nicht mehr erkennbar ist. Außerdem müssen die einzelnen Elemente stimmig zusammenpassen. Dabei gilt: Keine Kreativität mit dem Holzhammer, der Gast soll schon noch wissen, was er da auf dem Teller hat! Am Ende des Abends sollte der Gast das Essen, aber auch das Ambiente und den Service genossen und eine wirklich schöne Zeit erlebt haben. Wenn das gelingt, empfinde ich große Freude. Zusammenfassend kann ich es immer wieder auf einen entscheidenden Punkt reduzieren: Ich liebe es zu kochen.

Bobby Bräuers Tipp zum Kochen

KOCH IMMER MIT GEFÜHL UND BLEIB NEUGIERIG

Kochen bedeutet mehr, als nur Essen zuzubereiten. Wichtig ist, dass man mit Gefühl und aus dem Bauch heraus kocht – das gilt für Profis genauso wie für Hobbyköche. Dabei gilt es mit Lust und Risikofreude zu experimentieren. Wenn mal etwas misslingt, dann probiert man es beim nächsten Mal eben mit einer veränderten Zutatenkombination oder einer anderen Garmethode. Es bringt nichts, etwas erzwingen zu wollen, besser ist es, nicht aufzugeben und neugierig zu bleiben. Denn die ganze Erfahrung in der Küche, die man hat, ist immer nur die Basis, auf der man ein Leben lang aufbaut. Beim Kochen lernt man immer dazu, es gibt ständig neue Trends, veränderte Produkte, oder man entdeckt bei anderen Köchen neue Kombinationen. Ich bin seit über fünfunddreißig Jahren in der Küche und entdecke doch noch jeden Tag etwas Neues.

Bobby Bräuers Tipp zum Lesen

Bräuer, Stephanie; Schinharl, Michael: Das erste Mahl – Was essen Sie eigentlich zu Hause? Spitzenköche und ihre Frauen verraten im persönlichen Gespräch, ob Liebe wirklich durch den Magen geht; Becker Joest Volk, Hilden, 2015.

Berthold Bühler

MANCHMAL MUSS MAN EINEN RAT BEWUSST IGNORIEREN

Berthold Bühler war Meisterkoch, Restaurantbesitzer und Hotelier. Er schloss 2016 sein Essener Hotel und Restaurant *Résidence* aus Altersgründen und nahm zwei Michelin-Sterne mit in den selbstverordneten Ruhestand. Nach seiner Ausbildung zum Koch arbeitete Bühler 1970 auf der *MS Rotterdam*. Im Anschluss daran wechselte er zu Günter Scherrer in das Ein-Sterne-Restaurant *San Francisco* im Hotel *Hilton* in Düsseldorf. Nach seiner Meisterprüfung, die er 1978 in Baden-Baden ablegte, wurde er Küchenchef im *Sheraton* in Essen. Hier gewann er bei einem Kochwettbewerb die Auszeichnung *Weltbester Konzernkoch*. 1983 wurde er Patron des Hotels und Restaurants *Résidence* in Essen-Kettwig und gemeinsam mit Henri Bach Küchenchef im Restaurant. 1984 bekam er den ersten Michelin-Stern, 1989 den zweiten, den er seitdem halten konnte. Im Jahr 2006 eröffnete Bühler im Hotel *Résidence* ein zweites Restaurant, den *Club B*. Nach dem Weggang von Henri Bach Ende 2011 leitete Eric Werner zusammen mit Erik Annecke die Küche des *Résidence*, bevor er in den letzten zwei Jahren vor der Schließung alleiniger Küchenchef war.

Genaugenommen habe ich meinen beruflichen Werdegang und die Erfolgsgeschichte des *Résidence* hauptsächlich einem Rat zu verdanken, den ich bewusst *nicht* befolgte. 1983 bekam ich das Angebot, das Hotel *Résidence* zu übernehmen. Ich fuhr zu meinem Steuerberater und bat ihn, sich die Zahlen, die leider nicht besonders gut waren, anzuschauen und mir seine Einschätzung zu sagen. Die Antwort ließ nicht lange auf sich warten und hätte eindeutiger nicht sein können: »Wenn Sie das machen, dann können Sie genauso gut gleich von der Ruhrtalbrücke springen.«

Doch was tat ich? Ich unterschrieb den Pachtvertrag und kaufte sechs Jahre später das Hotel – dem Ratschlag meines Steuerberaters zum Trotz. Im Rückblick hat mich sein Rat geradezu angestachelt, erst recht die Jugendstilvilla im Süden Essens zu übernehmen und zu beweisen, dass es sehr wohl möglich war, schwarze Zahlen zu schreiben. Wahrscheinlich hatte ich für mich die Frage, ob ich es mit dem Hotel versuchen wollte, schon längst beantwortet, bevor ich dem Steuerberater die Unterlagen brachte. Nichts konnte mich mehr von meinem bereits gefassten Entschluss abbringen – nicht einmal das ernsthafte Abraten dieses Experten.

Mein Plan ging auf, mein Traum wurde wahr: 1984 machte ich mich selbständig, der Laden lief bestens, und schon ein Jahr später bekam ich den ersten Michelin-Stern, 1989 dann den zweiten. Seitdem habe ich die zwei Sterne ununterbrochen gehalten und in den Ruhestand mitgenommen. Das gab es bisher noch nie. Immer wieder kommt es nämlich vor, dass ein Restaurant einen Michelin-Stern bekommt, in der nächsten Ausgabe des Gourmetführers jedoch nicht mehr zu finden ist. Der Grund, warum ein Restaurant bei der Veröffentlichung des Guide Michelin nicht mehr berücksichtigt wird oder sich die Anzahl seiner Sterne reduziert, liegt meist darin, dass die Küche auf Dauer das Niveau nicht halten kann – oder das Restaurant schließt. Sollte ein Restaurant sein Konzept verändern, wird es für die nächste Ausgabe des Guide Michelin erneut überprüft und neu bewertet. In meinem Fall war es einfach so, dass mit der Schließung meines Restaurants die Sterne schlichtweg erloschen sind – ein großartiges Happy End, denn ich konnte die Sterne lückenlos achtundzwanzig Jahre lang halten.

Nicht nur der Rat, besser die Finger vom Hotel zu lassen, hat mich motiviert, mich auf dieses Sterne-Niveau hochzuarbeiten. Große Motivation und Unterstützung habe ich damals auch durch die Eigentümer des Hotels erfahren: Im ersten halben Jahr, nachdem ich das Hotel übernommen hatte, musste ich keine Pacht bezahlen. Das hat mich extrem beflügelt, weil ich frei und in aller Ruhe – ohne gleich von den Kosten erdrückt zu werden – das Hotel aufbauen und mich entwickeln konnte. Ich wünschte, viele junge Köche, die den Schritt in die Selbständigkeit wagen, hätten heute auch dieses große Glück, am Anfang ein bisschen mehr Freiraum gewährt zu bekommen, damit sie die meist schwierige Startphase gut überstehen.

Gegenüber meinem Küchenteam fühlte ich mich immer wie ein Trainer. Da waren Zusammenhalt und gute Stimmung ganz entscheidend. Schließlich waren die Michelin-Sterne nicht Verdienst eines Einzelnen, sondern eines ganzen Teams. Ich habe immer versucht, meinen Leuten viel Menschliches mitzugeben und ihnen klarzumachen, dass es wichtig ist, kein reiner »Fachidiot« zu sein. Gerade als Koch muss man etwas breiter aufgestellt sein, auch in anderen Bereichen des Lebens Ahnung haben und beim aktuellen Weltgeschehen à jour sein. Meine Lieblingsfrage an meine Köche war immer: »Was ist ein Hammelsprung?« Die meisten meinten sofort, dass das irgendetwas mit Kochen zu tun habe. Weit gefehlt, denn Hammelsprung ist eine Form der Abstimmung, beispielsweise im Deutschen Bundestag! Ich bin der Meinung, dass ein Koch über seinen eigenen Tellerrand schauen und sich nicht ausschließlich für das Kochen interessieren sollte. Das kann in vielen Situationen von Vorteil sein, ganz besonders dann, wenn man zu den Gästen ins Restaurant rausgeht. Im Gespräch sollte man sich auch auf deren Niveau bewegen und nicht nur über das Essen fachsimpeln können.

Berthold Bühlers Tipp zum Kochen

VERWENDE MAXIMAL FÜNF GRUNDKOMPONENTEN

Achten Sie beim Kochen darauf, dass das Gericht höchstens aus fünf verschiedenen Grundkomponenten entsteht. Sonst besteht die Gefahr, dass die einzelnen Geschmacksnuancen für den Gast überhaupt nicht mehr erkennbar sind. Für mich persönlich ist dies seit vielen Jahren eine der wichtigsten Grundsätze beim Kochen. Besteht das Essen aus zu vielen Komponenten, dann entsteht zu viel Wirrwarr auf dem Teller. Außerdem kann man ein Gericht, das aus zu vielen verschiedenen Produkten gekocht worden ist, im Mund geschmacklich gar nicht mehr zuordnen. Ganz abgesehen davon, dass die einzelnen Zutaten in der Masse überhaupt nicht mehr ihren Geschmack entfalten können. Einen Rehrücken beispielsweise kombiniere ich mit Holundersoße, Spitzkohl und Kartoffeln. Sie sehen, auch vier Grundkomponenten ergeben eine tolle Kombination, bei der jedes einzelne Element zur Geltung kommen kann. Ich habe die Erfahrung gemacht, dass diese Regel, mit wenigen Komponenten zu kochen, vor allem für Kinder von Bedeutung ist. Zum einen mögen Kinder es ohnehin nicht gern, wenn zu viel Verschiedenes auf ihrem Teller liegt. Zum anderen ist es prägend für den Geschmacksinn und die Wertschätzung der Nahrungsmittel, wenn sich jedes einzelne rausschmecken lässt und nicht geschmacklich in einem großen Durcheinander untergeht.

Berthold Bühlers Tipp zum Lesen

Escoffier, Auguste: Escoffier – Kochkunstführer; Nikol, Hamburg, 2016.

Thomas Bühner

DEFINIERE DEIN ZIEL

Thomas Bühner führt seit 2006 als Geschäftsführer und Küchenchef das Restaurant *la vie* in Osnabrück, das mit 19 Punkten im Gault-Millau und drei Michelin-Sternen ausgezeichnet ist. Seit 2009 ist Thomas Bühner *Grand Chef* bei *Relais & Châteaux*. Darüber hinaus ist das *la vie* seit 2010 Mitglied von *Les Grandes Tables du Monde*. Wichtige Stationen der beruflichen Laufbahn von Thomas Bühner waren das *Schweizer Haus* in Paderborn, das Restaurant *Grand Cru* in Lippstadt, das Restaurant *Jörg Müller* in Westerland auf Sylt und die *Schwarzwaldstube* in Baiersbronn, wo er als Chef de Partie für Harald Wohlfahrt arbeitete, bevor er 1991 Küchenchef im Restaurant *La Table* in Dortmund wurde.

Als ich nach meinem Schulabschluss nicht so recht wusste, was ich werden wollte, machte ich einen Eignungstest beim Arbeitsamt. Das Ergebnis waren drei Berufsempfehlungen: Bäcker, Landwirt und Koch. Wegen des frühen Arbeitsbeginns kam der Beruf des Bäckers für mich nicht in Frage. Auch erschien es mir wenig aussichtsreich, Landwirt zu werden, ohne eigenes Land zu besitzen, also entschied ich mich für die Ausbildung zum Koch. Nachdem ich mich mit diesem Gedanken angefreundet hatte, teilte ich meinen Eltern einen folgenreichen Entschluss mit: »Wenn ich Koch werde, dann will ich aber ein exzellenter Koch werden und nicht nur ein durchschnittlicher.«
Für mich war es entscheidend, dieses Ziel so klar für mich festzulegen. Daher ist aus meiner Sicht der beste Rat für ein erfolgreiches Leben: »Definiere dein Ziel.« Nur wer weiß, wohin er will, kann sich auf den Weg machen und sein Ziel konsequent verfolgen, gerade auch dann, wenn der Weg mal etwas steiniger wird. Mir war klar, ich wollte etwas Besonderes machen und zugegebenermaßen auch einfach besser sein. Sicher war ein Teil meines Antriebs, dass ich meinen Eltern, die zunächst von meinem Vorhaben, Koch zu werden, nicht recht überzeugt waren, beweisen wollte, dass ich Großartiges leisten kann.
Diese bewusste Entscheidung, ein exzellenter Koch werden zu wollen und nicht einfach zu schauen, wo ich wohl landen werde, war für meinen Werdegang ausschlaggebend. Ich legte mich richtig ins Zeug, wollte und will immer noch besonders viel lernen, Außergewöhnliches erleben und kreativ kochen. Natürlich

war es Glück, dass mir der Beruf von Beginn an große Freude bereitete. Die Arbeit mit den Produkten fasziniert mich bis heute: Zu sehen, wie aus einer Möhre, die ungewaschen bei uns angeliefert wird, eine tolle Beilage wird, die die Gäste begeistert, ist bis heute pures Glück für mich.

Neben den umfassenden Gestaltungsmöglichkeiten hat der Beruf des Kochs für mich noch weitere schöne Seiten. Kochen ist Teamarbeit, und ich finde es großartig, gemeinsam mit anderen, oft jungen Leuten etwas zu schaffen und auch hart zu arbeiten. Während es zu meiner Ausbildungszeit noch üblich war, dass in den Küchen extrem autoritär geführt wurde, bis hin zur körperlichen Züchtigung, achte ich darauf, dass in meinem Team ein gutes Klima herrscht. Ich führe meine Mitarbeiter so, dass ich ihre Stärken fördere und ihre Schwächen weitestgehend außer Acht lasse. Diese Art der Mitarbeiterführung ist aus meiner Sicht absolut lohnend für alle Beteiligten. Denn so wie glückliche Kühe bekanntlich mehr Milch geben, erzielen Mitarbeiter bessere Ergebnisse, wenn ihnen Wertschätzung entgegengebracht wird und sie dort eingesetzt werden, wo sie ihre Stärken am besten entfalten können. Ein Umfeld zu schaffen, in dem zufriedene Leute zusammenarbeiten und großartige Leistungen erzielen, ist in meinen Augen ein wichtiger Erfolgsbaustein.

Als Koch reist man viel und schließt Freundschaften auf der ganzen Welt. Regelmäßig tausche ich mich mit meinen Kollegen aus und treffe andere *Relais-&-Châteaux*-Köche. Es ist nicht nur schön, sondern immer wieder auch lehrreich, auf der ganzen Welt Leute zu kennen, denen man auf Augenhöhe begegnet, die den gleichen Beruf und eine gemeinsame Leidenschaft haben. Auch deshalb bin ich froh, mein Ziel sehr früh so klar definiert zu haben. Diese Entscheidung hat mir Glück, Erfolg und ein erfülltes Leben beschert.

Thomas Bühners Tipp zum Kochen

REDUZIERE DIE TEMPERATUR

Dieser Rat mag so manchen überraschen, zumal viele denken, Gerichte bei hohen Temperaturen zuzubereiten spare Zeit oder sei gut für den Geschmack. Tatsächlich ist es jedoch so, dass beispielsweise ein Steak, das man im Ofen bei niedriger Temperatur gart, wesentlich geschmackvoller wird. Außerdem muss man nicht am Herd stehen bleiben, sondern kann in der Zwischenzeit den Tisch decken oder die Beilagen zubereiten. Die Temperatur zu reduzieren macht das Kochen also beherrschbarer und erzielt bessere Ergebnisse.

Thomas Bühners Tipp zum Lesen

Herrmann, Jürgen F.; Hering, Richard: Herings Lexikon der Küche; Nikol, 25. Auflage, Hamburg, 2016.

Daniel Bumann

MAN WÄCHST MIT DER VERANTWORTUNG

Daniel Bumann führt zusammen mit seiner Frau Ingrid das Restaurant *Bumanns Chesa Pirani* im Schweizer Engadin, das vom Guide Michelin mit zwei Sternen ausgezeichnet wurde. Der Gault-Millau bewertet das Haus mit 18 von 20 möglichen Punkten. Ingrid und Daniel Bumann wurden zudem ausgezeichnet als *Gastgeberteam 2006* und erhielten im Jahr 2004 den Schweizer Tourismuspreis *Milestone*. Der gebürtige Walliser Daniel Bumann, der im elterlichen Gasthof in der Nähe des Tourismusorts Saas-Fee aufwuchs, absolvierte seine Kochlehre bei der *Hotel- und Bädergesellschaft* in Leukerbad im Wallis. Anschließend baute er sein Wissen durch Aufenthalte in verschiedenen Schweizer Spitzenrestaurants aus, legte zudem die höhere Fachprüfung zum eidgenössisch diplomierten Küchenchef ab und wurde Kochweltmeister sowie Sieger bei der Kocholympiade. Nicht zuletzt führte der Sternekoch die Sendung *Bumann, der Restauranttester* im Schweizer Fernsehen zum Erfolg.

Auf meinem bisherigen Berufsweg habe ich sicherlich mehrere Ratschläge erhalten, die mich geprägt und meinen Werdegang entscheidend beeinflusst haben. In gewisser Weise hatten die Ratschläge alle etwas mit Verantwortung zu tun. Das ist für mich ein ganz wichtiger Schlüsselbegriff. Schon als ich in der damals sehr angesehenen, später aber liquidierten *Hotel- und Bädergesellschaft* meine Lehre absolvierte, gaben mir die verschiedenen Küchenchefs dort die Chance, von Anfang an sehr selbständig zu arbeiten und Verantwortung zu übernehmen. Natürlich kann das in der gehobenen Gastronomie nicht gleich die Zuständigkeit für ein komplettes Menü sein. Aber wenn man weiß, dass dort jeder noch so kleine Arbeitsschritt für das Gelingen des gesamten Gerichts wichtig ist, freut man sich schon, wenn einem als Novize für einen Teil des Ablaufs die Verantwortung zugetraut wird. Für mich persönlich war das so wichtig, weil ich überzeugt bin, dass die frühe Übernahme von Aufgaben dazu führt, dass man viel motivierter an die Arbeit geht und einfach mehr lernt. Ich kann dazu ein Beispiel nennen: Wenn ein junger, ehrgeiziger Koch, wie es leider in vielen Großbetrieben der Fall ist, den ganzen Tag nur Gemüse schnibbelt, wird das irgendwann seinen Wissensdurst und sein Engagement schmälern. Wenn man aber – natürlich im Rahmen der Möglichkeiten der Spitzengastronomie – schon frühzeitig komplexere Aufgaben bekommt, motiviert das ungemein. Bei mir war es zum Beispiel einmal so, dass mir zwar die Verantwortung für die Sauce Hollandaise übertragen wurde, diese einem meiner Lehrmeister aber nicht geschmeckt hat. Immer fehlte etwas anderes, ein kleines bisschen Cayennepfeffer, dann wieder etwas Salz oder ein Spritzer Zitrone. Weil ich aber wusste, dass er es nicht böse meinte, sondern mich fördern wollte, und eben weil ich die Verantwortung für diesen Menübestandteil hatte, habe ich so lange weiterprobiert, bis die Sauce wirklich gut war. Dieses konsequente Arbeiten mit dem Geschmack und den Aromen, das ich dadurch gelernt habe, hat mir in meinem gesamten Kochleben geholfen und mich weitergebracht.

Heute, da ich mit meiner Frau Ingrid schon länger ein eigenes Restaurant betreibe, hat für mich der Begriff Verantwortung noch eine weitere Dimension bekommen. Jetzt bin ich es, der sich trauen muss, den Mitarbeitern Entscheidungskompetenz zu übertragen. Natürlich ist es nie einfach, wichtige Aufgaben aus der Hand zu geben, weil man ja für den gesamten Betrieb verantwortlich ist. Selbstverständlich sollte man einerseits gut durchdacht delegieren, aber man darf andrerseits auch die Kontrolle nicht komplett verlieren. Auch muss man als Chef immer aufpassen, dass man die Mitarbeiter nicht überfordert. Die Gratwanderung besteht ja darin, sie so lange selbst versuchen zu lassen, die Aufgabe zu meistern, bis es wirklich nicht mehr geht. Erst dann gilt es, einzugreifen und ihnen zu helfen. Weil mir aber in jungen Jahren Vertrauen entgegengebracht wurde und ich weiß, zu welch positiven Ergebnissen das führen kann, fällt es mir etwas leichter, nun als Chef meinen Mitarbeitern auch früh etwas zuzutrauen und ihnen Verantwortung zu übertragen.

Daniel Bumanns Tipp zum Kochen

ENTSCHEIDEN SIE SICH BEIM DESSERT FÜR DEN BESTEN TEIL

Natürlich gehört zu einem guten Essen immer auch ein Dessert. Meiner Meinung nach machen ambitionierte Hobbyköche aber manchmal den Fehler, dass sie bei der Nachspeise zu kompliziert denken. Sie bauen den abschließenden Gang aus drei oder gar vier Komponenten auf, obwohl ihre Gäste zu diesem Zeitpunkt bereits ausreichend gegessen haben, daher gesättigt sind und mit so einer aufwendigen Nachspeise gar nicht mehr viel anfangen können. Deshalb lautet mein konkreter Rat, dass man sich lieber für den besten Teil einer Süßspeise entscheidet und diesen dann hochwertig zubereitet. Auch bei der Präsentation auf dem Teller sollte man die Einfachheit pflegen. Die Kunst liegt im Minimieren. Das entspricht ja auch genau der Entwicklung in der Spitzengastronomie – nämlich der Konzentration auf das Wesentliche.

Daniel Bumanns Tipp zum Lesen

Bumann, Daniel: Einfach Bumann – Das Kochbuch; Collection Rolf Heyne, München, 2011.

Andreas Caminada

GEHE DIE DINGE SO FRÜHZEITIG WIE MÖGLICH AN

Andreas Caminada ist seit 2003 Betreiber und Küchenchef des Restaurants *Schauenstein Schloss Restaurant Hotel* in Fürstenau in der Schweiz. Seinen ersten Michelin-Stern erhielt er im Jahr 2004, zwei Jahre danach folgte der zweite Stern und im Jahr 2010 der dritte. Der Gault-Millau bewertet den gebürtigen Bündner mit 19 Punkten. 2009 hatte ihn dieser Restaurantführer zum *Koch des Jahres* erkoren. 2011 gelang dem Restaurant der Sprung auf Platz 23 der Liste *San Pellegrino World's 50 Best Restaurants*. Im Jahr 2015 lancierte Andreas Caminada seinen zweiten Restaurant-Brand *IGNIV by Andreas Caminada* im *Grand Resort Bad Ragaz*. Er führt die *Remisa* ebenfalls in Fürstenau und gibt ein Gourmet-Bookazine heraus. Zu den prägenden Stationen in seinem Berufsleben gehören das Hotel *Walserhof* im Skiort Klosters, das Restaurant *Bareiss* in Baiersbronn sowie die *Wirtschaft zum Wiesengrund* in Uetikon am See. Seine Kochlehre hat Andreas Caminada im Jahr 1998 im Hotel *Signina* in Laax abgeschlossen.

Die wichtigsten Ratschläge, die man im Leben erhält, sind ja immer eingebettet in eine gewisse Lebenssituation, in bestimmte Koordinaten, die feststehen. Bei mir war das in der Situation, als die Entscheidung, Koch zu werden, gefallen war und ich die ersten Schritte im Berufsleben machte. In jenen Tagen habe ich mir viele Gedanken gemacht, wie es weitergehen soll. Natürlich stand dabei auch die Überlegung im Raum, sich selbständig zu machen. Damals gab mir meine Mutter etwas mit auf den Weg, was sich als wichtigster Rat durch mein Leben ziehen sollte: »Gehe alles, was du machen möchtest und was dir wichtig ist, frühzeitig an. Wenn du dich selbständig machen willst, mache es lieber gleich mit Mitte zwanzig als mit fünfundvierzig Jahren, denn dann hast du vielleicht nicht mehr genug Energie dazu.«
Große Entscheidungen früh im Leben zu treffen und dadurch Verantwortung zu übernehmen, hat viele Facetten. Zum Beispiel bietet es einem mehr Selbstbestimmung. Als ich damals mit meiner Partnerin entschieden hatte, dass wir ein Restaurant eröffnen, konnten wir frei entscheiden, an welchem Ort es sein wird, was auf den Teller kommt, wie die Inneneinrichtung aussehen soll und vieles mehr. Es ist schön, das alles frei entscheiden zu können, es birgt aber auch Risiken. Wir wussten etwa überhaupt nicht, ob genügend Gäste nach Fürstenau, den Ort, für den wir uns entschieden hatten, kommen würden, da hier touristisch relativ wenig geboten war. Dass wir recht bald von einer Sonntagszeitung entdeckt und mit einem Artikel gewürdigt werden würden, der uns viele Gäste bescherte, konnten wir zu dem Zeitpunkt ja noch nicht wissen.
Um all die Herausforderungen zu meistern, die sich durch die Selbständigkeit ergaben, half es mir, Schritt für Schritt vorzugehen. Denn mit Mitte zwanzig zu sagen, ich will Drei-Sterne-Koch werden, ist kaum möglich. Erfolgversprechender ist es, ein klares Konzept zu entwickeln, ein solides Geschäft aufzu-

bauen, immer etwas besser zu werden und Gewinne wieder ins Unternehmen zu investieren.

Wenn ich jetzt nach vielen Jahren auf diese Zeit zurückblicke, kann ich sagen, dass meine Mutter durchaus recht hatte. Ich weiß tatsächlich nicht, ob ich es jetzt noch einmal stemmen könnte, wie damals mit fünfundzwanzig oder sechsundzwanzig Jahren. Zumindest die ersten sechs Jahre standen wir permanent unter Stress und mussten ständig improvisieren, schon weil wir einfach nicht genug Mitarbeiter hatten.

Es gibt aber auch Vorhaben und Entwicklungen, für die man sich Zeit lassen muss. Als wir im *Schauenstein* angefangen haben, hatten wir vier Angestellte, jetzt sind es (bei gleich großer Küche!) vierzig. So viele Menschen zu führen und zu motivieren hätte ich am Anfang meiner Laufbahn sicher nicht gekonnt. Jetzt aber geht es gut, da der Personalaufbau ja schrittweise vor sich ging und ich so in diese Aufgabe hineinwachsen konnte.

Die Idee, ein Gourmet-Bookazine herauszubringen, war schon lange für mich ein Thema, aber auch hier musste die Zeit erst reifen. Ich wollte kein reines Kochbuch produzieren, da für mich nicht nur das Rezept im Vordergrund steht, sondern auch die Geschichten drum herum. Aus diesem Grund entstand das Bookazine – eine Mischung aus Kochbuch und Magazin. Vor diesem Projekt hatten wir sehr viel Respekt, weil es Neuland für uns war.

Auch das neuartige Konzept für das Restaurant *IGNIV by Andreas Caminada* – *IGNIV* ist der romanische Name für Nest – in Bad Ragaz und bald auch in St. Moritz, bei dem die Gäste alle Speisen miteinander teilen, konnte ich erst entwickeln, nachdem ich genügend Erfahrungen gesammelt hatte. Solch einen neuen zusätzlichen Weg zu gehen hätte ich mich früher sicher nicht getraut. Jetzt ist es für mich schön und wichtig, dass dieses

Konzept auch ohne mich funktionieren und weiterleben würde und sich vielleicht sogar als eigenständige Marke etabliert.

Andreas Caminadas Tipp zum Kochen

MIT DEM WÜRZEN NICHT ZU LANGE WARTEN

Mein Rat an Hobbyköche lautet, dass man nicht vor sich hin kocht und dann erst relativ spät im Prozess versucht, zu würzen und dem Gericht seinen Geschmack zu verleihen. Wesentlich besser ist es, schon beim Dämpfen des Gemüses oder Anbraten des Fleischs mit den Gewürzen den Grundgeschmack festzulegen. Man sollte früh mit dem Würzen beginnen, abschmecken, nachwürzen und wieder abschmecken. Am Ende gibt man vielleicht noch etwas Pfeffer oder etwas Puderzucker dazu, um das Gericht abzurunden – und fertig. Denn wenn man denkt, es sei besser, dem Gericht erst am Ende seinen Geschmack einzuhauchen, bekommt man es vielleicht gar nicht mehr hin, weil man dann entweder zu zaghaft ist, da es einem so vorkommt, dass man ja in den letzten paar Minuten eine große Menge Gewürz eingesetzt hat. Oder es tritt umgekehrt der Fall ein, dass man das Gericht am Ende geschmacklich noch etwas unscheinbar findet und mit zig Gewürzmischungen oder zu viel von einer Komponente das Ergebnis ruiniert.

Andreas Caminadas Tipps zum Lesen

Ariely, Dan: Denken hilft zwar, nützt aber nichts – Warum wir immer wieder unvernünftige Entscheidungen treffen; Droemer, München, 2015.

Keller, Thomas; Jones, Deborah: The French Laundry Cookbook; Workman Publishing, New York, 1999.

Thomas Dorfer

MAN MUSS SICH AB UND ZU EIN BISSCHEN ZEIT LASSEN

Thomas Dorfer ist seit 2002 Küchenchef des Restaurants *Landhaus Bacher* im österreichischen Mautern, das zwei Michelin-Sterne trägt und mit 18 von 20 Punkten im Gault-Millau ausgezeichnet ist. Seine Lehre, die er mit Auszeichnung abschloss, absolvierte er im Hotel *Alte Post* in Bad Kleinkirchheim. Wichtige Stationen seiner Kochlaufbahn waren das Restaurant *Kaiserstuben* in Sydney und das mit einem Stern ausgezeichnete Restaurant *Jöhri's Talvo*, bevor er von 1999 bis 2002 als Souschef von Claus-Peter Lumpp im Drei-Sterne-Restaurant *Bareiss* in Baiersbronn arbeitete. 2002 kehrte er dann in die Wachau an den Herd des *Landhaus Bacher* zurück, in dem er 1996/97 bereits tätig war. Thomas Dorfer, der regelmäßig erfolgreich an Wettbewerben von Spitzenköchen teilnimmt, belegte 2005 den 6. Platz International im Weltfinale des *Bocuse d'Or* in Lyon, nachdem er im Österreichfinale dieser Meisterschaft 2004 Erster geworden war.

Die Menschen, die für mich die wichtigsten Ratgeber für mein Wirken in der Spitzengastronomie sind, könnten unterschiedlicher nicht sein. Das ist zum einen der Drei-Sterne-Koch Claus-Peter Lumpp, bei dem ich drei Jahre lang als Souschef sehr viel lernen konnte; zum anderen meine Schwiegermutter Lisl Wagner-Bacher, die als Autodidaktin am Herd des seit mehr als drei Jahrzehnten bestehenden *Landhaus Bacher* Sterne-Niveau erreichte und mir sehr viel von ihrer Erfahrung weitergab. Verblüffenderweise sind die Ratschläge der beiden oft sehr ähnlich ausgefallen.

In der Zeit, in der ich Schulter an Schulter mit Claus-Peter Lumpp arbeitete, führten wir natürlich viele gute Gespräche. Dabei betonte mein Chef im *Bareiss* immer wieder, dass man sich beim Kreieren von Gerichten und beim Kochen generell ab

und zu ein bisschen Zeit lassen muss. Auch meine Schwiegermutter sagte mir dies oft. Manchmal scheint dieses Motto im krassen Gegensatz zum Alltag in der Küche zu stehen, der natürlich oft von Hektik und Druck gekennzeichnet ist. Lassen Sie es mich an einem Beispiel verdeutlichen: Ein bestimmtes Produkt hat Saison und man möchte es natürlich zeitnah in einem kreativen Gericht verarbeiten und auf die Menükarte setzen. Manchmal fällt einem dann aber nichts Raffiniertes oder Neues ein, also begnügt man sich mit einer Kompromisslösung. In dieser Situation ist es wesentlich besser, der Inspiration Zeit zu lassen, bis die entscheidende Idee kommt. Man hat das Produkt dadurch zwar vielleicht zwei, drei Tage später auf der Karte, dann aber in einer Komposition, die einem selbst und in der Folge auch dem Gast Freude macht.
Generell lege ich großen Wert darauf, dass in unseren Gerichten die Produkte der Saison, aber auch der Region zur Geltung kommen und den Gast überzeugen. Damit kommen wir zu einem weiteren wichtigen Leitsatz, den ich von Claus-Peter Lumpp und Lisl Wagner-Bacher übernommen habe: In Wahrheit geht es immer um den Gast. Nur wenn es den Gästen schmeckt oder sie gar begeistert sind von dem, was wir ihnen anbieten, ist unsere Arbeit sinnvoll und erfolgreich. Unsere Gäste merken es eben auch, wenn wir ein Gericht auf der Karte haben, mit dem wir selbst nur fast zufrieden sind, weil wir uns nicht die Zeit gelassen haben, die perfekte Komposition zu finden.
Sich Zeit zu lassen, auch mit sich selbst Geduld zu haben, ist natürlich vor allem für junge Leute schwer. Daher gebe ich auch an meine Mitarbeiter diesen Rat weiter, vor allem dann, wenn ich sie mal wieder vor eine schwierige Aufgabe gestellt habe. Oft sind sie verzweifelt, weil sie die Aufgabe nicht auf Anhieb perfekt lösen können. Ich sage dann: »Wir lassen uns eine Woche Zeit und arbeiten gemeinsam daran. Wir lassen das ein biss-

chen reifen.« Ich wende dieses Prinzip also nicht nur am Herd, sondern auch in der Mitarbeiterführung und -entwicklung an. Ich rate meinen Mitarbeitern aber auch, sich Zeit zu geben, um sich weiterzuentwickeln – und zwar ein Leben lang. Meiner Meinung nach sollten wir Köche jede Information und jedes Wissen wie ein Schwamm aufsaugen – unabhängig davon, ob es um Produkte, Zubereitungsweisen, Hilfsmittel oder Arten des Anrichtens geht. Heute ist dies ja aufgrund der vielfältigen elektronischen Möglichkeiten viel leichter als in meinen Lehr- und Wanderjahren, als ich mir jeden Monatsersten, unabhängig von der Höhe meines Lohns, zwei Kochbücher gekauft habe, um zu lernen.

Auch heute möchte ich immer noch dazulernen und ein »Wissensschwamm« sein. Mehrmals im Jahr treffe ich mich zum Austausch mit meinem Freund aus *Bareiss*-Tagen, Andreas Caminada, und wir philosophieren zusammen. In diesen Gesprächen entstehen viele Inspirationen für uns beide, ohne dass wir uns je kopieren würden. Bei diesem Wissens- und Ideenaustausch wird uns auch immer wieder klar: Man kann in der (Spitzen-)Gastronomie nichts übers Knie brechen, sondern muss der Inspiration und sich selbst manchmal Zeit lassen.

Thomas Dorfers Tipp zum Kochen

LEGEN SIE FLEISCH NICHT EISKALT IN DIE PFANNE

Fleisch gut zuzubereiten kann auch für ambitionierte Hobbyköche eine Herausforderung sein. Sogar wenn man ein sehr gutes Stück Fleisch gekauft hat, kann man das Pech haben, dass es nicht gut gereift ist. Daher ist es schon mal wichtig, einen Produzenten auszuwählen, der sein Handwerk versteht. Bei der Zubereitung von Fleisch wiederum ist es essentiell, dieses nicht erst in letzter Sekunde aus dem Kühlschrank zu holen. Geben Sie das Fleisch nämlich mit Kühlschranktemperatur in die heiße Pfanne, dauert es sehr lange, bis die Temperatur im Inneren steigt, in der Zwischenzeit wird das Fleisch außen trocken. Lassen Sie das Fleisch also schon eine ganze Weile, bevor Sie mit dem

Kochen beginnen, außerhalb des Kühlschranks liegen und sich nahezu auf Zimmertemperatur erwärmen. Denn dann lässt es sich viel zarter und energiesparender braten. Sie brauchen übrigens nicht zu befürchten, dass das Fleisch in der kurzen Zeit außerhalb des Kühlschranks Schaden nimmt.

Thomas Dorfers Tipp zum Lesen

Wagner-Bacher, Lisl; Dorfer, Thomas: Landhaus Bacher – Das Kochbuch; Collection Rolf Heyne, München, 2011.

Christian Eckhardt

FOKUSSIERE AUF DEINE BERUFLICHE ENTWICKLUNG, NICHT AUF DEINEN KONTOSTAND

Christian Eckhardt ist seit 2014 Küchenchef im Restaurant *Villa Rothschild* im Hotel *Kempinski* in Königstein, das mit zwei Michelin-Sternen und 18 Gault-Millau-Punkten ausgezeichnet ist. Nach seiner Ausbildung im Hotel *Bareiss* in Baiersbronn blieb Christian Eckhardt von 2005 bis 2008 im Restaurant *Bareiss* bei Claus-Peter Lumpp. In dieser Zeit erkochte Claus-Peter Lumpp den dritten Michelin-Stern. Auf das Restaurant *Bareiss* folgten weitere Drei-Sterne-Restaurants auf Christian Eckhardts Laufbahn. Zunächst wechselte er nach Wolfsburg ins Restaurant *Aqua* im *Ritz-Carlton* zu Sven Elverfeld. 2001 ging er als Chef de Partie in das Restaurant *Schloss Schauenstein* zu Andreas Caminada in das Schweizerische Fürstenau. Ab 2011 kochte er als Souschef unter Christoph Rainer in seiner jetzigen Wirkungsstätte, bis er dort die Position des Küchenchefs übernahm.

Nach meiner Ausbildung im Hotel *Bareiss* bekam ich die Chance, direkt in das Sterne-Restaurant *Bareiss* zu Claus-Peter Lumpp zu wechseln. Dieser legte mir für meine berufliche

Laufbahn Folgendes ans Herz: »Fokussiere nicht aufs Geld, sondern auf deine berufliche Entwicklung.« Damit wollte er mir verdeutlichen: »Such dir deine weiteren Stellen nicht nach dem Gehalt aus, sondern nach Kriterien, die dich als Koch weiterbringen. Wenn du entsprechende Kompetenzen hast, regelt sich das mit dem Geld quasi von alleine.«

Meine Lehr- und Wanderjahre als Koch waren dann auch wirklich von diesem Rat geprägt. Ich plante meine weiteren Stationen nicht nach dem Gehalt, sondern nach der Überlegung, was ich Neues lernen möchte, was mir als Koch fehlt, wo ich mich noch weiterentwickeln möchte. Die fundierte und äußerst vielseitige Ausbildung im *Bareiss* war eine solide Basis für den weiteren Werdegang. Das Haus bietet neben der Sternegastronomie auch eine eigene Metzgerei, eine eigene Konditorei sowie eine Eventlocation, den Morlokhof, und eine Wanderhütte. Ich habe alle Stationen durchlaufen und lernte danach bei Claus-Peter Lumpp die wichtigen Grundlagen der französischen Gourmetküche.

Nach zweieinhalb Jahren war es an der Zeit, weiterzuziehen. In anderen Branchen ist ein häufiger Jobwechsel ja oft ein Problem. Bei Köchen ist es eher ein Muss. Man kommt nur voran, wenn man sein Handwerk verfeinert und versucht, möglichst viel mitzunehmen und Neues kennenzulernen. Ich wollte nach dem *Bareiss* bewusst etwas anderes als die klassische Sterneküche sehen und mich mit der Avantgardeküche vertraut machen, die in dieser Zeit gerade aufkam. Daher wechselte ich gezielt zu Sven Elverfeld ins *Aqua*. Mich interessierten vor allem die modernen Techniken. So arbeitete ich dort beispielsweise zum ersten Mal mit einem Rotationsverdampfer.

Auch beim nächsten Schritt, zwei Jahre später, gelang es mir, den Fokus auf meine Weiterentwicklung zu legen und meine Kompetenzen zu erweitern. Ich wechselte in die Schweiz zu

Andreas Caminada ins *Schloss Schauenstein*. Dort erlebte ich live die unternehmerische Glanzleistung, die dieses quasi privat geführte Restaurant vollbringt. Zum einen ist Andreas Caminada sehr vif und umtriebig; unter anderem ist er Werbepartner namhafter Firmen. Zum anderen konnten wir unsere Vorratshaltung geradezu perfektionieren, weil wir nur ein Menü hatten und aufgrund der fixen Gästezahl – mittags immer sechzehn, abends zwischen vierundzwanzig und achtundzwanzig Gästen – super kalkulieren konnten. Es ließ sich wirklich bis auf die kleinste Portion ausrechnen, was man über die Woche brauchte. Von der wirtschaftlichen Seite her könnte es nicht besser sein. Außerdem hatten wir nie das Problem der großen Restaurants mit À-la-carte-Essen, was mit den übrigen Vorräten passieren soll: Im Restaurant *Schloss Schauenstein* war am Ende der Woche das Kühlhaus leer.

Was mir an Kompetenzen nach der Zeit bei Caminada noch fehlte, war das Wissen, wie man Großveranstaltungen kulinarisch bestreitet. Es war ein großer Schritt für mich, in die *Villa Rothschild* zu wechseln. Im *Schloss Schauenstein* waren wir ein kleines Team. In der *Villa Rothschild* arbeiten wir dagegen in einer großen Küche in einem großen Team und bedienen nicht nur das Gourmetrestaurant, sondern auch zahlreiche Veranstaltungen, darunter bis zu siebzig Hochzeiten im Jahr.

Ich begann in der *Villa Rothschild* als Souschef. Als klar war, dass der Chefkoch Christoph Rainer das Haus verlassen würde, empfahl mich dieser als Nachfolger. Er bereitete mich auch auf die neue große Herausforderung perfekt vor. Das ist nicht selbstverständlich. Für mich war es eine Ehre, die Position zu übernehmen. Damit habe ich in meiner beruflichen Entwicklung ein wichtiges Ziel erreicht.

Viel zu verdanken habe ich meinen vier exzellenten Lehrmeistern. Jeder für sich hat seine eigene Handschrift beim Kochen.

Ich behaupte mal, dass ich jeden Teller meiner Lehrchefs an dem Gericht erkennen könnte, weil jeder für sich sehr speziell kocht: Claus-Peter Lumpp war stark auf Soßen fokussiert; es mussten ausdrucksvolle Soßen sein. Bei Sven Elverfeld stand das Produkt im Vordergrund und wie man es mit moderner Technik in Szene setzen kann. Andreas Caminada pflegte immer eine leichte Küche, das passt zu ihm, weil er ein sportlicher, aufgeweckter Typ ist. Christoph Rainers Gerichte lassen sich am besten mit den Attributen ausdrucksvoll, aromenreich und kombinationsfreudig beschreiben. In meinen Augen ist es das höchste Ziel eines Gourmetkochs: einen eigenen, unabhängigen Stil entwickeln, der die Gäste glücklich macht.

Christian Eckhardts Tipp zum Kochen

SEIEN SIE MUTIG MIT GEWÜRZEN

Wenn ich bei Kochkursen beispielsweise Fleisch würze, geht manchmal ein Raunen durch die Küche nach dem Motto: »Der macht aber viel Salz (Pfeffer, Curry ...) dran!« Ich habe dann immer das Gefühl, dass die Leute zu zaghaft mit Gewürzen umgehen. Ich beobachte auch, dass oft nicht ausreichend gewürzt wird. Danach wundern sich die Kochkursteilnehmer, wenn das Gericht ein bisschen fade schmeckt. Gehen Sie ruhig mutig mit Gewürzen um! Denken Sie nicht: »Ich würze jetzt lieber ein bisschen weniger, sonst schmeckt es am Ende zu kräftig.« Wenn Sie eine dicke Scheibe Rumpsteak haben, ist es nutzlos, wenn Sie eine kleine Prise Salz obendrauf geben. Ist das Fleisch entsprechend dick, müssen Sie auch kräftig würzen, denn Nachsalzen bringt wenig. Das Gleiche gilt für Kräuter. Sparen Sie da nicht, sondern geben statt zwei Nadeln Rosmarin zwei bis drei ganze Stängel des aromatischen Strauchs zum Rumpsteak. Und am besten gleich noch eine ganze Knoblauchzehe dazu!

Christian Eckhardts Tipp zum Lesen

Alléno, Yannick: Französische Küche; Matthaes, Stuttgart, 2014.

Sven Elverfeld

MACH, WAS DIR FREUDE BEREITET, ABER DAS MIT VERSTAND

Drei Sterne trägt das Restaurant *Aqua* im Hotel *The Ritz-Carlton* in Wolfsburg, das von Sven Elverfeld seit dem Jahr 2000 geführt wird. Den ersten Stern erkochte er sich im Guide Michelin 2002, der zweite folgte 2004 und der dritte 2009. Gault-Millau zeichnet den gebürtigen Hanauer mit 19 Punkten aus. Auch mit den Auszeichnungen *Aufsteiger des Jahres* (2002), *Koch des Jahres* (2004) und *Menü des Jahres* (2009) kürte ihn der Gastroführer bereits. Der Hang zu süßen Speisen, der Sven Elverfeld nachgesagt wird, mag von seiner ersten Ausbildung als Konditor herrühren. Erst danach lernte er Koch – in der damaligen Ausbildungsküche der *Lufthansa Service Gesellschaft* – und arbeitete in diesem Beruf in zahlreichen hochklassigen Restaurants wie dem *Hessler* in Maintal-Dörnigheim, dem Restaurant *Dieter Müller* im *Schlosshotel Lerbach* in Bergisch Gladbach oder der *Gutsschänke Schloss Johannisberg* in Geisenheim. Zu seinen internationalen Stationen gehören das *La Baie* im *The Ritz-Carlton* in Dubai sowie das *Bouillabaisse* im *Minos Beach Hotel* auf Kreta. Zudem arbeitete er als Stage in Tokio und Kyoto.

Zweifelsohne wird jeder Mensch geprägt von seiner Familie und dem Elternhaus. Ich hatte das große Glück, dass meine Eltern mich bei der Berufswahl nicht in eine bestimmte Richtung drängen wollten. Sie hatten Vertrauen in mich und gaben mir nur mit auf den Weg, dass ich etwas machen sollte, das mir Freude bereitet und das ich mit Leidenschaft ausüben würde. Aber nur, wenn man Herz und Verstand gebraucht, könne man richtig gut werden in dem, was man beruflich tut. Das würde ich nach so langer Zeit als den wichtigsten Rat bezeichnen, den ich jemals erhielt. Meine Eltern bauten – wie sich später erweisen sollte, mit Recht – darauf, dass ich unter etwas, das mir Freude macht, nicht gerade das Faulenzen oder Nichtstun wäh-

len würde. Oder den kaum erfüllbaren Traum vieler Jungs, Fußballprofi zu werden. Sowohl mein Vater als Feinmechaniker und technischer Zeichner als auch mein Großvater als Uhrmacher hatten bodenständige Berufe, die Kopfarbeit mit handwerklichem Können kombinierten.

Für mich begann der Weg, etwas mit Leidenschaft und gleichzeitig mit Verstand auszuführen, mit einer dreijährigen Lehre zum Konditor – in dem Familienbetrieb *Bäckerei Schadeberg* im hessischen Bruchköbel, der heute *Schokolädchen* heißt. An diesem Beruf hat mich genau die Verbindung aus Kreativität und filigraner Handarbeit fasziniert, die auch mein Vater und Großvater in ihren Berufen bewerkstelligten. In der Konditorei gilt dies vor allem bei der Fertigung von Pralinen, Marzipanfiguren oder Zuckerarbeiten. Während dieser Ausbildung hat mir ein wohlmeinender und vorausschauender Meister geraten, zusätzlich eine Kochlehre abzuschließen. Sein gewichtiges Argument: Seit den 1970er Jahren bedrängt die industrielle Produktion von Süßwaren immer stärker die traditionelle, handwerkliche Confiserie, sodass dieses Feld alleine auf lange Sicht kein sicheres Einkommen mehr böte. Daher absolvierte ich später eine Lehre als Koch bei der damaligen *Lufthansa Service Gesellschaft (LSG)*. Das klingt vielleicht überraschend, es von der Großküche eines Airline-Caterers an den Herd in der Spitzengastronomie zu schaffen. Aber ich muss sagen, dass die Ausbildung, obwohl dort dreißig Auszubildende gleichzeitig angestellt waren, sehr gut gewesen ist. Wir hatten einen vernünftigen Ausbildungsplan, und dadurch, dass wir teils für Vorstände, teils für Büros und andere Zielgruppen gekocht haben, erlernten wir eine sehr breite Palette an Fertigkeiten. Mindestens die Hälfte der *LSG*-Auszubildenden hat die Abschlussprüfung mit der Note eins bestanden. Mir persönlich hat auch der Vergleich des kleinen, familiären Betriebs, in dem ich Konditor gelernt habe,

mit dem durchorganisierten Großbetrieb der *LSG* wichtige Einblicke und Erkenntnisse für später gegeben.
Und generell gilt ja: Wenn man etwas gefunden hat, dem die eigene Leidenschaft gehört, fällt es auch leichter, einmal Umwege zu akzeptieren, um sein Ziel zu erreichen. Das war in meinem Fall nicht nur bei der *LSG* so, sondern zum Bespiel auch bei meiner Bewerbung bei der Hotelgruppe *The Ritz-Carlton*. Ich habe mich während der Zeit, in der ich in Heidelberg die Hotelfachschule besuchte, blind in deren Zentrale in den USA beworben. Die Idee kam über eine ehemalige Klassenkameradin von mir, die wiederum jemanden kannte, der dort arbeitete. Meine Bewerbung galt dem *The Ritz-Carlton* in Wolfsburg, das damals noch im Bau war. Doch dann schickte mich *Ritz-Carlton* in ihr Hotel in Dubai, wo ich unerwartet Auslandserfahrung sammeln konnte. Letztlich landete ich dann doch in Wolfsburg im *Aqua*, wo ich nun seit dem Jahr 2000 sehr gerne und erfolgreich arbeite – mit Freude und Verstand.

Sven Elverfelds Tipp zum Kochen

IMMER SCHÖN LOCKER BLEIBEN

Wer Kochen als Hobby betreibt, möchte ja Spaß dabei haben sowie den Gästen und sich selbst schöne Abende bereiten. Deshalb ist es wichtig, die Sache nicht zu verbissen anzugehen. Es gibt Hobbyköche, die sind strenger mit sich als die ambitioniertesten Profis. Man sollte sich einfach etwas Zeit nehmen, wenn man eine Essenseinladung plant, sich frühzeitig überlegen, was man wann und wo einkaufen will – und dafür ausreichend Muße mitbringen. Schon eine gut vorbereitete Einkaufstour, vielleicht mit einer kleinen Espressopause, kann Freude bereiten und entspannt die Vorbereitung des Menüs ungemein. Sind die Gäste da, kann man sie durchaus in die Zubereitung der Speisen einbinden, die meisten freut das und es fördert ganz sicher die Kommunikation. Und wenn mal etwas danebengeht? Auch dann sollte man nicht zu streng mit sich selbst sein. Die meisten Dinge lassen sich locker begradigen.

Sven Elverfelds Tipp zum Lesen

Elverfeld, Sven: Sven Elverfeld Cookbook; Collection Rolf Heyne, München, 2011.

Klaus Erfort

ENTSCHEIDE AUS DEM BAUCH UND ARBEITE MIT FREIEM KOPF

Klaus Erfort ist seit 2002 selbständiger Gastronom und Küchenchef des *GästeHaus Klaus Erfort* in Saarbrücken, das mit drei Michelin-Sternen und 19,5 von 20 Gault-Millau-Punkten ausgezeichnet ist. Der Gault-Millau kürte ihn 2008 zum *Koch des Jahres,* 2009 folgte die Auszeichnung als *Koch des Jahres* durch die Zeitschrift *Der Feinschmecker.* Seine Ausbildung absolvierte der Saarländer in seiner Heimat im *Restaurant Thiel* von 1987 bis 1990. Während seiner anschließenden Wanderjahre arbeitete Klaus Erfort unter anderem im Restaurant *Bareiss* in Baiersbronn und bei Harald Wohlfahrt in der *Traube Tonbach*, bevor er 1995 seine erste Stelle als Chef de Cuisine im *Restaurant Orangerie* im saarländischen *Parkhotel Gengenbach* antrat. Unter seiner Leitung wurde dieses Restaurant mit einem Michelin-Stern ausgezeichnet. Von 1999 an wirkte er als Chef de Cuisine im Gourmetrestaurant *Imperial* im Baden-Badener *Schlosshotel Bühlerhöhe*, wo er ebenfalls einen Michelin-Stern erkochte. 2002 wagte er den Schritt in die Selbständigkeit und eröffnete das *GästeHaus Klaus Erfort*. Bereits in der Ausgabe von 2003 wies der Guide Michelin sein Restaurant mit einem Stern aus, 2005 mit zwei Sternen, und schon für die Ausgabe von 2008 holte Klaus Erfort den dritten Michelin-Stern vom Kochhimmel.

In allen Lebensbereichen bin ich immer gut damit gefahren, auf meinen Bauch zu hören, nach Gefühl zu entscheiden und Situationen wie Geschäftspartner gleichermaßen intuitiv einzuschätzen. Wenn ich beispielsweise eine Veranstaltung aus-

richten soll, ist es mir wichtig, den Auftraggeber persönlich kennenzulernen. Auch wenn ich für ein Catering beauftragt werde, spreche ich mit dem Kunden persönlich und sehe mir das Haus an, in dem ich meine Gerichte servieren soll. Nach diesen Gesprächen habe ich meist ein gutes Gefühl dafür, was der Kunde schätzt, und kann ihm eine für ihn passende Speisenfolge vorschlagen. Ich erfasse intuitiv, ob beispielsweise eine leichte, asiatisch beeinflusste Küche gefragt ist oder ob ein bodenständig-rustikales Menü besser ankommen würde.

Aber auch bei wesentlich gewichtigeren Entscheidungen in meinem Leben habe ich meinem Bauchgefühl vertraut. Als ich mich kurz nach der Einführung des Euro in Deutschland selbständig machen wollte, war die Stimmung im Land, was die wirtschaftliche Entwicklung anging, eher kritisch. Auch gab es mahnende Stimmen, dass Saarbrücken eventuell nicht der ideale Standort für ein Gourmetrestaurant sein könnte. Immerhin hatte es zuvor zwanzig Jahre lang kein Sterne-Restaurant dort gegeben. Ich jedoch habe meinem Gefühl und mir selbst vertraut, dass ich das Unternehmen schon zum Erfolg würde führen können. Ich bin sehr heimatverbunden, und daher wollte ich auch mein eigenes Restaurant in Saarbrücken eröffnen. Was mir dabei nicht in den Sinn kam, sich später aber als enormer Vorteil erweisen sollte, war die Lage Saarbrückens. Wir ziehen nämlich nicht nur Gäste aus dem Saarland an, sondern auch aus den Nachbarländern Luxemburg und Frankreich. Dieser Standortvorteil war mir bei meiner intuitiven Entscheidung für Saarbrücken gar nicht in den Sinn gekommen.

Freiheit im Kopf ist für mich eine weitere wichtige Komponente für erfolgreiches und freudvolles Arbeiten. Als ich das *GästeHaus Klaus Erfort* eröffnet habe, gab es keine strategische Zielsetzung, was Auszeichnungen und Entwicklungen betraf. Ich gestaltete die Karte nach meinem Ermessen und kochte, was

und wie ich es für richtig hielt. Ich war völlig frei im Kopf und legte mir nicht den Zwang auf, unbedingt bis zu einem gewissen Zeitpunkt eine bestimmte Zahl an Sternen oder Gault-Millau-Punkten zu erkochen. Dass der Erfolg dann so schnell kam und wir bereits acht Monate nach Eröffnung für den ersten Michelin-Stern nominiert waren, hat mich natürlich sehr gefreut und für mein weiteres Tun ebenso bestärkt wie motiviert. So ist es meinem Team und mir gelungen, uns binnen weniger Jahre auf Drei-Sterne-Niveau zu steigern.
Natürlich ist ein gutes Team eine tragende Säule des Erfolgs. Ich muss zugeben, dass meine spontane und intuitive Art neue Mitarbeiter oft vor Herausforderungen stellt. Nach einer gewissen Zeit hat man sich dann aber aufeinander eingestellt und ein Gefühl dafür entwickelt, wie der andere tickt. Das ist mir ebenso wichtig wie gegenseitiges Vertrauen und Offenheit. Auch heute noch besiegle ich Geschäfte gerne mit Handschlag und einem Blick in die Augen des Gegenübers. Für mich ist das die schönste Art des Arbeitens – frei im Kopf und mit einem guten Gefühl im Bauch.

Klaus Erforts Tipp zum Kochen

SUCHE NACH DEM WAHREN GESCHMACK DER PRODUKTE

Ich koche sehr puristisch und kann auch Alltags- oder Hobbyköchen nur empfehlen, Produkte so zuzubereiten, dass ihr wahrer Geschmack erhalten bleibt. Wer für Familie oder Freunde kocht, möchte nicht nur sein Können zeigen, sondern seine Mitmenschen auch verwöhnen. Das wird Ihnen mit einem Gericht, das die einzelnen Komponenten möglichst unverfälscht enthält, mindestens ebenso gut gelingen wie bei einem hochkomplizierten, verkünstelten Gericht, bei dem der Gast gar nicht mehr eindeutig identifizieren kann, was er alles auf dem Teller hat. Das Prinzip, Gerichte auf das Wesentliche zu reduzieren und den wahren Geschmack eines Produkts für sich sprechen zu lassen, führt bei Fleisch, Fisch und Gemüse gleichermaßen zum Erfolg. Voraussetzung für diese Vorgehensweise ist jedoch, dass man sich bei der

Suche nach den optimalen Zutaten für das Gericht große Mühe gibt und nur mit erstklassigen Grundprodukten arbeitet.

Klaus Erforts Tipp zum Lesen

Witzigmann, Eckart: Meine hundert Hausrezepte; Heyne, München 1998.

Kevin Fehling

GLAUB AN DICH UND GIB VOLLGAS

Kevin Fehling ist seit 2015 Inhaber und Küchenchef des Restaurants *The Table* in Hamburg, das noch im Eröffnungsjahr mit drei Michelin-Sternen ausgezeichnet wurde. Nachdem er 1997 seine Ausbildung im Hotel *Thomsen* in Delmenhorst absolviert hatte, arbeitete er 1998 im *Parkhotel Bremen* und 1999 im Restaurant *L'Echalote*, ebenfalls in der Hansestadt. Im Anschluss war er zwei Jahre Küchenchef des Restaurants *Venezia* auf der *MS Europa*, bevor er nach Hamburg ging. Dort war er zunächst im *Wollenberg* und dann bei Wahabi Nouri im *Piment* tätig. Nach jeweils einem Jahr bei Harald Wohlfahrt in der *Schwarzwaldstube* in Baiersbronn und im Restaurant *Wullenwever* in Lübeck trat Kevin Fehling 2005 die Stelle des Küchenchefs im Restaurant *La Belle Epoque* im *Columbia Hotel* in Travemünde an, die er bis 2015 innehatte. Unter seiner Leitung erreichte das *La Belle Epoque* die Auszeichnung mit drei Michelin-Sternen.

Beim Nachdenken über die Frage, was der beste Rat war, den ich je erhielt, kam ich zu dem Schluss, dass es für meinen Erfolg das Entscheidende ist, auf mein eigenes Ich zu hören, mir darüber klar zu werden, was ich erreichen will, und an mich zu glauben. Natürlich hab ich im Leben viele gute Ratschläge erhalten, zum Beispiel auch von Wahabi Nouri, der mir gerade bei meinem Schritt in die Selbständigkeit ein wertvoller Ratgeber war.

Aber wenn es um meine Erfolge als Koch geht, bin ich derjenige, auf den ich höre und dem ich vertraue.
Schon im Alter von etwa zwanzig Jahren setzte ich es mir zum Ziel, (mindestens) einen Michelin-Stern zu erkochen. Ich habe fest an mich und das Erreichen dieses Ziels geglaubt. Damit habe ich mir natürlich eine ungeheure Bürde auferlegt, die mich aber auch immer weiter angetrieben hat. Als ich dieses Ziel dann fast ein Jahrzehnt später erreicht hatte, legte ich – trotz aller Freude über diesen Erfolg – die Messlatte bald höher. Das *La Belle Epoque* galt schon zwei Jahre später als Anwärter für den zweiten Michelin-Stern, und ich sagte meinem Team, aber auch mir selbst: »So, jetzt erkochen wir nicht zwei Sterne, sondern drei!« Ich bin der Typ, der Vollgas gibt, wenn er sich etwas vorgenommen hat, und der an sich glaubt. Wenn ich mir ein Ziel setze, dessen Erreichen ich mir zutraue, dann schaffe ich das auch. Ich denke, das kann für viele Menschen gelten.
Nur an sich zu glauben reicht natürlich nicht aus, zur Zielerreichung ist auch außergewöhnlich viel Arbeit und Anstrengung nötig. Man muss einfach Vollgas geben. Manchmal sogar in wörtlichem Sinne, denn in der Sternegastronomie steht man oft unter enormem Zeitdruck. Also versucht man bei gleichbleibender Qualität immer schneller zu werden und die handwerkliche Perfektion auszureizen: Wer eine Kiste Artischocken in einer Dreiviertelstunde putzen kann, sollte so lange üben, bis er zwei Kisten in einer halben Stunde schafft. Dies erscheint als Randaspekt, trägt aber auch zum Ergebnis und zum perfekten Service bei.
Eine Aufgabe, bei der ich während meiner gesamten Laufbahn bis heute Vollgas gebe, ist das Entwickeln von neuen Rezepten. In dem Zusammenhang steht »Vollgas« nicht unbedingt für Schnelligkeit, sondern dafür, dass ich an diesem Thema sehr fleißig und konsequent arbeite. Schon als junger Koch saß ich

spätnachts inmitten von unzähligen Kochbüchern und DIN-A4-Blättern; fieberhaft suchte ich jeden Tag drei bis vier Stunden nach neuen Ideen und entwickelte Rezepte, machte Notizen und Skizzen. Mir war klar, dass ich möglichst schnell meinen eigenen Kochstil finden musste, um richtig durchstarten zu können. Und auch hier hatte ich das Selbstvertrauen, dass es mir gelingen würde, meinen Stil zu finden, auch wenn er anfangs etwas holprig war.

Um mich bei der Entwicklung meines Stils inspirieren zu lassen, kaufte ich mir schon als junger Koch mit geringem Einkommen möglichst oft neue Kochbücher, auch wenn das Konto mal wieder am Limit war. Mir war es einfach wichtig, in meine Entwicklung zu investieren, auch wenn die Finanzlage mau war. So ließ ich mich nicht nur von Kochbüchern inspirieren, sondern auch durch den Besuch von Gourmetrestaurants. Dies war natürlich kostspielig. Aber dieses unmittelbare Erleben war es mir wert, und ich lernte enorm viel während dieser »Ausflüge«. Dabei besuchte ich nicht nur Sterne-Restaurants, sondern auch solche, die immer wieder am Erkochen eines Sterns scheiterten. Ich überlegte mir dann genau, woran das liegen könnte und was ich – wäre ich verantwortlich – anders machen würde, um den Stern zu holen.

In dieser Zeit ermahnten mich meine Eltern verständlicherweise häufig, mehr auf meine Finanzen zu achten, zumal man in den ersten Jahren als Koch recht wenig verdient. Auch sagten sie mir immer wieder: »Du lässt dich ausbeuten, du arbeitest sehr viele Stunden für wenig Geld, und dann setzt du dich noch nachts hin mit deinen Büchern und arbeitest an neuen Rezepten.« Einerseits hatten sie recht, andererseits war ich immer überzeugt, dass sich das eines Tages (auch finanziell) lohnen würde. Mein Ansatz war, dass der Ansporn in einem kreativen Beruf, zu dem ich den des Kochs zähle, nicht das Geld sein darf.

Meinen Eltern antwortete ich daher, dass der finanzielle Erfolg schon kommen würde, wenn ich meinen Weg gehe und meine Ziele erreiche. Daher ist bis heute mein Credo geblieben: an sich selbst glauben, konsequent auf ein Ziel hinarbeiten und erst dann ans Finanzielle denken.

Kevin Fehlings Tipp zum Kochen

GUTES TIMING IST DAS WICHTIGSTE

Wer privat für Familie oder Freunde kocht, sollte sich als Erstes einen guten Zeitplan machen und nicht einfach loslegen. Dies ist besonders wichtig, wenn man mehrere Gänge servieren will oder eine größere Einladung gibt. Es ist essentiell, zu überlegen, wie man am besten vorgeht, damit alles zum richtigen Zeitpunkt fertig wird. Wenn man einfach draufloskocht, kann es sonst passieren, dass ein Gang oder eine Komponente misslingt, weil man das Timing insgesamt falsch eingeschätzt hat. Deswegen ist es entscheidend, sich beispielsweise die folgenden Fragen zu beantworten und daraus einen Zeitplan abzuleiten: Was dauert am längsten? Was kann vor sich hin köcheln, während ich etwas anderes zubereite? Gibt es Gerichte oder Elemente, die ich schon am Vortag oder am Vormittag vorbereiten kann? Erfahrene können sich das einfach überlegen und den Zeitplan im Kopf behalten, wer sich etwas unsicher fühlt oder sich an Neues wagt, kann sich auch einen schriftlichen Zeitplan in die Küche hängen. Das gibt auf jeden Fall Sicherheit und man verzettelt sich nicht. Ausschlaggebend für den Geschmack ist es natürlich auch, dass man mit Leidenschaft kocht. Aber wer würde sich schon an ein herausforderndes Menü wagen, wenn er nicht leidenschaftlich gern kocht?

Kevin Fehlings Tipp zum Lesen

Fehling, Kevin; Ruhl, Thomas: Prodigy; Fackelträger, Köln, 2014.

Denis Feix

FEHLER SIND ERLAUBT – ABER NUR WENIGE

Denis Feix war von 2006 bis 2016 Küchenchef des Restaurants *Il Giardino* im Hotel *Columbia* in Bad Griesbach. Seine Kochkunst war dort mit zwei Michelin-Sternen und 18 Gault-Millau-Punkten ausgezeichnet. Nach seiner Ausbildung im Hotel und Restaurant *Kaisergarten* in Neuenrade war Denis Feix im Restaurant *Waldhorn* in Ravensburg tätig, bevor er 1997 zu Dieter Müller ins *Schloss Lerbach* nach Bergisch-Gladbach ging. Weitere wichtige Stationen waren unter anderem das *La Table* in Dortmund, wo er als Patissier bei Thomas Bühner tätig war, das *Schloss Berg* unter der Leitung von Christian Bau in Perl-Nennig, im *Schloss Marcobrunn* bei Joachim Wissler sowie im Hotel *Résidence* in Essen, wo Denis Feix von 2002 bis 2006 als Souschef unter Berthold Bühler und Henri Bach wirkte.

Mein Motto lautet seit vielen Jahren: »Fehler kann man nicht vermeiden, aber man sollte nur wenige machen.« Das verleiht uns – also meiner Frau, meinem Team und mir – den Mut, auch einmal etwas zu wagen. Immer wieder trauen wir uns, »gewagte« Gerichte oder Zutatenkombinationen auf die Speisekarte zu nehmen, die der Gast so nicht kennt oder auch sonst nirgends findet. Dabei dürfen wir nicht zu oft danebenliegen, also nicht zu viele Fehler machen.

Natürlich versuchen wir, diese kulinarischen Experimente bestmöglich abzusichern. Wir testen vorher alles, was auf die Speisekarte soll, gemeinsam. Wir bieten unseren Gästen nur Gerichte an, die wir alle nicht nur probiert, sondern auch im Team für gut befunden haben. Dennoch bleibt immer ein Restrisiko, dass die Novität auf der Karte bei den Gästen nicht ankommt, am Ende des Tages treffen sie die Entscheidung über Erfolg oder Misserfolg. Oft erkennen wir so erst nach einer gewissen

Zeit, welches Gericht ein »Fehler« war. Kochen ist im wahrsten Sinne des Wortes Geschmackssache. Weil wir etwas toll finden, muss das nicht unbedingt auch die Sicht des Gastes sein. Vielleicht wird das neue Gericht auch gar nicht bestellt, weil es beispielsweise seiner Zeit voraus ist. Schade, aber dann ist es sinnlos, die – aus unserer Sicht hervorragende – Kreation weiter anzubieten. Die Meinung des Gastes ist für mich das Maß aller Dinge. Erfreulicherweise sind die Gäste zu 99,99 Prozent sehr zufrieden mit unserer Küche.

Woher ich das weiß? Weil ich immer bei meinen Gästen nachfrage und genau hinhöre, was sie (nicht) sagen. Es ist nicht jedem gegeben, offen Kritik zu üben, ehrlich gesagt tun das die wenigsten. Deshalb habe ich meinen eigenen Weg, um die wahre Meinung des Gastes zu erfahren: Bekomme ich bei einem Zehn-Gänge-Menü während meiner Gespräche mit zehn bis fünfzehn Gästen viel Lob, fallen mir manchmal ein oder zwei Gerichte auf, weil sie gar nicht erwähnt werden. Und das sind dann die Gerichte, bei denen ich ein bisschen nachbohre und genauer analysiere. Es kann natürlich sein, dass diese Gerichte etwas zu unauffällig waren und von den anderen Gängen überstrahlt wurden. Aber es kann auch sein, dass die Gänge ohne Feedback einfach die Fehler waren, die wir uns nicht leisten wollen oder sollen. Ich interpretiere also zwischen den Zeilen und höre genau da zu, wo eigentlich nichts gesagt wird.

So konnten wir schon öfters herausfinden, was unsere Gäste wirklich wollen. Ein konkretes Beispiel: Anfänglich haben wir uns an der Molekularküche orientiert, sind aber schnell davon abgekommen, weil wir gemerkt haben, dass unsere Gäste gerne auch einmal ein Stück Fleisch oder Fisch auf dem Teller haben. Dieses sollte dann allerdings möglichst kreativ verpackt werden. Daraus haben wir dann den Stil unserer Küche entwickelt: Wir nehmen ein Grundprodukt, das idealerweise möglichst

naturnah ist. Das kann etwas aus der freien Wildbahn sein, das Lamm vom Schäfer nebenan oder Kräuter und Gemüse aus der Nachbarschaft. Wir kochen jetzt nicht explizit regional, aber wir setzen unsere Gerichte immer aus drei Elementen zusammen, von denen mindestens eines sehr naturnah ist und möglichst unverfälscht serviert wird. Das zweite Element ist das Bindeglied, das sozusagen die Bühne für das erste und das dritte Element bildet, das den »Pfiff«, also die Besonderheit des Gerichts ausmacht.
In der entsprechenden Saison findet sich beispielsweise das Dessert »Erdbeeren mit Milchreis und Sauersack« auf der Speisekarte. Die einheimischen Erdbeeren sind der Star auf dem Teller. Der Milchreis ist das Bindeglied zwischen Erdbeeren und Sauersack. Der Sauersack, eine südamerikanische, auch Stachelannone genannte Frucht, bringt mit leichter Säure die Frische und Extravaganz ins Gericht. Auch bei diesem Dessert ist es so, dass wir genau hinhören, was der Gast dazu sagt – oder eben nicht.

Denis Feix' Tipp zum Kochen

DESSERTS BRAUCHEN RUHE UND PRÄZISION

In der Küche gilt – vielleicht noch mehr als in manch anderen Lebensbereichen – die Maxime: »In der Ruhe liegt die Kraft.« Vor allem auch deshalb, weil Ruhe die Präzision ermöglicht, die für manche Gerichte, vor allem in der Patisserie, erforderlich ist. Natürlich sollte die Küche auch ein Ort der Kreativität und der Entfaltung des eigenen Geschmacks sein. Ob in einer Soße beispielsweise ein Löffel Tomaten mehr oder weniger enthalten sein sollte, ist eine Frage des individuellen Gustos. Bei Gebäck und Desserts hingegen sollte man sich genau an das Rezept halten und die eigenen Ideen ein bisschen zurückstellen, sonst kann es gehörig schiefgehen. Wer sich als Patissier versuchen will, sollte ein besonderes Augenmerk auf die Details haben und peinlich genau nach Rezept arbeiten. Das gilt sowohl für die Mengenangaben als auch für die Zubereitung, die Zeit und Ruhe erfordert.

Denis Feix' Tipp zum Lesen

Feix, Denis: Denis Feix Kochkunst 3; Denis Feix Kochbuch, Bad Griesbach, 2016.

Konstantin Filippou

KOCH FÜR DEN GAST, NICHT FÜR DEIN EGO

Konstantin Filippou gründete 2013 sein Restaurant *Konstantin Filippou* in Wien, das er seither als Küchenchef führt. Der Koch mit griechisch-österreichischer Abstammung wuchs in Graz auf. Seine Ausbildung absolvierte er im Hotel *Unterhof* in Filzmoos. Schon früh entdeckte er sein Faible für das mediterrane Kochen und die Ästhetik der anspruchsvollen Küche. Zu den Stationen, an denen er sein Können vervollkommnete, gehören das Restaurant *Obauer* in Werfen, das *Steirereck* in Wien, *Le Gavroche* und *Gordon Ramsay* in London und das *Arzak* in San Sebastian. Danach kehrte er nach Wien zurück und war dort für das *Weibel 3* und das *Novelli* tätig. Kurz nachdem er sein eigenes Restaurant eröffnet hatte, zeichnete ihn Gault-Millau mit drei Hauben aus. 2015 folgte dann der Michelin-Stern. 2016 wurde er vom Gault-Millau zum *Koch des Jahres* in Österreich gewählt.

»Koch für die Gäste, nicht für dich«, war vermutlich der wichtigste Rat für mein Berufsleben. Zusätzlich prägend für mich war aber auch der Rat meiner Mutter, auf dem Boden zu bleiben und trotz des Strebens nach Erfolg der Mensch zu bleiben, der ich bin. Sowohl in den Küchen, in denen ich als Angestellter gearbeitet habe, als auch jetzt im eigenen Restaurant beherzige ich beides und fusioniere diese zwei Ansprüche, indem ich den Gästen durch meine Küche auch zeige, wer ich bin. Das heißt,

ich koche auf meine Art für die Gäste, nicht für mein Ego, für Auszeichnungen oder Ruhm.
Im *Konstantin Filippou* verfolgen wir ein etwas anderes, vielleicht auch mutiges Konzept. Bei uns im Restaurant gibt es ausschließlich Vier- oder Sechs-Gänge-Menüs, und diese werden auch nur tischweise serviert. Unsere Küche ist puristisch und setzt auf den reinen Geschmack der Produkte, dabei vereinen wir französische, mediterrane und natürlich österreichische Elemente. Puristisch ist auch unser Interieur, dabei kann uns jeder beim Kochen zusehen. Diesem vermeintlich sehr reduzierten Konzept haben viele aus der Szene keine Zukunft prognostiziert, noch dazu in unserer zweit-, wenn nicht gar drittklassigen Lage in Wien. Doch der Erfolg gibt uns recht, wir sind meist auf Tage im Voraus ausreserviert.
Dieses Konzept, bei dem wir unsere Gäste ein klein wenig an die Hand nehmen und mit ihnen gemeinsam durch unsere Welt der Kulinarik gehen, kommt gut an. Da sich die Gäste vor ihrem Besuch bei uns informieren, wissen sie, was sie erwartet, und lassen sich bereitwillig darauf ein. Wir riskieren also auch immer etwas und verstehen uns als kreativer Partner des Gastes. Das führt schon auch einmal zu mutigen Kreationen und fordert das ganze Team. Das Zusammenspiel im Team ist mir dabei extrem wichtig, jeder muss und darf sich mit seinen Ideen einbringen, seinen ganzen Beitrag leisten. Das führt dazu, dass wir ein außerordentlich gutes Betriebsklima haben, dabei aber hochkonzentriert unseren individuellen Aufgaben für den gemeinsamen Erfolg nachgehen.
Wie wichtig eine gute Zusammenarbeit und Atmosphäre sind, habe ich bereits während meiner Lehre erfahren. In dem wundervollen und von Wärme geprägten Familienbetrieb in Filzmoos waren alle sehr verbunden mit ihrem Tun. Der Küchenchef war weit gereist, Inhaber und Souschef waren ein kon-

geniales Duo aus Metzger und Jäger. Das hieß für uns als Lehrlinge, dass wir wirklich von der Pike auf lernen konnten. Wir konnten Fleisch zerlegen, Würste machen und somit an der Basis arbeiten. Das war und ist so wertvoll!

Beim *Konstantin Filippou* hatten wir zu Beginn unglaubliche Widerstände zu überwinden. Die Einzigen, die an dieses Projekt geglaubt haben, waren meine Frau, meine Eltern und ich. Da auch meine Eltern Unternehmer waren, konnte ich damit umgehen, Schulden zu haben. Anders als meine Frau, die tapfer zu mir gehalten hat, kannte ich diese Seite des Unternehmertums. Dazu gehörte aber nicht, dass man auf das »Familiensilber« zurückgreifen konnte. Als uns die Bank monatelang mit der Kreditzusage hingehalten hat, um uns dann letztendlich doch abzusagen, haben wir alles auf eine Karte gesetzt und mussten uns darauf verlassen, dass wir vom Start weg erfolgreich sind. Es gab keinen doppelten Boden, kein Fangnetz, wir finanzierten alles selbst und mussten darauf vertrauen, ab der Eröffnung alles aus den Tageseinnahmen bezahlen zu können. Dies hat geklappt und es hätte einfach nicht schiefgehen dürfen. Der Druck – aber im Nachhinein auch die Freiheit – war und ist riesig.

Allein schon diese Startphase hat dazu geführt, dass wir uns dem *Konstantin Filippou* mit Leib und Seele verschrieben haben und uns für jeden Gast ins Zeug legen. Dabei denke ich auch nicht wienerisch, sondern international. Einmal in der Woche ist für das gesamte Team ein Englischlehrer im Haus, und schon heute kommen über 30 Prozent der Gäste von außerhalb. Das liegt auch daran, dass wir eben etwas anders sind, dann bekommt man auch die Gäste, die das Besondere suchen.

Konstantin Filippous Tipp zum Kochen

OLIVENÖL STATT SALZ

Es wird zu viel gesalzen. Dabei ergibt ein kräftiges Olivenöl einen viel besseren Effekt. Durch das Öl wird das im Gericht vorhandene Salz stärker in den Vordergrund gebracht, sozusagen nuanciert. Damit bekommt das Gericht die gewünschte stärkere Würze, ohne dass der Salzgehalt erhöht wird. Das funktioniert besonders gut bei Suppen oder Pürees, zum Beispiel bei einer Kürbis- oder Selleriesuppe sowie bei Gemüsepürees. Zum Teil funktioniert es auch bei Soßen. Einfach etwas natürliches, kräftiges Olivenöl unterrühren und der Geschmack und das vorhandene Salz werden stärker betont. Das ist viel sanfter, als intensiv nachzusalzen!

Konstantin Filippous Tipp zum Lesen

Seiler, Christian; Jörgensen, Per-Anders: Konstantin Filippou; CSV, Wien, 2016.

Rolf Fliegauf

WORK HARD, PLAY HARD

In den Wintermonaten zieht Rolf Fliegauf mit seinem Team in die Berge und führt dort das Restaurant *Ecco on Snow* im Hotel *Giardino Mountain* im Schweizer Nobelskiort Sankt Moritz. In den Sommermonaten arbeitet die Kochgruppe im *Ecco* im Hotel *Giardino Ascona* am Lago Maggiore in der italienischen Schweiz. Für beide Restaurants hat der gebürtige Deutsche jeweils zwei Michelin-Sterne errungen. Er ist damit der einzige Küchenchef in der Schweiz, der mit insgesamt vier Sternen ausgezeichnet wurde. Die ersten zwei erkochte Rolf Fliegauf 2007 und 2010 und wurde dadurch mit einunddreißig Jahren zum jüngsten Zwei-Sterne-Koch Europas. Der Gault-Millau bewertet ihn mit 17 Punkten. Nach seiner Ausbildung im Blumen-Hotel *Dehner* im bayerischen Rain am Lech waren wichtige berufliche Stationen Rolf Fliegaufs die *Traube Tonbach* in Baiersbronn (ab 2000), das *Gogärtchen* und das *Veneto* auf Sylt. International sammelte Rolf Fliegauf Erfahrungen im Hotel *Lenkerhof* in der Schweiz als Souschef beim Spitzenkoch Urs Gschwend (2003), im *The Fat Duck* des britischen Sternekochs Heston Blumenthal in London sowie im *De Librije* im niederländischen Zwolle am Ijsselmeer.

Als ich die Anfrage für einen Beitrag in diesem Buch erhalten habe, ist mir sofort ein prägendes Erlebnis in den Sinn gekommen. Die Erkenntnis oder der Rat, der sich daraus ableitet, ist bei mir eigentlich immer präsent und wurde praktisch zu so etwas wie meinem Lebensmotto. Um die Jahrtausendwende arbeitete ich im Restaurant *Traube Tonbach* in Baiersbronn in Baden-Württemberg, das von Harald Wohlfahrt geleitet wurde und für mich nach meiner Lehre in einem eher bodenständigen Gasthof die erste Berührung mit der gehobenen Gastronomie war. Ich arbeitete zwar nicht direkt mit Harald Wohlfahrt zusammen, sondern unter einem Küchenchef namens Henry Oskar Fried, der aber auch ein toller Koch und Mensch war. Als wir uns einmal unterhalten haben, fragte er mich, was ich so vorhätte und wie meine konkreten Pläne aussähen. Ich habe dann unumwunden geantwortet, dass ich gerne einmal Sternekoch werden würde. Fried fand das nicht irgendwie komisch oder anmaßend, sondern gab mir einfach den entscheidenden Rat: »Du musst für deinen Traum hart arbeiten, aber vergiss nie zu leben. Das ist genauso wichtig.« Heute würde man sagen, »work hard, play hard«. Weil sonst immer alle nur den Aspekt, hart zu arbeiten, betonen, hat sich der Rat meines damaligen Küchenchefs bei mir ganz besonders eingeprägt. Es geht beim richtigen Ausgleich zum extrem harten Arbeitsalltag in den meisten Küchen ja keineswegs darum, zu faulenzen oder dem Müßiggang zu frönen. Vielmehr ist es einfach nötig und wichtig, als Ausgleich zum Job auch etwas anderes zu haben, um auf

Dauer die eigene Leistungsfähigkeit zu erhalten und auch im Kopf fit und kreativ zu bleiben. Gerade in der Spitzengastronomie ist das wichtig, auch um die Gäste immer aufs Neue positiv überraschen zu können.
Gerade wenn man viele Jahre lang Höchstleistungen bringen möchte, ist es sinnvoll, auch rein berufliche Projekte oder Ausbildungsabschnitte so zu organisieren, dass man sie nicht nur als anstrengend empfindet, sondern so, dass sie auch Freude bereiten. Das schont auf Dauer die Kräfte und verbessert gleichzeitig die Effizienz. Zum Beispiel hatte ich acht Monate frei, bevor ich bei der *Giardino*-Gruppe, meinem jetzigen Arbeitgeber, anfing. Die wollte ich nutzen, um quasi mit Minipraktika möglichst viel zu lernen. Ich plante daher eine Europatour, bei der ich verschiedene Spitzenrestaurants und deren Köche besuchte, darunter das *The Fat Duck* in London, das Heston Blumenfeld gehört. Daneben machte ich Stationen in den Niederlanden und in Madrid. Natürlich war die Tour auch anstrengend, aber ich habe sie so organisiert, dass sie auch Spaß gemacht und mich im Kopf erfrischt hat, und so, dass ich wirklich viele nette Leute getroffen habe. Das ist auch allgemein ein wichtiger Punkt für mich: Die wenige Freizeit, die ich habe – es sind ja auch jetzt oft noch 90 Prozent des Tages mit Arbeit belegt –, möchte ich mit Menschen verbringen, die ich wirklich mag, und dabei vielleicht eine gute Flasche Wein trinken. Das würde ich sogar auch als Rat formulieren: »Verbringe deine Zeit lieber mit guten Leuten und einer guten Flasche Wein als mit mittelmäßigen Leuten und mittelmäßigem Wein.«
Ein anderes Beispiel, bei dem sich Arbeit und Vergnügen – in Form geistiger Erfrischung – wunderbar kombinieren ließen: Ein früherer Lehrer von meiner Berufsschule, die in einem kleinen Ort lag, hat mich kontaktiert, nachdem ich meinen ersten Stern erhalten hatte. Er fragte, ob ich nicht einmal an unsere alte

Schule kommen könnte, um mit den aktuellen Schülern zu kochen und ihnen so das Gefühl zu geben, dass man nicht aus einer großen Metropole wie München oder Berlin kommen muss, um es in der Welt der Sternegastronomie ganz nach oben zu schaffen. Das Interesse und die Begeisterung der jungen Kochanwärter haben mir so große Freude bereitet, dass ich nun schon mehrmals an der Schule gekocht habe.

Rolf Fliegaufs Tipp zum Kochen

BEIM WÜRZEN MEHR WAGEN

Oft haben Hobbyköche nicht den Mut, selbst etwas Neues auszuprobieren, eigenständige Kombinationen von Zutaten oder ganzen Gerichten zu entwickeln, und vor allem, ihre Speisen beherzt zu würzen. Dabei bringen sie es mit ihren Kochkünsten nur weiter, wenn sie sich immer ein Stück weiter vorwagen und so neues Terrain erobern. Natürlich kann dabei auch einmal etwas schiefgehen, aber meistens ist das Ergebnis sehr interessant. Außerdem lässt es sich meistens ausgleichen, wenn beim Würzen einmal etwas misslingen sollte. Einen weiteren Tipp, den ich Hobbyköchen nur ans Herz legen kann: Lernt Brot zu backen. Das ist sehr befriedigend und vor allem: Mit einem frischen Brot, einem guten Käse und einem Glas Rotwein sind doch eigentlich alle happy. Und immer gilt: auf die Güte aller Zutaten achten. Das heißt keineswegs, dass ein Hummer auf dem Tisch liegen muss, sondern dass man bei Gemüse, Fleisch oder Kräutern und Salaten auf bestmögliche Qualität achtet.

Rolf Fliegaufs Tipp zum Lesen

Gaues, Jochen; Ruhl, Thomas: Brot; Fackelträger, Köln, 2016.

Sebastian Frank

NIMM NICHT JEDEN KNOCHEN, DER DIR HINGEWORFEN WIRD

Sebastian Frank ist Küchenchef und Mitinhaber des Restaurants *Horvath* in Berlin, das mit zwei Michelin-Sternen und 17 Gault-Millau-Punkten ausgezeichnet ist. Bereits gut ein Jahr nachdem er dort 2010 begonnen hatte, erkochte er sich einen Michelin-Stern und wurde dadurch mit dreißig Jahren zum jüngsten Küchenchef eines Sterne-Restaurants. Auf der *Anuga* wurde er im selben Jahr zum *Koch des Jahres 2011* ausgezeichnet. Frühere berufliche Stationen des gebürtigen Österreichers waren das renommierte *Steirereck* in Wien, wo er es zum Chef de Partie der kalten Küche brachte, sowie das *Chef's Table* in Telfs im *Interalpen-Hotel Tyrol* und das Restaurant des Burgtheaters in der österreichischen Hauptstadt. Seine Lehre absolvierte Sebastian Frank im *Hotel Wende* in Neusiedl am See – nachdem er bei einem Kochkurs während der Schulzeit seine Leidenschaft fürs Zubereiten von Speisen entdeckt hatte.

Oft sind die wirklich wichtigen Erfahrungen oder Erkenntnisse ganz einfach und bleiben einem besonders lange im Gedächtnis. In meinem Fall war das auch so. Es war 2004 oder 2005, zu diesem Zeitpunkt arbeitete ich bereits seit rund zweieinhalb Jahren im etablierten Restaurant *Steirereck* in Wien, wo Heinz Reitbauer junior als Chefkoch wirkte. Damals bekam ich, gemeinsam mit meiner damaligen Freundin, die ebenfalls dort angestellt war, von einem Gastronomiebetrieb im niederbayerischen Deggendorf einen neuen Job angeboten. Dabei wurde mir die Stelle des Küchenchefs in Aussicht gestellt. In unserer jugendlichen Euphorie und von dem Angebot geschmeichelt, nahmen wir es an – und zogen mit Sack und Pack von Wien nach Niederbayern.

Selbstverständlich war unser bisheriger Chef, Heinz Reitbauer, nicht begeistert, als wir kündigten. Immerhin verlor er zwei ausgebildete Kräfte auf einmal. Beim Abschied gab er mir einen Rat mit, der sich schon bald als sehr wahr und wertvoll erweisen sollte: »Ihr seid gute Leute, aber nehmt nicht jeden Knochen, der euch hingeworfen wird.« Er empfahl mir, immer ganz genau hinzusehen, ob eine Offerte wirklich so gut ist, wie sie erscheint. Vieles, auch in der Gastronomie, höre sich weitaus besser an, als es wirklich sei. Wie recht er doch hatte! Schon fünf Monate nachdem wir unseren Wohnsitz verlegt und mit viel Einsatz ein Küchenteam zusammengestellt hatten, ging das Lokal in Deggendorf pleite – ein böses Erwachen.

Ich ließ mich aber davon nicht beirren, sondern besann mich darauf, dass ich schon öfters im Leben wieder auf der Sonnenseite gelandet war, auch wenn die Ausgangslage vielleicht nicht rosig erschien. Tatsächlich war es bereits oft in meinem Leben so, dass ich aus vermeintlich sehr schwierigen Situationen am Ende glücklicher herausgekommen bin, als ich es zuvor gewesen war. Wenn ich auf mein bisheriges Leben zurückblicke, kann ich sagen, dass sich aus dieser Niederlage in Deggendorf sehr viel Positives ergeben hat. Meine Laufbahn und mein Leben haben sich danach wunderbar entwickelt. Denn direkt im Anschluss konnte ich als Souschef im Restaurant *Chef's Table* im *Interalpen-Hotel Tyrol* in Telfs anfangen. Dort habe ich auch meine jetzige Frau und Mutter meiner Kinder kennengelernt, mit der ich dann später nach Berlin gegangen bin. In der deutschen Hauptstadt konnte ich im *Horvath*, das ebenfalls von Österreichern betrieben wurde und dessen Räumlichkeiten bereits in den 1920er Jahren ein Lokal beherbergt hatten, als Küchenchef anfangen. In diesem Restaurant gelang es uns bereits nach gut einem Jahr, einen Michelin-Stern zu erkochen, den Betrieb später zu übernehmen und sogar noch mit einem zweiten Stern ausgezeichnet zu werden.

Auch wenn sich letztendlich alles zum Guten gewendet hat, die »späteren Knochen also durchaus lecker waren«, beherzige ich den Rat von Heinz Reitbauer nach wie vor. Gerade jetzt, als Inhaber eines Sterne-Restaurants, werden mir sehr viele Dinge angeboten, bei denen ich mitwirken oder für die ich mich engagieren soll. Aber ich überlege mir immer ganz genau, wofür ich meine Kraft einsetze und was mich wirklich weiterbringt. Stets erinnere ich mich daran, dass man nicht alles mitmachen und auf allen Hochzeiten tanzen muss. Auch gebe ich Freunden oder Angestellten mittlerweile selbst den Rat weiter, nicht sofort zuzuschnappen, wenn einem ein Knochen hingehalten wird.

Sebastian Franks Tipp zum Kochen

KEEP IT SIMPLE

Man sollte immer nur das kochen, was man kochen kann. Dieser Rat stammt von einem meiner früheren Küchenchefs und gilt ganz besonders für Hobbyköche. Gerade wenn man das Kochen nicht professionell betreibt, ist weniger einfach mehr. Es ist viel besser, etwas Einfaches schmackhaft zuzubereiten, statt etwas möglichst Kompliziertes nur mittelmäßig hinzubekommen. Man muss auch nicht um jeden Preis und mit viel Aufwand möglichst luxuriöse oder exotische Produkte verwenden. Aus tollen Zutaten wie Spargel und Kartoffeln kann man wunderbare einfache Gerichte zaubern – aber auch wirklich schlechtes Essen zubereiten, wenn man es unnötig verkompliziert.

Sebastian Franks Tipp zum Lesen

Bras, Michel: Die Küche des Michel Bras – Phantasie & Perfektion in 85 genialen Rezepten; Christian, München, 2003.

Sonja Frühsammer

LEGE NUR AUF DEN TELLER, WAS DU SELBST ESSEN WÜRDEST

Sonja Frühsammer führt gemeinsam mit ihrem Mann Peter *Frühsammers Restaurant* in Berlin – sie als Chef de Cuisine, er als Gastgeber und Sommelier. Nach der Kochlehre bei Siemens ging die erste Berliner Sterneköchin für zwei Jahre zu Karl Wannemacher ins Berliner Restaurant *Alt Luxemburg*, danach machte sie sich bereits selbständig. 2005 übernahm das Ehepaar Frühsammer die Gastronomie des Grunewalder Tennisclubs. Dort betreiben die beiden seit 2007 *Frühsammers Restaurant*. Sonja Frühsammers aromenreiche Küche wird seit 2015 vom Guide Michelin mit einem Stern ausgezeichnet. Außerdem ehrt der Gault-Millau Sonja Frühsammer mit 17 Punkten.

Nach dem Abitur jobbte ich ein wenig und trat dann meine Kochlehre bei Siemens in Berlin an. Außer der Kantine gab es dort noch ein Casino, in dem Geschäftskunden und besondere Gäste aßen. Hier ist meine Lust am Kochen eigentlich erst entstanden, weil man dort auch mal etwas ausprobieren konnte, das nichts mit dem üblichen Kantinenessen zu tun hatte. Mein dortiger Chef, Charles Godinat, hat mich nachhaltig beeindruckt mit seinem hohen Qualitätsanspruch. Lieber entsorgte er ein sündteures Fischfilet, das ihn qualitativ nicht hundertprozentig überzeugte, als dass er es einem Gast vorsetzte. »Lege niemals etwas auf den Teller, was du nicht selbst essen würdest«, meinte er dazu.

Nach meiner Ausbildung wollte ich in die Sterneküche und klapperte gezielt die zehn besten Adressen Berlins ab. So kam ich zu Karl Wannemacher, bei dem ich das Kochen praktisch neu erfuhr. Diese Zeit war sehr prägend. Bei ihm lernte ich, mit Raffinement zu kochen, um dem Gast höchste kulinarische

Freude zu bereiten. Auch er war ein toller Lehrer in puncto Qualität.
Aus diesen Erfahrungen entstand dann im Lauf meines Werdegangs das Motto für meine eigene Selbständigkeit: »Führe dein Restaurant so, dass du selbst gerne dort essen möchtest.« Seit 2007 betreibe ich gemeinsam mit meinem Mann in einer historischen Villa auf dem Gelände des Grunewald-Tennisclubs *Frühsammers Restaurant*. Mein Mann ist Gastgeber und Sommelier, während ich gemeinsam mit dem Team für die Küche zuständig bin. Wir bemühen uns um eine feine Küche, gleichzeitig ist es uns wichtig, dass unsere Gäste auch mit der ganzen Familie kommen können – den Sohnemann in Jeans eingeschlossen. Unser Restaurant befindet sich ja in einem Tennisclub, da ist es wichtig, dass die Atmosphäre entspannt ist und die Gäste sich wohlfühlen. In dieser Hinsicht sind wir vielleicht etwas anders als viele typische Sterne-Restaurants. Wir möchten, dass es bei uns familiär und unprätentiös zugeht. Dies schließt auch ein, dass unsere Gerichte ohne große Spielereien auskommen.
Ich lege meinen Leuten immer wieder nahe, dass sie nicht für mich kochen sollen, sondern für die Gäste. Natürlich arbeiten sie unter meiner Anleitung, aber sie sollen nicht kochen, um mich zu beeindrucken, sondern damit die Gäste wiederkommen – das ist das größte Ziel.
Wenn man sein Restaurant so führen will, dass man es selbst gerne besuchen und dort essen möchte, gehört natürlich auch Harmonie im Team dazu. Zunächst ist es für mich persönlich wichtig, dass meine Mitarbeiter Spaß daran haben, mit mir zu arbeiten. Außerdem strahlt die Harmonie im Team natürlich auch ab: Die Gäste merken, ob jemand nur seinen Job macht oder auch wirklich mit Freude dabei ist. Ob der Service aus Pflichtbewusstsein an den Tisch kommt oder ob es ihn wirklich

interessiert, ob es dem Gast schmeckt und gutgeht. Neben den kulinarischen Genüssen möchten wir unseren Gästen eine entspannte private Atmosphäre bieten, wenn sie zum Essen kommen.

Es gibt noch eine zentrale, wenn auch unangenehme Lektion, die ich im Lauf meiner Selbständigkeit lernen musste. Sie lautet: »Pflege eine gesunde Skepsis und sei nicht gutgläubig.« Das Kochen selbst hat ja viel mit Gefühl und Leidenschaft zu tun. Doch wenn man selbständig ist, muss auch allerlei Vertragliches, Finanzielles, Personelles und überhaupt Verwaltungstechnisches geregelt werden. Hier braucht man unbedingt einen klaren Kopf und eine gewisse Vorsicht. Ich persönlich neige dazu, zu allen nett zu sein und es allen recht zu machen – weil ich es gerne harmonisch haben will. Leider musste ich die Erfahrung machen, dass man nicht automatisch Vertrauen zurückbekommt, wenn man jemandem Vertrauen schenkt. Beispielsweise kam ich einer Bitte eines Mitarbeiters in Bezug auf seinen Arbeitsvertrag nach – kurz darauf flatterte mir eine Schadensersatzforderung ins Haus. Ein anderer langjähriger Mitarbeiter beklaute mich. Das war schon eine herbe Enttäuschung, muss ich sagen. Doch für mich habe ich daraus gelernt, dass man eine gewisse Skepsis an den Tag legen muss.

Mit großem Stolz erfüllen mich die Ehrungen, die ich in den letzten Jahren erhalten habe – allen voran der Michelin-Stern, der mir 2014 verliehen wurde. Sie bestätigen mich und meinen Mann darin, dass wir richtigliegen.

Sonja Frühsammers Tipp zum Kochen

EINE HAND NASS, EINE HAND TROCKEN – DAS PERFEKT PANIERTE SCHNITZEL

Oft macht man zu Hause kein paniertes Schnitzel, weil man dabei eine gewaltige Unordnung produziert: Alles klebt, überall sind die Semmelbrösel verteilt, und das Gemisch aus Mehl, Ei und Bröseln haftet wie Leim an den Fingern. Mehr Spaß, weniger Sudelei und vor allem schnell panierte Schnitzel haben Sie, wenn Sie nach der Methode »Eine Hand nass, eine Hand trocken« arbeiten: Eine Hand nimmt das nasse Fleisch und legt es in das Mehl. Die zweite Hand – die trockene – gibt das Mehl auf das Schnitzel und legt es danach in das verquirlte Ei. Jetzt kommt wieder die erste Hand – die nasse – zum Einsatz, wendet das Schnitzel im Ei und legt es in die Semmelbrösel. Die trockene Hand übernimmt und dreht das Schnitzel einmal in den Bröseln um – und ab geht es in die Pfanne. Mit diesem einfachen Trick wird Schnitzelpanieren zum Kinderspiel.

Sonja Frühsammers Tipp zum Lesen

Hermé, Pierre: Pastries; Stewart, Tabori & Chang, New York, 2012.

Vreni Giger

NIMM DICH SELBST NICHT SO WICHTIG

Vreni Giger ist seit 2016 Gastgeberin im *Sorell Hotel Rigiblick* und führt dort das Restaurant *Rigiblick* und das Bistro. Außerdem ist sie für die Hotelzimmer verantwortlich. Ihre Ausbildung absolvierte Vreni Giger im Hotel *Linde* in Teufen, bevor sie einige Jahre unter Thuri Maag im Restaurant *Blumenau* in Lömmenschwil arbeitete. Weitere wichtige Stationen der Ostschweizerin waren *Eder's Eichmühle* in Wädenswil und das Restaurant *Jöhri's Talvo* in St. Moritz. Über zwanzig Jahre lang stand die *Köchin des Jahres 2003* am Herd des *Jägerhof* in St. Gallen, der mit 17 Punkten im

Gault-Millau bewertet ist. Sie wurde 2003 Teilhaberin dieses Restaurants, das sie 2016 in Richtung Zürich verließ.

Natürlich erhielt ich in meinem Leben äußerst wertvolle Ratschläge, mein eigenes Credo entwickelte sich aber im Laufe meines Werdegangs. Es lautet: »Nimm dich selbst nicht so wichtig.« Denn nur wer sich selbst nicht für den Wichtigsten oder die Beste hält, bleibt offen für Neues und kann das eigene Wissen sowie die eigene Persönlichkeit stetig weiterentwickeln. Denkt man hingegen, dass man ohnehin schon alles richtig macht – in der Küche oder im Leben –, wird man stehenbleiben und nichts mehr dazulernen. Gerade als ich den Ruf einer Spitzenköchin erworben hatte, war es mir wichtig, auf dem Boden zu bleiben und weiterhin die Augen offen zu halten für neue Erkenntnisse und neues Wissen. Meiner Erfahrung nach kann man als Koch immer und überall etwas lernen – sei es im Sterne-Restaurant in New York oder in einer Bergwirtschaft auf 3000 Meter Höhe.

Aufgrund meines Elternhauses fiel es mir immer leicht, mich selbst nicht zu wichtig zu nehmen, denn wir sind eine sehr geerdete Familie. Auch als die Erfolge in der Küche kamen, wusste ich immer, wo meine Füße hingehören. Mir ist außerdem vollkommen klar, dass das, was der Name »Vreni Giger« in der Schweizer Gastronomie bedeutet, nicht allein meine Leistung ist. Ohne ein engagiertes Team und ohne das Restaurant gäbe es zwar den Menschen und die Köchin, nicht aber die Spitzenköchin und das »Gesamtkonzept« Vreni Giger.

Als ich mit zweiundzwanzig Jahren als Küchenchefin in den *Jägerhof* kam, waren diese Erkenntnisse natürlich noch nicht in mir gereift. Hier durfte ich mich als Mensch und als Köchin weiterentwickeln und entfalten. Das Ehepaar Simone und Hans-Ueli Lanz, die den *Jägerhof* damals führten, waren wich-

tige Mentoren für mich. Sie ließen mir viel Freiraum, ich durfte Entscheidungen treffen, für die ich aber auch die Verantwortung zu übernehmen hatte, und manchmal war auch ein Fehler erlaubt. In dieser Zeit als junge Küchenchefin habe ich auch durch die Unterstützung von meinen beiden Chefs sehr viel gelernt – für das Leben und für den Beruf. Nachdem ich mir von meiner Mutter und in der Lehre die Grundkenntnisse des Kochens angeeignet hatte, konnte ich diese im *Jägerhof* stetig erweitern und verfeinern. Man lernt ja durch die tägliche Arbeit, durch Ausprobieren und Experimentieren. Da ich viel gearbeitet habe, konnte ich mir auch viel selbst aneignen und meine Fähigkeiten erfolgreich ausbauen. Hans-Ueli Lanz war dabei einer meiner wichtigsten Kritiker. Wenn ich etwas kochte, das ihm nicht schmeckte, sagte er das überdeutlich. Auch dies waren Momente, wo mir klar wurde, dass es gut ist, wenn man sich selbst nicht so wichtig nimmt.

Von diesem Ansatz profitieren auch meine Mitarbeiter. Sie können von mir an Wissen, an Raffinessen, an Rezepten alles erfahren und verwenden. Ich behalte nichts für mich, weil ich das in einem Team einfach unangebracht finde und auch nicht über »Geheimwissen« verfügen will. Dieser offene Austausch findet in beide Richtungen statt. Meine Mitarbeiter lernen und profitieren also nicht nur von mir, sondern ich auch von ihnen. Stetig lerne ich von meinem Team und freu mich über neues Wissen. Jeder Einzelne weiß etwas, das ich vielleicht noch nicht gehört habe, kennt ein Produkt, das neu auf den Markt kommt, oder hat ein Rezept, das ich gerne adaptiere. Ich freu mich jedes Mal, wenn ich auf diese Weise etwas dazulernen oder eben auch weitergeben kann.

Ein ganz anderer Rat, den ich meinen Mitarbeitern regelmäßig gebe, ist: »Beginnt schon sehr früh mit einer zusätzlichen Altersvorsorge.« Das stößt bei jungen Menschen natürlich auf Unverständnis, der Lebensabend scheint ihnen weit entfernt zu sein. Aber ich kann nur bekräftigen, wie wichtig es ist, früh mit dem Sparen für das Alter zu beginnen. Auch wenn es kleine Beträge sind, wird es sich später auszahlen. Ich mache das seit meinem zwanzigsten Lebensjahr, denn so wichtig, dass ich es mir im Alter gutgehen lassen will, nehme ich mich dann doch.

Vreni Gigers Tipp zum Kochen

WENN'S BEIM ERSTEN MAL NICHT GELINGT, VERSUCH'S NOCHMAL

In der Küche passieren jedem Fehler und es misslingt auch mal etwas. Das macht nichts! Als Hobbykoch muss man kein Profi sein, den erwartet man ja im Restaurant, aber auch da geht mal etwas schief. Wir Spitzenköche tüfteln in manchen Fällen sehr lange, bis ein Gericht so schmeckt oder aussieht, dass wir damit zufrieden sind. Manchmal müssen wir es auch variieren, weil die ursprünglich vorgesehenen Zutaten doch nicht so harmonieren wie gedacht. Wenn Ihnen etwas nicht so gelingt, wie Sie es sich vorgestellt haben, dann lassen Sie sich nicht entmutigen. Probieren Sie es einfach immer wieder aus – oder versuchen Sie sich an etwas anderem. Natürlich ist es heikel, wenn man Gäste nach Hause eingeladen hat, und dann geht ein Gericht daneben. Aber wenn das Essen nicht ganz ungenießbar ist, bieten Sie den Gästen an, zu probieren und dann selbst zu entscheiden, ob sie das zu sich nehmen mögen. Zum einen ist man nämlich manchmal zu streng mit sich selbst, und den Gästen schmeckt das Gericht vielleicht trotzdem, zum anderen ist es sehr sympathisch, wenn auch ein begnadeter Gastgeber mal einen Fehler zugibt.

Vreni Gigers Tipp zum Lesen

Giger, Vreni: Meine Frischmarktküche; AT, Aarau und München, 2011.

Tanja Grandits

GEH, WOHIN DEIN HERZ DICH FÜHRT

Tanja Grandits führt seit 2008 das traditionsreiche *Restaurant Stucki* in Basel, das nach dessen legendärem früheren Koch Hans Stucki benannt ist. Für ihre Aromaküche, bei der sich alles um Gewürze und Farben dreht, wurde sie vom Guide Michelin mit zwei Sternen ausgezeichnet. Der Gault-Millau adelte sie mit 18 von 20 Punkten und verlieh Tanja Grandits im Jahr 2014 als erster Frau den Titel *Koch des Jahres*. Ihre Lehre absolvierte sie in der *Traube Tonbach* – für diese Ausbildung brach sie sogar ihr Chemiestudium ab. Später kochte Tanja Grandits im Londoner Nobelhotel *Claridge's* sowie im *Chateau de Montcaud* im südfranzösischen Bagnol-sur-Cèze. Dort lernte sie ihren späteren Ehemann René Graf kennen, mit dem sie 2001 das Restaurant *Thurtal* in Eschikofen eröffnete.

Ein sehr alter, sehr weiser Koch, der unter anderem als Privatkoch einer arabischen Königsfamilie und im Hotel *Claridge's* gearbeitet hat, war für mich ein wichtiger und inspirierender Gesprächspartner bezüglich vieler Aspekte des Kochens. Er gab mir aber auch den wichtigsten Rat mit auf meinen Weg, den ich je erhalten habe. Er erzählte mir, dass dieser in seiner Heimat sogar ein Sprichwort sei: »Wirf dein Herz voraus und folge ihm.« Diese blumig formulierte Weisheit fiel bei mir auf fruchtbaren Boden. Es wurde mir schnell klar, dass dies bereits bisher das »geheime« Motto meines Lebens gewesen war, das ich selbst aber noch nie so klar formuliert hatte. Eigentlich ist mein komplettes Schaffen von diesem Ansatz geprägt. Ich bin überhaupt nicht der Mensch, der ausgefeilte, langfristige Pläne erstellt und diese dann konsequent umsetzt. Alles, was über einen Planungshorizont von einer Woche hinausgeht, überfordert mich. Und ich will auch gar nicht so langfristig denken. Mir ist es viel wichtiger, im Hier und Jetzt zu leben als in einer fiktiven, ohne-

hin nicht wirklich planbaren Zukunft. Ich muss eingestehen, dass das für Menschen, die mit mir zusammenarbeiten und gemeinsam Projekte realisieren möchten, sehr herausfordernd ist. Aber Fragen, was in drei Monaten ist oder wo ich mich in fünf Jahren sehe, kann und will ich einfach nicht beantworten. Ich konzentriere mich darauf, einfach mit Leidenschaft und Herzblut das zu tun, was ich liebe – und zwar jetzt. Freude ist in meinem Beruf ganz wichtig, und ich habe das große Glück, dass ich von morgens bis abends das machen kann, was mir Freude bereitet. Diese Freude kann ich auch an mein Team und an meine Gäste weitergeben – so profitieren alle davon.

Ich denke, ich wurde in meiner Überzeugung, auf akribische Pläne zu verzichten, bestärkt, weil ich auch ohne Checklisten und Detailplanung in meinem Berufsleben die Stationen erreicht habe, die mir wichtig waren. Von einem Nobelhotel in London über ein Chateau in Frankreich und mehrere Stationen in der Schweiz, vom Angestelltendasein bis zur Selbständigkeit war ja alles dabei. Auch als ich mit meinem Exmann, mit dem ich bis heute zusammenarbeite, ein Restaurant eröffnet habe, sind wir, ohne lange zu überlegen, ins kalte Wasser gesprungen. Im Prinzip hatten wir nicht einmal ausreichend Geld, um genügend Lebensmittel einzukaufen, und dennoch hat alles bestens funktioniert. Unser Landgasthof *Thurtal* wurde später sehr erfolgreich.

Sogar als ich das *Stucki*, mein aktuelles Restaurant, übernommen habe, war es ähnlich. Ich wusste anfangs gar nicht, in welch große Fußstapfen ich trat, was für ein legendärer Koch Hans Stucki, der Namensgeber, war. Ich habe einfach das Haus gesehen, habe mich dort sofort unglaublich wohl gefühlt und gespürt, dass ich dort kochen möchte. Ich war auch ohne Zögern bereit, dafür meine bisherige Arbeitsstätte aufzugeben. Man kann nichts Neues erreichen, wenn man nicht akzeptiert, dass man dafür auch etwas hergeben muss. Den Kuchen essen und behalten ist einfach nicht möglich. Es war mir schon bewusst, dass dieser Schritt mutig von mir war, zumal er unter Druck erfolgte. Immerhin musste ich in sehr kurzer Zeit zusagen und unseren alten Betrieb räumen. Auch ist das *Stucki* viel größer, braucht also viel mehr Angestellte und Wareneinsatz, als es in unserem bisherigen Lokal erforderlich war. Diese Veränderung war also insgesamt eine große Herausforderung. Aber man würde viel verpassen, wenn man sich immer nur fragen würde: »Was passiert, wenn es schiefgeht?« Man muss es einfach machen!

Tanja Grandits' Tipp zum Kochen

SEIEN SIE MUTIG UND EXPERIMENTIERFREUDIG

Ich denke, es ist für jeden Hobbykoch wichtig, stets viel Abwechslung in die Küche zu bringen – das funktioniert durchaus auch mit einfachen Mitteln, wenn man mutig und experimentierfreudig ist. Das kann man zum Beispiel erreichen, indem man seinen eigenen Kräutergarten anlegt und sich durch die verschiedenen Kräuter inspirieren lässt. Diese machen jedes Essen frisch und vitalisieren. Daher sind sie für alle Gerichte eine extreme Bereicherung. Ein weiterer Tipp: Besonders wer privat kocht, lässt sich oft verunsichern, wenn mal eine Zutat aus einem Rezept nicht vorhanden ist. Das ist aber halb so schlimm. Man kann so gut wie jede Zutat problemlos durch eine andere ersetzen. Stehen etwa im Rezept Pinienkerne und man hat keine – kein Problem, dann nimmt man halt Erdnüsse. Vielleicht kommt am Ende sogar etwas noch Schmackhafteres heraus!

Tanja Grandits' Tipp zum Lesen

Grandits, Tanja: Kräuter – vierzig Kräuter und hundertvierzig Rezepte; AT, München, 2015.

Hans Haas

SEI WELTOFFEN UND AUFGESCHLOSSEN

Hans Haas ist seit 1991 Chef de Cuisine im *Tantris* im Münchner Stadtteil Schwabing. Seine Ausbildung zum Koch und Commis de Cuisine absolvierte er in seinem Heimatort Wildschönau in Tirol. Danach arbeitete er im Hotel-Restaurant *Bachmaier* in Weissach in Baden-Württemberg. Es folgten Stationen im Hotel-Restaurant *Erbprinz* in Ettlingen und im Drei-Sterne-Restaurant *Auberge de l'ill* beim mittlerweile verstorbenen Paul Haeberlin in Illhaeusern im Elsass. Von 1982 bis 1987 war Hans Haas in Eckart Witzigmanns Restaurant *Aubergine* in München beschäftigt. Nachdem er einige Jahre als Küchenchef im Frankfurter Restaurant *Brückenkeller* gearbeitet hatte, kehrte er nach München zurück und leitet seit 1991 im *Tantris* die Küche. Seit 2009 hält er zwei Michelin-Sterne und 18 Gault-Millau-Punkte.

Den besten Rat gaben mir meine Eltern, als ich nach meiner Ausbildung Fernweh bekam und in andere Restaurants und zu anderen Chefs wechseln wollte. Bei uns auf dem Land in Tirol war es nicht üblich, dass man von seiner Heimat fortging und sich in die »weite Welt« aufmachte. Doch meine Eltern reagierten entspannt und ließen mich los – wofür ich ihnen noch heute dankbar bin. »Wenn du glaubst, Hans«, sagten sie, »dass es gut für dich ist, dann mach es«. Das war ihre Art zu sagen: »Sei weltoffen und aufgeschlossen.« Dies war damals der beste Rat, den sie mir geben konnten.

So kam es, dass ich meinen Heimatort Wildschönau in Tirol, wo neben dem Tourismus die Alm- und Weidewirtschaft eine große Rolle spielt, verlassen habe und zunächst nach Baden-Württemberg und später ins Elsass gegangen bin. Ich war getrieben vom Wunsch, gut kochen zu lernen. Damit ging der

Wunsch, in andere Häuser, zu anderen Chefs und ins Ausland zu gehen, fast automatisch einher. Ich wollte einfach mehr kennenlernen, als mein beschauliches Tiroler Dorf zu bieten hatte. Damals habe ich noch gar nicht daran gedacht, dass ich einmal mit den großen Spitzenköchen zusammenarbeiten und in die Sterneküche gehen würde. Das hat sich alles erst nach und nach ergeben. Mehr als Eckart Witzigmann aus Zeitungsberichten habe ich seinerzeit von der Welt der Spitzengastronomie ja nicht gekannt. Als Erstes habe ich in dem bürgerlichen Hotel-Restaurant *Bachmaier* in Weissach gearbeitet. Der dortige Chef hat mich danach ins Hotel-Restaurant *Erbprinz* nach Ettlingen vermittelt. Erst in der nächsten Phase wechselte ich in die Sterneküche: zunächst in das Drei-Sterne-Restaurant *Auberge d'ill* zu Paul Haeberlin ins Elsass und dann ins *Aubergine* zu Eckart Witzigmann, ebenfalls mit drei Michelin-Sternen dekoriert. Das waren meine wichtigsten Stationen, hier hatte ich Gelegenheit, alles aufzusaugen wie ein Schwamm, zu lernen und mitzunehmen, was ging!

Diese Offenheit, diese Aufgeschlossenheit und die Bereitschaft, Wissen aufzunehmen, zählen meiner Meinung nach zu den wichtigsten Voraussetzungen, um ein ausgezeichneter Koch zu werden. Wenn ich mich umschaue, dann sehe ich, dass gerade von vielen jungen Köchen nicht ausreichend erkannt wird, was sie eigentlich lernen könnten. In der Sterneküche ist das Hinsehen, Beobachten und Nachahmen wichtiger als in jedem anderen Bereich. Es gibt so viele Handgriffe, Tricks und Abläufe, die in keinem Lehrbuch beschrieben sind und absolut über die Qualität des Gerichts entscheiden! Man lernt sie nur, wenn man in der Küche direkt neben seinem Chef steht und ihm zusieht. Das versuche ich auch, den jungen Mitgliedern in meinem Team zu vermitteln. Wer neu bei uns im *Tantris* anfängt, staunt oft nicht schlecht, denn bei uns werden noch ganze Lämmer

und andere Tiere verarbeitet. Da müssen die neuen Kollegen schon genau zusehen, denn überwiegend wird in den Gastronomiebetrieben mit Fleischstücken gearbeitet, die fertig zerteilt angeliefert werden.
Der Gedanke der Offenheit und Aufgeschlossenheit zieht sich wie ein roter Faden durch das gesamte Berufsleben eines Spitzenkochs. Man bleibt ja nicht stehen, es ist wichtig, dass man selbst den Anspruch hat, immer besser zu werden oder Bekanntes bzw. das gleiche Produkt einmal auf eine völlig neue Art und Weise zu verarbeiten und zuzubereiten. Man muss zugänglich und interessiert sein, um sich immer wieder neu inspirieren zu lassen – sei es durch Kochbücher, durch Kollegen oder einfach durch Gespräche auf dem Markt. Das Lernen und das Weiterentwickeln hören nie auf.

Hans Haas' Tipp zum Kochen

WÄHLEN SIE DIE RICHTIGE GARMETHODE

Das beste Stück Fleisch, das Sie für ein schönes Essen besorgt haben, kann zur zähen und trockenen Angelegenheit werden, wenn Sie die falsche Garmethode wählen. Nehmen Sie zum Beispiel Rindfleisch: Die Garmethode muss der Struktur des Teilstücks angepasst sein. Zum Schmoren nehme ich eine Schulter und nicht eine Oberschale, weil diese nur trocken und faserig wird. Kochen, Schmoren, Grillen, Braten – um ein Gefühl für verschiedene Garmethoden von Fleisch zu bekommen und sie zu perfektionieren, muss man viel üben. Aber nicht nur die Übung macht den Meister: Herz und Seele kochen immer mit. Das ist ein wichtiger Garant für das Gelingen des Gerichts, beim Hobby- und beim Profikoch gleichermaßen.

Hans Haas' Tipp zum Lesen

Haas, Hans: Die Kochlegende Hans Haas; Tre Torri, Wiesbaden, 2016.

Peter Hagen-Wiest

VERTRAU DIR SELBST

Peter Hagen-Wiest leitet seit der Eröffnung 2012 das *Ammolite – The Lighthouse Restaurant* im *Europa-Park* in Rust. Dort erkochte er bereits 2013 den ersten Michelin-Stern, dem schon ein Jahr später der zweite folgte. Der Bregenzer machte seine ersten beruflichen Schritte in seiner Heimatstadt: Die Ausbildung absolvierte er im *Hotel Messmer*, bevor er zum *Deuring Schlössle* wechselte. Sein Berufsweg durch die Sterneküchen führte ihn an die Algarve zu Dieter Koschina in die *Villa Joya*, nach Baiersbronn zur *Schwarzwaldstube*, wo er unter Harald Wohlfahrt arbeitete, und nach Basel zu Peter Knogl in das Restaurant *Cheval Blanc*, bevor er im *Ammolite* seine erste Stelle als Küchenchef antrat.

Als junger Koch arbeitete ich in einem Seminarhotel, wo es mir auch gut gefiel. Aber irgendwann wollte ich etwas anspruchsvoller kochen, und so wagte ich im Alter von siebenundzwanzig Jahren den Sprung in die Sterneküche. Ich ging an die Algarve in das Zwei-Sterne-Restaurant *Villa Joya*. Bei Antritt der Stelle und während der gesamten Anfangszeit hatte ich einen enormen Respekt vor den Herausforderungen. Mein dortiger Chef, Dieter Koschina, beruhigte mich aber mit den Worten: »Wichtig ist, dass es dir selbst schmeckt, trau dir selbst was zu.« Dieser Rat hat mir ungemein geholfen, Selbstvertrauen zu gewinnen und auch die Angst vor der Sterneküche abzulegen. Ich habe mich dann sehr schnell in die dortige Art des Kochens eingefunden und insgesamt fünf Jahre in Portugal bei Dieter Koschina gearbeitet.

Als es mich wieder ganz nach Deutschland zog, hatte ich das große Glück, bei Harald Wohlfahrt in Baiersbronn eine Stelle zu bekommen. Von ihm lernte ich vieles, vor allem: genaues, organisiertes und konsequentes Arbeiten. Diese Lektion war nach den Jahren unter südlicher Sonne mit der dort typischen Lässigkeit und Lebensfreude sehr wichtig für mich. Es kam der Tag, an dem ich die *Schwarzwaldstube* verlassen wollte, um näher bei meiner Partnerin zu leben. Über Dieter Koschina hatte ich den Kontakt zu Peter Knogl, der mir anbot, im *Cheval Blanc* in Basel zu arbeiten. Dort sollte ich die Stelle des Souschefs erhalten, da der damalige Inhaber der Position, ein Japaner, zurück in seine Heimat gehen wollte. Aber dann trug sich das schwere Atomunglück in Fukushima zu und die Pläne meines japanischen Kollegen zerschlugen sich. Peter Knogl, der sich dadurch in einem Gewissenskonflikt befand, bot mir großzügigerweise an, zunächst im *Cheval Blanc* zu bleiben. Anschließend stellte er darüber hinaus den Kontakt zur Familie Mack her, um mir behilflich zu sein, eine adäquate Position zu finden.

So kam der Kontakt zu Thomas Mack zustande, der als Mitglied der Geschäftsführung unter anderem für Hotellerie und Gastronomie im *Europa-Park* zuständig ist. Thomas Mack hatte die Vision, ein Gourmetrestaurant zu eröffnen, das möglichst bald auch Michelin-Sterne zieren sollten. Ein Plan, der nicht ohne Risiko war und bei dem es keine Erfolgsgarantie gab. Etliche etablierte Sterneköche hatten daher schon abgewunken. Als sich mir diese Chance bot, dachte ich mir: »Vertrau dir selbst.« Kurzum: Ich war wagemutig genug, mich an diese Aufgabe heranzutrauen, und Thomas Mack war wagemutig genug, mir, der ich noch nie als Küchenchef gearbeitet hatte, dieses Projekt anzuvertrauen.

Gemeinsam machten wir uns an den Aufbau des Restaurants und ich genoss große Freiheiten. Weit über das übliche Maß hinaus durfte ich Dinge mitentscheiden und hatte große Gestaltungsfreiräume. Ich konnte das Restaurantkonzept, die Karte und vieles mehr bestimmen oder zumindest maßgeblich beeinflussen. Auch zum Interieur und zum Personal wurde nach meiner Meinung gefragt. Wenn im tiefsten Inneren Zweifel aufkamen, appellierte ich an mein Selbstvertrauen und traf Entscheidungen. Diese Zeit der Planung hat mein Selbstvertrauen nicht nur gefordert, sondern auch gesteigert. Die Unternehmerfamilie, die hinter dem *Europa-Park* steht, vertraute mir von Anfang an. Das hat sich ausgezahlt – für sie und für mich.

Peter Hagen-Wiests Tipp zum Kochen

NEUES NUTZEN, NEUES WAGEN

Wer gerne kocht, wird wahrscheinlich auch gerne mal was Neues ausprobieren. Dazu kann ich jeden Hobbykoch nur animieren! Es geht dabei aber nicht nur darum, Zutaten anders zu kombinieren oder Gerichte zu kochen, die man sich früher nicht zutraute. Vielmehr kann man aufgrund neuer Produkte Speisen zubereiten, die noch vor zehn oder fünfzehn Jahren nicht in guter Qualität herstellbar waren. Ein Beispiel: Die Senfgurken meiner Oma habe ich immer geliebt, aber erst jetzt kann ich diesen Geschmack in einem meiner Gerichte perfekt zur Geltung bringen – in einer Senfgurkencreme, die wir zu Forelle servieren. Für diese Creme verwenden wir Gellan, ein Algenprodukt, das es früher nicht gab. Mit dessen Hilfe wird die Creme besonders glatt, geschmeidig und bekommt einen schönen Glanz. Der Geschmack der Senfgurken bleibt unverfälscht erhalten, sodass wir unseren Gästen das Gefühl von Geborgenheit und Heimat, das nicht nur ich mit Senfgurken verbinde, bieten können. Das neue Produkt ermöglicht es also, einen altbekannten Geschmack auf das Niveau der Sterneküche zu heben.

Peter Hagen-Wiests Tipp zum Lesen

Plachuta, Ewald; Wagner, Christoph: Die gute Küche – das österreichische Standardkochbuch; Orac, Wien, 1993.

Karlheinz Hauser

LERNE DIE VIELFALT KENNEN UND SEI SELBST AUCH VIELSEITIG

Karlheinz Hauser ist Küchenchef und Patron im Hamburger Restaurant *Seven Seas*, das seit 2003 mit einem und seit 2012 mit zwei Michelin-Sternen ausgezeichnet ist. Nach seiner Ausbildung im Schwarzwald arbeitete er zunächst von 1985 bis 1986 im *Kulm Hotel* in St. Moritz, bevor es ihn nach München zog, wo er insgesamt zwölf Jahre blieb. Dort arbeitete Karlheinz Hauser zunächst im Restaurant *Königshof* im gleichnamigen Hotel, im Restaurant *Käfer-Schänke* und ab 1990 im *Aubergine* bei Eckart Witzigmann. Zwei Jahre später wurde er Küchenchef des Partyservice von *Feinkost Käfer*, bevor er im *Andechser am Dom* sowie im Restaurant *Käfer's am Hofgarten* arbeitete. Danach wechselte er nach Berlin und war von 1997 bis 2002 Küchendirektor des Hotel *Adlon*. 2002 machte er sich schließlich in Hamburg selbständig. Heute betreibt Karlheinz Hauser auf dem Hamburger Süllberg im Stadtteil Blankenese neben seinem Gourmetrestaurant *Seven Seas*, das *Hotel Süllberg*, das *Deck 7 Market Restaurant*, den *Süllberg Biergarten*, eine Almhütte sowie einen Cateringservice. Der vielseitige Sternekoch tritt außerdem regelmäßig im Fernsehen auf.

»Lerne die Vielfalt kennen!« Diesen Ratschlag bekam ich von meinen zwei großartigen Mentoren Gerd Käfer und Eckart Witzigmann. Ein scheinbar simpler Rat, der mich und meinen beruflichen Werdegang jedoch stark geprägt hat. Zum einen ist damit gemeint, dass man sich als Koch mit der überwältigenden Auswahl an Produkten, die man in der Küche verarbeiten kann, vertraut machen soll. Zum anderen geht es darum, dass man Vielfalt in seine Betätigungsfelder bringt, sprich, dass man im Beruf vielseitig ist und sich entsprechend breit aufstellt, ganz besonders, wenn man sich selbständig macht.

Als ich als junger Koch 1989 in das Restaurant *Käfer-Schänke* nach München kam, taten sich für mich neue und völlig unbe-

kannte Welten auf. Der Feinkostladen *Käfer* war ein Paradies im Delikatessenbereich: Tintenfische aus philippinischen Gewässern, Filets vom japanischen Wagyu-Rind, Burgundertrüffel … Bei *Käfer* kam ich mit vielen Lebensmitteln zum ersten Mal in Berührung und lernte überhaupt erst einmal die ganze Bandbreite an Produkten kennen. Vor allem erwarb ich hier die Fähigkeit, zu beurteilen, was ein gutes Produkt ist. Schon damals war das Unternehmen *Käfer* extrem vielseitig. Ende der 1990er Jahre gab es keinen vergleichbaren Delikatessenladen, der so viele Produkte aus aller Welt vertrieb. In dieser Zeit war ich zum ersten Mal auf den traditionsreichen Lebensmittelmärkten in Frankreich und erlebte die größtmögliche Auswahl ultrafrischer Produkte. Aus der Zeit bei *Käfer* nahm ich – neben dem Kennenlernen der Vielfalt – eine sehr wichtige Erfahrung mit: Man muss das beste Produkt einmal selbst erlebt und geschmeckt haben, um es richtig beurteilen zu können. Vielerorts werden beispielsweise Geschmack, Zartheit und Qualität von US-Fleisch in den höchsten Tönen gelobt: Um die Qualität dieses Fleisches wirklich zu begreifen, muss man auch einmal in Amerika gewesen sein und dort in den besten Restaurants gegessen haben. So gebe ich das auch an mein Team weiter. Wenn bei uns auf dem Süllberg ein Jahr gut gelaufen ist, reise ich mit den Abteilungsleitern meines Unternehmens nach Las Vegas und gehe mit ihnen in das eine oder andere Restaurant essen, unter anderem in das Drei-Sterne-Restaurant von Joël Robuchon. Da geht es mir zum einen darum, dass meine Mitarbeiter die Vielfalt kennenlernen, und zum anderen darum, dass sie einen persönlichen Eindruck von höchster Qualität bekommen.

Das i-Tüpfelchen in puncto Produktkenntnis habe ich beim *Koch des Jahrhunderts*, Eckart Witzigmann, mitbekommen. Damals fühlte ich mich als Bursche vom Land, der die Ehre hatte, vom Besten zu lernen. Ich erinnere mich noch an meinen ersten Tag im *Aubergine*: Witzigmann stand in der Küche und hielt eine Artischocke in der Hand. Er streichelte das Gemüse, drehte es in der Hand und überlegte minutenlang, was er mit dieser schönen Artischocke machen könnte. Witzigmann vermittelte mir den tiefen Respekt vor dem Produkt und das Ziel, das Nonplusultra rauszuholen.

1992 führte mich mein Weg zum zweiten Mal zu *Käfer*, diesmal zum Partyservice. Ich richtete mit dem Feinkostunternehmen Caterings und Bankette auf der ganzen Welt aus. Die große Vielseitigkeit von *Käfer* mit den Geschäftsbereichen Einzelhandel (Feinkostläden), Restaurant und Catering gefiel mir gut. Sie entspricht absolut meinem recht umtriebigen Naturell. So ist es kein Zufall, dass ich heute ebenso verschiedene Standbeine habe: Mein Betrieb auf dem Süllberg in Hamburg besteht aus vielen unterschiedlichen Teilbereichen. Neben dem Hotel gibt es verschiedene Restaurants, zudem betreiben wir Catering und richten Bankette aus. Unter wirtschaftlichen Gesichtspunkten ist es absolut sinnvoll, nicht nur auf ein Pferd zu setzen, sondern breiter aufgestellt zu sein. Das mindert das Risiko. Daneben bin ich persönlich sehr zufrieden, eine solche kulinarische Vielschichtigkeit als Unternehmer, Gastgeber, Sternekoch und Fernsehkoch leben zu können.

Karlheinz Hausers Tipp zum Kochen

LASSEN SIE SICH ZEIT UND KONZENTRIEREN SIE SICH AUF DAS GERICHT

Wenn Gäste sagen »Es ist ja so ruhig bei Ihnen in der Küche, man hört gar nichts und es spricht kaum einer!«, dann antworte ich gerne: »Ja, es gibt auch nichts zu besprechen, außer die Anleitung und Koordination der Gerichte. Darüber hinaus konzentrieren wir uns ganz auf unsere Arbeit. Und auf den Gast.« Dieses Credo gebe ich gerne an die heimischen Köche weiter: Sie brau-

chen zum Kochen absolute Ruhe und Konzentration. Und natürlich viel Zeit. Das ist beim Kochen so wichtig. Wenn man sich in den Finger schneidet, dann passiert das nur, weil man nicht ausreichend konzentriert ist. Es gibt viele Gerichte, die brauchen einfach Zeit, um gut zu werden. Ein Schmorgericht beispielsweise kann man nicht mal eben schnell hinhudeln. Aus Erfahrung weiß ich, dass es nicht funktioniert, mal eben nebenbei etwas zu kochen.

Karlheinz Hausers Tipps zum Lesen

Hauser, Karlheinz: Karlheinz Hauser – Rezepte, Konzepte, Geschichten, Philosophie. Fackelträger, Köln, 2013.
Witzigmann, Eckart: Meine 100 Hausrezepte, Cormoran, München, 2001.

Martin Herrmann

DAS ERREICHTE ZÄHLT, NICHT DER WEG DORTHIN

Martin Herrmann ist Küchenchef im Gourmetrestaurant *Le Pavillon* im Hotel *Dollenberg* in Bad Peterstal-Griesbach, das mit zwei Michelin-Sternen ausgezeichnet ist. Er blieb seinem Lehrherrn während seiner gesamten beruflichen Laufbahn treu: Er erhielt seine Ausbildung zum Koch ab 1982 im Hotel *Dollenberg* in Bad Peterstal-Griesbach und blieb dort bis heute. 1991 stieg er zum Küchenchef auf. 1998 wurde ihm für das Restaurant *Le Pavillon* im Hotel *Dollenberg* der erste Michelin-Stern verliehen. 2010 folgte der zweite Stern.

Das Motto für meinen beruflichen Werdegang lässt sich so formulieren: »Das Erreichte zählt, nicht aber der Weg dorthin.« Damit spiele ich auf meine Karriere zum Zwei-Sterne-Koch an, die ja alles andere als typisch verlaufen ist. Doch ab einem gewissen Zeitpunkt fragt niemand mehr danach, wie man zu seinen Fertigkeiten in der Spitzenküche, zu seinem Ideenreichtum und zu seinen geschmacklichen Kompositionen gekommen ist. Am Ende des Tages zählt nur das Ergebnis auf dem Teller. Und dies hat offensichtlich die Tester vom Guide Michelin überzeugt!

Wenn man sich mal die Lebensläufe der Spitzenköche ansieht, so haben alle nach ihrer Ausbildung verschiedene Stationen im In- und Ausland durchlaufen, um andere Gastronomiearten, Betriebsabläufe und Kulturen kennenzulernen. Ich hätte mich nach meiner Ausbildung im Hotel *Dollenberg* durch Meinrad Schmiederer wohl auch auf Wanderschaft begeben – tja, wenn ich dort nicht meine Frau Ulrike kennengelernt hätte. So habe ich also nicht den typischen Weg eingeschlagen, habe keine Wanderjahre an anderen Stellen und in anderen Städten verbracht, sondern bin dageblieben und habe – völlig außergewöhnlich für einen Koch – nur eine Arbeitsstelle gehabt. Mein Ziel, Sternekoch zu werden, habe ich trotzdem erreicht. Und das ist am Ende doch das einzige, was zählt!

Ich war erst fünfzehn Jahre alt, als ich meine Lehre begonnen habe. Mittlerweile bin ich schon über dreißig Jahre in diesem Haus. Im Grunde habe ich mich als Autodidakt allein auf das jetzige Sterne-Niveau gekocht. Obwohl ich meinen Standort in all den Jahren nicht gewechselt habe, gab es doch eine Vielzahl von Momenten, Erlebnissen und Menschen, die mir so viel Inspiration und Anregung verschafft haben, dass ich mich entwickeln und meine Küche perfektionieren konnte.

Da war zunächst mein Schwager, Meinrad Schmiederer, der mich ausgebildet hat, sich später aber aus der Küche zurückzog, um sich voll und ganz dem Betrieb des Hotels zu widmen. Er sagte mir: »Du musst das kochen, was du selbst am liebsten isst. Wenn es dir schmeckt, dann schmeckt es auch deinen Gästen.« Auf den ersten Blick vielleicht etwas simpel, hat mich dieser prägende Grundsatz in meiner Entwicklung doch erheblich weitergebracht. Ich meine, das Kochen hat ja in erster Linie mit Geschmack zu tun. Geschmack ist immer wichtiger als die Optik. Natürlich sind Geschmäcker unterschiedlich. Doch wenn ich als Koch einen hohen Maßstab in Sachen Qualität der Zutaten ansetze und meinen eigenen Geschmacksnerven vertraue, dann wird der Gast zu einem hohen Genuss kommen. Meinem Schwager verdanke ich nicht nur diesen nützlichen Rat, sondern auch die Tatsache, dass ich immer die tollsten Produkte zur Verfügung hatte. Er selbst ist sehr produkt- und qualitätsorientiert und bereit, für besondere Qualität viel Geld auszugeben.

Ich hatte zwar nie eine Standortveränderung, dafür war mein Umfeld keineswegs statisch – im Gegenteil! Seit ich im Hotel *Dollenberg* angefangen habe, hat sich der Betrieb laufend verändert und vergrößert. Kurz nachdem mein Schwager die Küche verlassen hatte, wurde ich Küchenchef. Ich war außerordentlich gefordert, für das gewachsene Hotel eine erstklassige Gastronomie zu bieten. Mir machte es viel Spaß, immer wieder etwas Neues zu entwickeln, zu probieren und zu testen. Meine Anstrengungen wurden 1998 mit dem ersten Michelin-Stern belohnt. Ein paar Jahre später erhielten wir den zweiten Stern, was u. a. der Eröffnung des Gourmetrestaurants *Le Pavillon* im Hotel zu verdanken ist.

Großen Ansporn für mein Tun gaben mir in dieser Zeit natürlich die beiden Drei-Sterne-Restaurants in Baiersbronn: das Restaurant *Schwarzwaldstube* unter der Leitung von Küchenchef Harald Wohlfahrt sowie das Restaurant *Bareiss* unter Claus-Peter Lumpp. Sie müssen sich vorstellen, dass sich diese beiden Lokale auch hier im Schwarzwald befinden, gerade einmal dreißig Kilometer entfernt! Allein die räumliche Nähe dieser Spitzenlokale schürte in mir den Wunsch, auch nach den

Sternen zu greifen. In diesen und in anderen Restaurants – auch Frankreich ist ja nicht weit – war ich regelmäßig Gast. Alles geht über den Geschmack, daher war ich ganz heiß drauf, bei Kollegen zu essen. Ich schaute, wie andere kochen, wie sie ihre Soßen zubereiten, was sie kombinieren etc. Das war Inspiration und Marktforschung in einem. Ich habe alles aufgesogen, ich war ehrgeizig und wollte unbedingt nach vorne kommen.

Tolle Inspiration habe ich außerdem aus Publikationen erhalten – vor allem aus dem vierteljährlich erscheinenden Magazin *Gourmet* von Johann Willsberger. Da war die hohe Kochkunst dargestellt! Zusammenfassend kann ich sagen: An Inspiration und Anregungen hat es mir nie gefehlt, auch wenn ich unseren Ort nie für längere Zeit verlassen habe. Ich denke, ich bin so weit gekommen, weil ich es verstanden habe, alles aufzusaugen und die Anregungen, Ideen und Impulse, die mich erreicht haben, bestmöglich und kreativ umzusetzen. Man braucht eine offene innere Haltung, sonst tritt man auf der Stelle und der Horizont bleibt eng.

Martin Herrmanns Tipp zum Kochen

EINE CHARAKTERVOLLE SOSSE ADELT DAS GERICHT

Eine gute und charaktervolle Soße betont und hebt den Geschmack eines jeden Gerichts. Das sollten Sie auch beachten, wenn Sie für Familie oder Freunde kochen. Viele fürchten sich davor, die Soße zu überwürzen, und bleiben dadurch hinter ihren Möglichkeiten zurück. Genau wie meinen Mitarbeitern rate ich auch allen Hobbyköchen, bei der Soße an die Gewürzgrenze zu gehen und etwas zu wagen. Einfach die Soße probieren und dann beherzt abschmecken, je nach Gericht zum Beispiel mit Pfeffer, Chili oder Piment d'Espelette. Ihre Gäste werden es Ihnen danken und Sie loben!

Martin Herrmanns Tipp zum Lesen

Rüssel, Harald: Wild – 130 Rezepte für jeden Tag; Umschau, Neustadt an der Weinstraße, 2012.

Dirk Hoberg

SCHAFF DIR ERINNERUNGEN, VON DENEN DU ZEHREN KANNST

Dirk Hoberg ist Küchenchef des mit zwei Michelin-Sternen ausgezeichneten Gourmetrestaurants *Ophelia* im Hotel *Riva* in Konstanz am Bodensee. Er absolvierte seine Kochausbildung im Hotel *Walhalla* in Osnabrück und machte danach in zahlreichen Gourmetrestaurants Station, zuletzt in Bad Neuenahr im Restaurant *Zur Alten Post* unter Hans Stefan Steinheuer und im Restaurant *Schwarzwaldstube* bei Harald Wohlfahrt in Baiersbronn. Seit 2010 ist Hoberg in Konstanz, bereits 2011 bekam das *Ophelia* unter seiner Leitung den begehrten Michelin-Stern. Schon ein Jahr später erkochte er sich den zweiten Stern des Guide Michelin.

Meine Großmutter hat mir immer gesagt: »Junge, schaff dir Erinnerungen!« Diesen Rat gab sie mir, als sie selbst bereits ein hohes Alter erreicht hatte – sie wurde neunundneunzig Jahre alt. Ich denke mir, wenn ein Mensch auf ein so langes Leben zurückblicken kann, dann muss er wissen, wovon er spricht. Im Kern ging es meiner Großmutter darum, dass man nicht nur im täglichen Hamsterrad läuft, ohne rechts und links zu schauen. Das, wovon man zurückblickend wirklich zehrt, sind Erlebnisse, an die man sich gerne erinnert, von denen man berichten kann und die man nie vergessen wird: Erlebnisse mit der Familie, Reisen, berufliche Erfolge und Abwechslungen jeglicher Art. In Erinnerung bleibt, was emotional berührt!

Großartige Meilensteine in meiner beruflichen Laufbahn, die immer Ankerpunkte in meinem Gedächtnis bleiben werden, sind natürlich die zwei Guide-Michelin-Sterne und die 17 Punkte im Gault-Millau. Über diese Auszeichnungen freue ich mich ungemein und ich zehre davon gewiss mein Leben lang. Das Wunderbare: Ich kann machen, worauf ich Lust habe und was sich richtig anfühlt. Und Kochen fühlt sich für mich absolut richtig an!

Den Rat meiner Großmutter setze ich dahingehend um, dass ich mir – bei aller Zielstrebigkeit – Auszeiten nehme und versuche, in diesen freien Zeiten alle Facetten meines Lebens zu genießen. Das lässt sich nicht aufschieben und nicht nachholen. Gerade in unserem Beruf ist die Balance aus Arbeit und Leben eine große Herausforderung, denn man arbeitet sehr viel und intensiv, mit kompletter Hingabe. Volles Commitment ist notwendig, um seinen Job am Herd gut zu machen. Umso wichtiger sind da Pausen und Auszeiten, in denen ich bewusst Energie und Kreativität tanke, die für das Kochen auf Sterne-Niveau unerlässlich sind.

Die Weisheit meiner Großmutter setze ich aber nicht nur für mich selbst um, sondern ich versuche auch, sie dem Team nahezubringen. Mein Ziel ist, meinen Köchen viel Freiraum zu geben und die Arbeitszeiten nicht ausufern zu lassen. Für jeden im Team – da zähle ich mich dazu – gilt es, vor lauter Arbeiten nicht das Leben zu vergessen. Raus aus der Routine, den Kopf frei bekommen – das ist in der Spitzengastronomie wichtig und die Voraussetzung dafür, dass man die Gäste mit tollen Ideen überraschen kann.

Kochen ist für mich kein Beruf, sondern eine Berufung. Es ist meine Leidenschaft. Ich liebe Kochen und kann mir nichts anderes vorstellen. Doch die Ideen kommen nicht von allein, ich brauche Inspirationen für neue Gerichte. Die bekomme ich meist beim Reisen. Nun bin ich nicht der Typ, der gezielt in Feinschmecker-Restaurants geht, dort isst und daraus Ideen schöpft. Gerade wenn ich auf Reisen bin, kommt es mir manchmal so vor, als würden sich die Gerichte in den Sterneküchen weltweit gleichen – egal ob man in Hongkong, Hamburg oder Bangkok isst. Daher suche ich eher in der einfachen Küche meine Anregung – hier gibt es noch wirklich Neues zu entdecken. Die asiatische Küche schmeckt mir sehr gut, und wenn ich in Asien bin, dann finde ich das Streetfood, zubereitet in kleinen Garküchen und an einfachen Ständen, deutlich besser und spannender als die Gerichte, die in Restaurants serviert werden.

Ich bekomme aber auch aus Bereichen Anstöße für die Küche, die gar nichts mit Gastronomie zu tun haben. Wenn ich mich mit Kunst beschäftige und Gemälde betrachte, fällt mir oft etwas ein, das mich fürs Kochen inspiriert. Das Kochen ist einfach allgegenwärtig für mich. Wenn ich im Museum eine Idee habe, speichere ich diese ab und probiere sie bei nächster Gelegenheit in der Küche aus.

Natürlich habe ich den Ehrgeiz, gut zu sein, und den Willen, immer besser zu werden. Trotzdem ist Kochen für mich nichts Anstrengendes, weil es von innen heraus entsteht. Ich koche für meine Gäste, möchte, dass es ihnen gut schmeckt und gutgeht. Das fängt damit an, dass es bei uns im Restaurant nicht steif zugeht. Alles soll so entspannt wie möglich sein. Dazu gehört eine Speisekarte, die auf den ersten Blick verständlich ist. Formulierungen wie »an Rosmarin-Honig-Jus«, bei denen der Laie nicht versteht, was er auf dem Teller hat, finden sich bei uns nicht. Daher ist die Speisekarte im *Ophelia* relativ einfach geschrieben. Ich nenne nur die Hauptkomponenten, zum Beispiel »Lamm – Artischocke, Olive, Gnocchi« oder »Wolfsbarsch – Fenchel, Muschel, Grapefruit«. Da weiß auch der Laie, was er später auf dem Teller hat. Wir freuen uns, wenn der Gast dann zufrieden ist, weil wir wissen, dass wir ihm zu einer schönen Erinnerung verholfen haben, von der er später zehren kann.

Dirk Hobergs Tipp zum Kochen

GAREN SIE DEN FISCH NICHT DURCH

Das Geheimnis, einen perfekt gegarten Fisch zu zaubern, besteht darin, ihn nicht mit zu viel Hitze zuzubereiten. Wird zu heiß und zu lange gegart, vertrocknet das schönste Filet und landet zäh auf dem Teller. Fisch ist ein sehr empfindlicher Rohstoff, den wir Köche besonders schonend und mit Sorgfalt behandeln müssen. Beim Braten muss man in jedem Fall mit geringeren Temperaturen in der Pfanne arbeiten als bei Fleisch. Ein klares Zeichen dafür, dass ein Filet zu heiß und zu lange gegart wurde, ist das Eiweiß, das aus dem Filet austritt. Das sieht zum einen nicht sehr attraktiv aus, zum anderen wird dadurch der Fisch zu trocken und verliert stark an Geschmack. Mein Tipp: Es gilt, das Eiweiß in Schach zu halten und den Fisch gerade nicht durchzugaren. Braten Sie den Fisch bei möglichst geringer Temperatur, damit das Eiweiß nicht ausflockt und der Fisch saftig bleibt. Eine Schutzschicht aus Mehl und Gewürzen kann außerdem für eine appetitliche Bräune sorgen.

Dirk Hobergs Tipp zum Lesen

Pauli, Philip: Lehrbuch der Küche; Pauli Fachbuchverlag, 13. Auflage, Winterthur, 2010.

Daniel Homann

MOTIVIERE DEIN TEAM UND DICH SELBST

Daniel Homann führt gemeinsam mit seinem Bruder Horst die Küche des *Homann's Restaurant* im *Hotel Haus Homann* in Samnaun im Schweizer Engadin. Der Familienbetrieb ist vom Gastronomieführer Guide Michelin seit dem Jahr 2011 mit zwei Sternen dekoriert. Der Gault-Millau hat das Gourmetlokal mit 18 Punkten und drei Hauben ausgezeichnet. Daniel Homann hat sein Können in einer ganzen Reihe von Top-Häusern erworben, wie zum Beispiel dem *Castello del Sole* und dem *Giardino,* beide in Ascona. Eine weitere Station auf Daniel Homanns Berufsweg war das Restaurant *Talvo* im Skiort Sankt Moritz in der Schweiz, wo er unter Küchenchef Roland Jöhri besonders die Feinheiten der À-la-carte-Küche erlernte.

Mein Leitsatz ist, dass man nie aufhören darf, sich selbst und seine Mitarbeiter zu motivieren und sich und anderen Freude an der Arbeit zu ermöglichen. Dann hat man schon fast gewonnen. Ich sehe es ganz klar als meine Verantwortung als Chef an, Rahmenbedingungen zu schaffen, in denen mein Team gerne und produktiv arbeitet. Ich versuche, diese große Aufgabe mit verschiedenen Verhaltensweisen zu erfüllen. Wir pflegen zum Beispiel bei uns in der Küche einen sehr offenen, legeren Umgangston. Die jungen Köche, die hier arbeiten, wissen, dass sie ihre Meinung oder Ideen für neue Kreationen jederzeit frei äußern können. Bestimmt alle drei oder vier Tage kommt ein junger Kollege zu mir und fragt: »Hey Chef, ich habe da eine Idee, können wir die einmal ausprobieren?« Und dann probieren wir den Vorschlag einfach aus. Das ist auch für den gesamten Betrieb gut, weil so kontinuierlich frische, kreative Ideen in unsere Menüs einfließen, die ich niemals alle selbst entwickeln könnte.

Um die jungen Köche zu motivieren und ihnen Selbstvertrauen zu geben, schicke ich sie auch hinaus in die Gasträume, damit sie sich selbst und die von ihnen zubereiteten Gänge, etwa eine Vorspeise oder ein Dessert, präsentieren können. Das gibt ihnen Selbstvertrauen und ist auch für die Gäste interessanter, als stets nur die Präsenz des Chefs zu erleben. Es nimmt den jungen Kollegen die Scheu davor, mit den Kunden zu sprechen, macht sie stolz, und sie bekommen wertvolle, direkte Rückmeldungen vom Gast, die uns allen helfen. Im glücklichsten Fall werden sie sogar von den Besuchern mit Komplimenten überhäuft und kommen strahlend in die Küche zurück. Dieses eher ungewöhnliche Vorgehen hat sich als so positiv und erfolgreich erwiesen, dass wir es mittlerweile jeden Tag praktizieren. Unsere jungen Köche warten schon immer darauf, dass sie wieder raus zu den Gästen dürfen.

Um meinen Mitarbeitern ein freundliches, offenes Arbeitsumfeld zu bieten, gebe ich mir auch Mühe, nicht immer nur über professionelle Belange mit ihnen zu sprechen, sondern auch einmal über ihre Freunde oder Familie oder darüber, ob sie Probleme haben, bei denen ich helfen kann. Diese und viele andere Bereiche des Lebens kommen bei uns zur Sprache. Genauso gehe ich übrigens auch mit unseren Gästen um. Ich setze mich einfach unkompliziert zu ihnen an den Tisch und spreche ganz normal mit ihnen, auch wenn sie das erste Mal bei uns sind. Ich habe schon das Gefühl, dass die Restaurantbesucher es sehr schätzen, wenn man sie nicht nur als zahlende Kunden betrachtet, sondern sich auf sie einlässt und sie einfach als Menschen behandelt.

Natürlich ist es auch ausgesprochen wichtig, sich selbst als Küchenchef stets aufs Neue zu motivieren. Denn bis man dahin kommt, auf Sterne-Niveau zu kochen, wird man immer wieder Rückschläge wegstecken müssen und muss trotzdem positiv

gestimmt weitermachen. Sogar wenn es rund läuft, muss man sich dauerhaft motivieren und die Freude am Arbeiten aufrechterhalten. Als wir zum Beispiel das Hotel unserer Eltern umgebaut haben, ging das ja auch nicht von heute auf morgen, sondern es ist ein nie endender Prozess, bei dem man fortlaufend versucht, das Haus immer besser zu machen.
Im Prinzip geht all dies auf den eigentlichen, wichtigsten Rat meines Lebens zurück, den ich vor vielen Jahren von meinem Lehrmeister Egon Sulger aus Scuol-Tarasp im Engadin erhalten habe, der schon damals eine wahre Koch-Legende war. Er sagte mir: »Gib immer alles, was du hast, das ist für die anderen mehr, als sie jemals erwartet haben.« Und genau das spüre ich auch, wenn ich offen und herzlich mit meinen Mitarbeitern und Gästen umgehe oder versuche, in meinem Restaurant jeden Tag das Beste zu geben.

Daniel Homanns Tipp zum Kochen

VERWENDEN SIE WENIGER ÖL

Gute Fette und Öle sind ein zentraler Bestandteil der meisten Gerichte und ein wichtiger Geschmacksträger. Nicht ohne Grund werden zum Beispiel hochwertige Olivenöle auch in der gehobenen Küche immer mehr eingesetzt. Dennoch verwenden die meisten Hobbyköche zu viel davon. Eine geringere Menge Öl oder Butter erfüllt die Funktion, den Geschmack zu heben und den Bratvorgang zu unterstützen, genauso gut. Das gilt ganz besonders, wenn man hochwertige Pfannen benutzt. Das Reduzieren der Menge führt außerdem dazu, dass der eigene Geschmack der Produkte deutlicher zum Ausdruck kommt. Besonders zu viel Olivenöl, das ja selbst sehr intensiv schmeckt, kann zartere Geschmacksnoten leicht überdecken. Demgegenüber kann die für das Gericht passende Auswahl des Öls – Sesamöl, Rapsöl, Olivenöl, Sonnenblumenöl, Kürbiskernöl etc. – die Geschmäcker der einzelnen Zutaten perfekt betonen und unterstützen.

Daniel Homanns Tipp zum Lesen

Ruhl, Thomas (Hrsg.); Bau, Christian: Das Kochbuch – Innovation durch Tradition; Umschau, Neustadt an der Weinstraße, 2004.

Hans-Peter Hussong

NUTZE DEIN TALENT BESTMÖGLICH

Hans-Peter Hussong führt seit 1990 die *Wirtschaft zum Wiesengrund* im Schweizer Uetikon am See. Nach seiner Lehrzeit in einem saarländischen Hotelrestaurant verschlug es ihn im Alter von siebzehn Jahren in die Schweiz. Dort pendelte er anfangs in der Sommer- und Wintersaison zwischen der *Schatzalp* in Davos, dem *Quellenhof* in Bad Ragaz und dem *Ascolago* in Ascona. Am Lago Maggiore arbeitete er vier Jahre lang unter Küchenchef Horst Petermann. Nach einem Abstecher nach Berlin ins Hotel *Palace* und auf die Lenzerheide kochte er drei Jahre lang als Küchenchef in der *Osteria Delea* in Losone, wo er auch seine spätere Frau Ines kennenlernte. Noch einmal kehrte er – als Küchenchef – ins *Ascolago* zurück, bevor er 1990 mit Ines die *Wirtschaft zum Wiesengrund* übernahm, die 1998 in ihren Besitz überging. Hussongs Küche ist mit einem Michelin-Stern und 18 Punkten im Gault-Millau prämiert.

Mit Anfang zwanzig arbeitete ich in Berlin im Hotel *Palace* und fühlte mich sehr wohl in meiner Situation. Ich hatte mich in dieser großen Stadt gut eingelebt, hatte mir einen Freundeskreis aufgebaut und kam mit meinen Kollegen und meinem Küchenchef gut aus. Vermutlich hätte ich von mir aus so schnell nichts geändert. Dann aber erreichte mich ein Jobangebot aus dem Tessin in der italienischen Schweiz, wo ich schon einmal gearbeitet hatte. Das hat mich dann schon in einen gewissen Konflikt gestürzt. Einerseits ist es nicht meine Art, Verträge wie den im Hotel *Palace* nicht zu erfüllen. Andererseits konnte es ja sein, dass mich die neue Station beruflich entscheidend weiterbringen würde. Immerhin kam das Angebot vom Restaurant des Hotels *Ascolago*, das vom renommierten Koch Horst Petermann geleitet wurde.

Da ich ein gutes Verhältnis zu meinem Küchenchef im *Palace* hatte, entschied ich mich zur Offenheit und fragte ihn direkt, was er mir raten würde. Seine Antwort hat mich tief beeindruckt und ist zu so etwas wie dem besten Rat meines Lebens geworden. Er riet mir, auf jeden Fall in die Schweiz zu gehen, auch wenn er dadurch einen engagierten Mitarbeiter verlieren würde. Der eigentliche Rat, der sich auch auf andere Lebensbereiche übertragen lässt, ist: »Nutze dein Talent bestmöglich und lerne dein Handwerk richtig.« Dieser Rat ergibt sich aus der Erklärung meines damaligen Chefs, warum ich in die Schweiz gehen sollte. Er hatte mich und meine Situation offenbar genau studiert und sich Gedanken gemacht. Dabei hatte er festgestellt, dass ich in der riesigen Küche des *Palace*, wo alle Speisen in großen Mengen zubereitet wurden und dementsprechend vorbereitet und standardisiert waren, meine Talente nicht richtig einsetzen konnte. Er war sich sicher, dass ich in einem kleinen À-la carte-Restaurant meine Kreativität besser entfalten könnte und auch handwerklich mehr lernen würde. Dieser konsequente Rat meines Chefs hat mich insgesamt angeregt, etwas offener zu denken und zu versuchen, wirklich alle Möglichkeiten zu prüfen und in die eigene Entscheidung einzubeziehen. Das gilt nicht nur für so große, wegweisende Fragen wie einen Jobwechsel. Auch in der täglichen Arbeit gibt es genügend Ansätze, nicht denkfaul zu werden. Natürlich kann man jedes Jahr die gleichen saisonalen Gerichte wie Spargel kochen, nach gleichen Rezepten und in der gleichen Menüfolge. Ich versuche hingegen stets, diese Routine zu durchbrechen. Das erhält mir

die Abwechslung und den Spaß an meinem Beruf und ist vor allem für die Gäste spannender. Ich halte mich immer auf dem Laufenden, was meine Kollegen Neues probieren, ich interpretiere existierende Gerichte regelmäßig um und versuche auch, sie immer auf eine überraschende Art anzurichten. Für mich ist ein einfaches, aber wirksames Mittel dazu, Denkfaulheit zu vermeiden und die Kreativität am Leben zu halten, dass ich mir ein Rezept oder eine Menüfolge so gut wie nie aufschreibe, auch wenn sie sehr gelungen waren. Das zwingt mich dazu, mir immer wieder frische Gedanken zu machen.
Zum Abschluss würde ich gerne speziell an junge Köche einen wichtigen Rat weitergeben, der nicht unbedingt mit meinen bisherigen Ausführungen zu tun hat, der ihnen aber viel weiterhelfen kann. Es ist ja eine Spezialität der Gastronomie, dass man oft die Stelle wechselt, um möglichst viel Erfahrung zu sammeln und zahlreiche Fertigkeiten zu lernen. Daher kommt es häufig vor, dass man sich im Leben zweimal sieht, wie man so sagt. Man sollte sich daher immer so verhalten und so verabschieden, dass ein Wiedersehen jederzeit möglich ist und am besten freudig ausfällt. Bei mir wäre das auf jeden Fall so, wenn ich meinen früheren Chef vom *Palace* in Berlin wieder träfe.

Hans-Peter Hussongs Tipp zum Kochen

ENTWICKLE DEINEN EIGENEN STIL

Natürlich gesteht es jeder einem Spitzenkoch zu, oder man fordert das sogar, dass er seinen eigenen Stil entwickelt. Ich sage zu Hobbyköchen, die mich nach einem Tipp fragen, immer, dass auch sie es sich durchaus erlauben dürfen, nach einem eigenen Stil zu suchen und dann entsprechend zu kochen. Das fängt damit an, sich nicht zu stur an einem Rezept oder einer Menüfolge zu orientieren. Am besten schaut man sich diese nur kurz an, sodass man das Grundmuster versteht, und kocht dann drauflos. Wenn man in einem Gericht mehr Basilikum haben möchte als im Rezept angegeben, nimmt man halt einfach mehr. Wenn man, anders als vorgegeben, keinen Knoblauch ver-

wenden möchte, lässt man es halt bleiben. Genauso dürfen Hobbyköche auch vorgehen, wenn sie ein Menü für eine Einladung nachkochen. Auch hier müssen sie nicht jeden Gang exakt so übernehmen, wie es vielleicht im Kochbuch steht. Sie können jederzeit einzelne Gänge verändern oder sogar austauschen und dem Menü so eine eigene, individuelle Note verleihen.

Hans-Peter Hussongs Tipp zum Lesen

Hussong, Hans-Peter: La Cuisine Surprise; AT, Aarau, 2006.

Harald Irka

BLEIB BESCHEIDEN – ALS KOCH UND ALS MENSCH

Harald Irka ist seit 2012 Küchenchef in den *Saziani Stub'n* in Straden in der Steiermark in Österreich, die sich vom Ausschank eines Weinguts, einem sogenannten Buschenschank, in den 1980er Jahren zu einem hochdekorierten Gourmetrestaurant entwickelt haben. Das Restaurant trägt drei Hauben des Gastronomieführers Gault-Millau, der ihm gleichzeitig 18 Punkte zuspricht. Als sich Harald Irka seine ersten beiden Hauben erkochte, war er gerade einmal zwanzig Jahre alt, die dritte Haube kam bereits im Alter von dreiundzwanzig hinzu. Er gehört damit zu den jüngsten Spitzenköchen der Welt. Der österreichische Restaurantführer *Wo isst Österreich?* kürte ihn 2014 zum *Aufsteiger des Jahres*. Seine Ausbildung an der Hotelfachschule in Bad Leonfelden schloss der in Linz geborene Harald Irka im Jahr 2010 mit Auszeichnung ab.

Den besten Rat meines Lebens hat mir meine Großmutter mit auf den Weg gegeben. Gemeinsam mit meinem Großvater betrieb sie einen Bauernhof, auf dem ich auch aufgewachsen bin. Daher hatten wir stets ein enges Verhältnis und ich habe sie wegen ihrer reichhaltigen Erfahrung immer sehr geschätzt und auf sie gehört. Als meine Großmutter mir also sagte: »Vergiss nie, wo du herkommst, und bleib immer bescheiden«, war das für mich von dem Moment an ein Rat, den ich ernst nahm und befolgte. Später sollte sich herausstellen, dass ihre Empfehlung mir auch im täglichen Berufsalltag oft helfen würde.

Omas Rat lässt sich ausgesprochen gut umsetzen im Umgang mit anderen Menschen, aber auch ganz konkret im Job und beim Kochen selbst. Wenn man sich persönlich nicht so wichtig nimmt und eben bescheiden bleibt, führt das automatisch dazu, dass man anderen Menschen mit Respekt begegnet und ihnen gegenüber offen ist. Das ist eine wunderbare Voraussetzung dafür, menschlich erfüllende Erfahrungen zu machen, von anderen lernen zu können und einfach mit einem ruhigen Gefühl durchs Leben zu gehen. Wer bescheiden bleibt, weiß auch, dass alle Erfolge, die man in der Vergangenheit erzielt hat, mögen sie noch so grandios sein, nicht in Stein gemeißelt sind. Man kann an einem Tag ganz weit oben stehen und schon am nächsten tief fallen. Diese Einsicht hilft mir, mich nicht zu sehr unter Druck zu setzen und auch nicht in stetiger Angst zu leben, was wohl passiert, wenn die Auszeichnungen einmal spärlicher eintrudeln. Ich lasse das einfach auf mich zukommen und bin überzeugt, dass schon alles gutgehen wird.

In meinem Arbeitsleben führt der offene und respektvolle Umgang mit Menschen auch dazu, dass wir tolle Beziehungen mit unseren Lieferanten aufbauen konnten, etwa mit Bauern aus der Region. Wir sprechen mit ihnen immer auf Augenhöhe und sind uns bewusst, dass wir sehr viel von ihnen über ihre Produkte und deren Anbau oder Herstellung lernen können. Das hat auch dazu beigetragen, dass wir uns vor ein paar Jahren dazu entschieden haben, Luxusprodukte wie Kaviar oder Gänseleberpastete aus unserer Küche zu verbannen. Uns ist einfach klar, dass wir in der österreichischen Provinz arbeiten, zu der es hervorragend passt, Gerichte mit bodenständigen Zutaten zuzubereiten. Es ist unheimlich vielfältig und kreativ, was man zum Beispiel aus einer Kartoffel machen kann. Ich versuche auch unseren Mitarbeitern zu vermitteln, dass wir zwar einfacher kochen als so manches weniger dekorierte Restaurant, dass diese Küche aber keineswegs langweiliger oder weniger ambitioniert ist.

Bescheidenheit und Bodenständigkeit äußern sich auch darin, dass unser Restaurant nicht jenen der üblichen Spitzengastronomie gleicht. Es ist viel gemütlicher und fühlt sich eher wie ein Zuhause an. Der Service ist sehr herzlich, natürlich und alles andere als steif oder distanziert. Wir decken nicht einmal Besteck ein, sondern haben unter alle Tische Schubladen montiert, aus denen sich jeder Gast die Messer, Gabeln oder Löffel nimmt, die er braucht. Das gibt ein besonders persönliches und heimeliges Gefühl. Uns, und ich denke auch den meisten unserer Gäste, gefällt dieses einfache, authentische Ambiente richtig gut – und mich erinnert es daran, wo ich herkomme.

Harald Irkas Tipp zum Kochen

VERSUCHEN SIE ES MIT VERJUS

Wir verwenden in unserer Küche sehr häufig den sogenannten Verjus. Das ist der säuerliche Saft, der sich ergibt, wenn man unreife Trauben, die bereits im August gelesen werden, auspresst. Der Name Verjus ergibt sich aus dem mittelfranzösischen Begriff »vert jus«, also grüner Saft. Diese Essenz fördert einerseits die Verdauung, hebt aber vor allem den Geschmack von zahlreichen Grundprodukten enorm, ohne dabei deren Eigengeschmack zu überdecken. Dadurch kann man die klassischen Geschmacksträger wie Butter oder Sahne deutlich reduzieren. Unsere Gäste fragen uns sogar oft, warum unsere Gerichte so leicht, aber dennoch intensiv schmecken – und das Geheimnis ist eben der Verjus. Wir ersetzen damit auch bei Salatdressings den Essig oder Zitronensaft, bereiten damit aber auch mit Mineralwasser ein er-

frischendes Getränk zu. Ich kann auch Hobbyköchen nur empfehlen, diesen Zaubersaft in ihre Küche aufzunehmen.

Harald Irkas Tipp zum Lesen

Irka, Harald: Terroir; Eigenverlag, Straden, 2015.

Christian Jürgens

BEGEGNE VERÄNDERUNGEN OFFEN, FURCHTLOS UND MUTIG

Christian Jürgens ist gastronomischer Leiter und Geschäftsführer des Restaurants Überfahrt am Tegernsee. Nach seiner Ausbildung in Bad Homburg führten ihn seine beruflichen Stationen in das Restaurant *Tantris* in München, in die *Residenz Heinz Winkler* in Aschau am Chiemsee und zu Jörg Müller auf Sylt sowie zu Eckart Witzigmann in das Münchner Restaurant *Aubergine*. Seinen ersten Michelin-Stern erhielt Jürgens 1998 als Küchenchef und Geschäftsführer des Restaurants *Am Marstall* in München. Den zweiten Michelin-Stern erkochte er sich 2001 als Chef de Cuisine des Restaurants *Kastell* im Hotel *Burg Wernberg* in der Oberpfalz. 2008 wechselte Jürgens in das Restaurant Überfahrt im *Althoff Seehotel Überfahrt* in Rottach-Egern am Tegernsee. 2013 wurde seine Küche mit dem dritten Michelin-Stern bewertet. Damit ist Jürgens einer von zehn deutschen Köchen, die diese hohe Auszeichnung erhalten haben. Zudem ehrte ihn der Gault-Millau mit 19,5 Punkten und kürte ihn im Jahr 2013 zum *Koch des Jahres*.

»Begegne Veränderungen offen, furchtlos und mutig«, war einer der Ratschläge, die eine Lehrerin meines Sohnes den Schülern bei ihrer Abschiedsrede mit auf den Weg gab. Dieser Rat ging mir nicht mehr aus dem Kopf! Sofort konnte ich Parallelen in meinem beruflichen, aber auch privaten Umfeld finden.

In der Vergangenheit hatte ich auf Veränderungen zum Teil verschreckt, verkrampft und auch mit Angst reagiert.
In der Gastronomie wird man sehr oft mit Veränderungen konfrontiert. Es gibt wohl keinen Tag, an dem man nicht plötzlich auf unerwartete Bedingungen reagieren muss und so vor eine neue Herausforderung gestellt wird. Etwa wenn das Menü für eine Gesellschaft bereits gekocht ist und dann ein Gast dem Kellner mitteilt: »Ich vertrage keine Laktose«, oder wenn das Himbeerdessert für ein Geburtstagsmenü fest eingeplant ist und der Lieferant am Morgen gesteht, dass er keine Himbeeren bekommen hat. Wenn die aufwendig zubereitete Buttermilchmousse beim Anrichten samt Schale auf den Boden fällt und diese zerbricht oder wenn ein Mitarbeiter erkrankt … Die Liste solcher »Unwägbarkeiten« des Alltags in der Gastronomie lässt sich fast endlos fortsetzen, und ich habe in den verschiedenen Restaurants, in denen ich gearbeitet habe, alles Denkbare und auch Undenkbare wohl schon erlebt.
Die entscheidende Frage ist jedoch, wie man solch einer »Veränderung« begegnen möchte. Grundsätzlich hat man ja immer zwei Möglichkeiten. Entweder schlägt man die Hände über dem Kopf zusammen, hadert mit dem Schicksal und fragt sich: »Warum passiert das gerade heute und warum ausgerechnet mir?« Wahrscheinlich ist es auch die Angst davor, dass sich etwas ändert und das Gewohnte aus den Fugen gerät, die dazu führt, dass man geradezu gelähmt und handlungsunfähig ist.
Die Alternative ist, zu sagen: »Okay, es ist jetzt, wie es ist. Darauf muss ich mich nun einstellen.« An dieser Stelle greift der Rat der Lehrerin: »Begegne Veränderungen offen, furchtlos und mutig«, denn nur so können sie einem nichts anhaben. Diese Erfahrung durfte ich in meinem Leben, sowohl beruflich als auch privat, immer wieder machen.
Hat der Gast eine Allergie, bringt der Lieferant die bestellte

Ware nicht oder nicht in der gewünschten Qualität oder fällt der Patissier plötzlich aus, dann sammle ich mich und suche nach einer Lösung, wie ich diese Situation bewältigen kann. Dabei vertraue ich auf meine Kompetenz, meine Stärke und natürlich auf meine Kreativität. Diese drei Dinge helfen mir, auf das Unerwartete zu reagieren. Dabei entstehen auch ungewöhnliche Lösungsansätze.

Der Grundsatz, »offen, furchtlos und mutig« mit Veränderungen umzugehen, hat mir immer geholfen, meine täglichen Herausforderungen zu akzeptieren, anzunehmen und vor allem zu meistern. Es gibt so gut wie nichts, vor dem man sich im Leben fürchten muss, sofern man seine Herausforderungen bewusst und zu 100 Prozent annimmt!

Diese Einstellung gebe ich auch so an mein Team weiter. Grundsätzlich finde ich es sehr wichtig, dass man sich im Klaren darüber ist, nach welchen Grundsätzen, Motiven und Leitgedanken man leben und arbeiten möchte. In unserem Restaurant Überfahrt schreibt jeder Koch sein Lebensmotto – also das, was ihn täglich antreibt – auf seine Kochmütze. Diese Mützen hängen in unserer Küche gut sichtbar am Pass. Dadurch kann jeder im Team sehen, was den anderen antreibt und wofür er steht. Dies hilft uns, einander besser zu verstehen, und stärkt uns als Gruppe.

Auf meiner Mütze stehen gleich zwei Dinge, die mir wichtig sind, die mich täglich antreiben und die den Anspruch an meine Arbeit widerspiegeln: »Geh die Wege, die noch niemand ging, damit du Spuren hinterlässt und nicht nur Staub« habe ich vor einigen Jahren zu meinem zweiten Lebensmotto »Qualität ist niemals Zufall, sie ist immer das Ergebnis hoher Ziele, aufrichtiger Bemühungen, intelligenter Vorgehensweise und geschickter Ausführung« hinzugefügt. Diese beiden Leitsprüche, die – wie ich denke – selbstredend sind, möchte ich noch mit

einer bedeutenden Aussage von Dieter Müller (Drei-Sterne-Koch) vervollständigen. Er antwortete einmal auf die Frage, was für ihn drei Michelin-Sterne bedeuten: »Kontinuität, Kontinuität, Kontinuität.«
Damit bringt er es »messerscharf« auf den Punkt. Dranbleiben, fortlaufend auf höchstem Niveau kochen und jeden Tag aufs Neue versuchen, ein Quäntchen besser zu werden, ist es, was letztlich für den langfristigen Erfolg entscheidend ist. Und dazu gehört eben auch, kontinuierlich furchtlos Veränderungen zu begegnen und entsprechend zu reagieren.

Christian Jürgens' Tipp zum Kochen

ORDNUNG, GEDULD UND DIE LIEBE ZUM DETAIL

Bevor Sie beginnen zu kochen, sollten Sie Ihren Arbeitsplatz vorbereiten. Sehen Sie sich in Ihrer Küche um und räumen Sie beiseite, was Ihnen die Arbeitsfläche blockiert. Für Hobbykoch und Profi gilt gleichermaßen: Ein ordentlicher, strukturierter Arbeitsplatz ist ebenso wichtig wie die volle Konzentration auf das Kochen, um gute Ergebnisse erzielen zu können. Für uns Köche wäre es nicht denkbar, »mal schnell nebenher« ein Gericht zuzubereiten. Wir nehmen uns die Zeit, den Arbeitsplatz vorzubereiten und die einzelnen Schritte präzise auszuführen. Wir achten darauf, dass der Bratenansatz nicht anbrennt, sondern dass er wirklich schön glänzt, wir gießen bei einem Risotto den Fond nicht in einem Zug, sondern geduldig nach und nach zum Reis. Wenn Sie mit Sorgfalt und Liebe zum Detail vorgehen, werden Sie das Kochen nicht nur mit viel mehr Freude erleben, sondern auch den Unterschied schmecken.

Christian Jürgens' Tipp zum Lesen

Müller, Dieter: Kulinarische Jahreszeiten – Die Küche der Schweizer Stuben; Kunze und Partner, Mainz, 1985.

Thomas Kellermann

LASS DICH VOLL UND GANZ AUF DEINEN BERUF EIN

Thomas Kellermann ist seit 2008 Küchenchef des Restaurants *Kastell* im Hotel *Burg Wernberg* in Wernberg-Köblitz. Nach seiner Ausbildung führte der Weg den gebürtigen Oberbayern über das Hotel-Restaurant *Erbprinz* in Ettlingen und das Wald- und Schlosshotel *Friedrichsruhe* in Zweiflingen 1994 ins Münchner *Tantris*, wo er unter Hans Haas seine Kochkunst sechs Jahre lang perfektionierte. Im Landhaus *Nösse* in Sylt stellte er zum ersten Mal sein Können als Küchenchef unter Beweis, bevor er nach Berlin wechselte, wo er zunächst im *Portalis* und anschließend im Hotel-Restaurant *Vitrum* des Hotels *Ritz-Carlton* seinen Erfolgskurs fortsetzte. 2006 erkochte er sich dort seinen ersten Michelin-Stern, dem er an seiner jetzigen Wirkungsstätte, dem *Kastell*, im Jahr 2012 den zweiten hinzufügen konnte. Der Gault-Millau bewertet Thomas Kellermann mit 17 Punkten.

Für mich war der Weg in die Gastronomie vorgezeichnet und ganz natürlich. Schon meine Großmutter betrieb ein Wirtshaus, meine Eltern unterhielten ein Abendrestaurant, einen Bereich für Großveranstaltungen sowie Kantinen. Mein Vater reiste oft ins Ausland, etwa in die französische Schweiz oder in die Türkei, um neue Eindrücke und Anregungen für den Betrieb zu sammeln. Ich konnte also die gesamte Bandbreite dieser Branche früh kennenlernen. Ursprünglich hatte ich nicht die Absicht, Koch zu werden, sondern Hotelmanagement zu studieren. Mein Vater wollte mich davon zwar nicht abbringen, aber er riet mir, zuvor Koch zu lernen. Die Küche sei ein so zentraler Bereich eines jeden Hotels, dass es unabdingbar sei, darüber selbst genau Bescheid zu wissen und sich nicht auf andere im Unternehmen verlassen zu müssen, so mein Vater. Das erschien mir plausibel, also trat ich eine Lehre als Koch an.

Weil sowohl mein Vater als auch meine Mutter die Gastronomie sehr gut kennen, haben sie mir gegenüber das Berufsbild des Kochs allerdings nicht übertrieben positiv dargestellt, sondern auch die anstrengenden und schwierigen Seiten dieses Arbeitsfeldes ausführlich erläutert. Dazu gehört zweifelsohne, dass man viele Jahre keinen besonders guten Verdienst hat, für den man dennoch sehr hart arbeiten muss. Dies vor allem an Abenden und Wochenenden, wenn andere Menschen mit ihren Freunden oder der Familie zusammen sein können. Gerade das kann sehr belastend sein, auch für eine Beziehung. Da aber meine Entscheidung gefallen war, Koch zu werden und in diesem Feld auch etwas zu erreichen, lautete der wesentliche Rat meiner Eltern an mich: »Wenn du dich dafür entscheidest, Koch zu werden, musst du diesen Beruf mit all seinen Facetten annehmen. Denn du beginnst dadurch mehr oder weniger ein komplett neues Leben.« Tatsächlich ist es kaum möglich (früher noch weniger als heute), diesen Beruf auszuüben, wenn man sich nicht völlig auf dieses neue Leben einlässt. Man wird öfters den Standort wechseln, man wird neue Freunde gewinnen, die ähnliche Arbeitszeiten haben wie man selbst, der ganze Lebensrhythmus wird sich verändern und einiges mehr.
Was aber an diesem neuen Leben für viele Menschen besonders herausfordernd ist: Man muss schon in jungen Jahren sehr viel Verantwortung übernehmen. Für die meisten stellt das eine Belastung dar, ich aber habe das eigentlich immer positiv gesehen. Diese direkte Verantwortung kommt daher, dass jede noch so kleine Komponente einen maßgeblichen Einfluss auf das Endergebnis hat. Selbst wenn nur ein Teil des Gemüses nicht rechtzeitig geschnitten ist, kann das den gesamten Zeitplan durcheinanderbringen und im Extremfall ein Gericht verderben. Man kann diese hohe Verantwortung in jungen Jahren aber

auch positiv nutzen, um auf sich aufmerksam zu machen und sich nicht wegzuducken, wenn einmal etwas schiefläuft. So lässt sich eine geachtete Position erarbeiten, für die man steht. Ich bin fest überzeugt, dass diese eigene Positionierung besonders für Köche sehr wichtig ist.

An die Verantwortung wird man auch permanent erinnert, weil man von Anfang an während des Arbeitens direktes Feedback bekommt: von Kollegen, vom Küchenchef, vom Service und – natürlich besonders wichtig – von den Gästen. Für viele ist dieses direkte Feedback negativ und sie fürchten sich vor der Kritik. Dabei sind das wertvolle Informationen, die einem entscheidend helfen, immer besser zu werden. Besonders die Rückmeldungen der Gäste sind natürlich unersetzlich, da sie sich stets auf das Gesamtpaket beziehen, das bei ihnen ankommt – das Menü, das Ambiente und der Service. Das hat mir auch mein Mentor Hans Haas, langjähriger Küchenchef des Spitzenrestaurants *Tantris* in München, immer wieder deutlich gemacht: Wir kochen für den Gast und nicht für uns selbst oder den Tester vom Guide Michelin.

Thomas Kellermanns Tipp zum Kochen

DER STRESS DES GASTGEBERS ÜBERTRÄGT SICH AUF DIE GÄSTE

Wenn man eine private Essenseinladung gibt, geht es nicht ausschließlich um das Menü und dessen möglichst hochklassige Zubereitung. Sehr wichtig ist doch, dass das gesamte Ambiente stimmt, die Leute zueinander passen und geistreiche oder humorvolle Gespräche entstehen. Natürlich trägt das Gereichte maßgeblich zur Stimmung bei. Wenn aber die Vorbereitungen dafür den Gastgeber so stressen, dass er selbst den Abend nicht mehr genießen kann, überträgt sich das negativ auf die Gäste. Denn diese erwarten zu Recht, dass der Einladende sich ein bisschen um sie kümmert und für eine harmonische Stimmung sorgt, besonders, wenn sich nicht alle untereinander kennen. Deshalb sollte man bei jeder Einladung ruhig auch an sich selbst denken, weil man ja auch etwas von dem Abend haben möchte. Man sollte sich ausreichend Zeit für die Einkäufe, die Tischdekoration und alles andere nehmen, damit man gelassen bleiben kann und kleine Pannen, die in jeder Küche regelmäßig passieren, einen nicht sofort aus der Bahn werfen.

Michael Kempf

BESONNEN FÜHREN UND MITARBEITER SORGFÄLTIG AUSWÄHLEN

Michael Kempf ist Küchenchef des Berliner Restaurants *Facil* im *The Mandala Hotel*, das mit zwei Sternen im Guide Michelin und 18 Gault-Millau-Punkten ausgezeichnet ist. Nach seiner Ausbildung in Saulgau kochte Kempf für drei Jahre im *Schlosshotel Friedrichsruhe* unter Lothar Eiermann. Weitere Stationen seines beruflichen Werdegangs führten ihn zu André Jaeger in das Restaurant *Fischerzunft* in Schaffhausen und zu Dieter Müller in dessen *Gourmetrestaurant Dieter Müller* in Bergisch Gladbach. Im *Facil* wurde Michael Kempf 2003 Küchenchef und erkochte sich dort gleich im ersten Jahr im Alter von sechsundzwanzig Jahren seinen ersten Michelin-Stern. 2013 folgte der zweite Michelin-Stern, und im Jahr danach zeichnete ihn das Fachmagazin *Der Feinschmecker* als *Koch des Jahres* aus.

Den besten Rat, den ich je bekam, erhielt ich nicht etwa dadurch, dass mir jemand sagte: »Hör mal, Michael, das solltest du am besten so und so machen.« Vielmehr hatte ich das Glück, dass mir der beste Rat – besser gesagt, gleich ein ganzes Bouquet an guten Ratschlägen – zwei Jahre lang täglich von Dieter Müller in seinem Gourmetrestaurant im *Schlosshotel Lerbach* vorgelebt wurde.

2001, als ich noch in Schaffhausen in der *Fischerzunft* arbeitete, habe ich mich sehr gezielt bei Dieter Müller beworben. Sein Ruf eilte ihm voraus und ich erhoffte mir, viel von ihm zu lernen. Ich hatte großen Respekt vor ihm, weil er fachlich einfach absolute Spitzenklasse war, und ich dachte, dass ich mich jetzt in eine ganz andere Welt begeben werde. Mit entsprechendem Bammel fing ich bei ihm an und war absolut überrascht von der Art und Weise, wie dieser preisgekrönte Koch sich beim Arbeiten und vor allem im Umgang mit seinen Mitarbeitern verhielt: keinerlei Starallüren, kein Herumschreien, keine aufgeregte Hektik. Mir eröffnete sich eine durch und durch familiäre Atmosphäre, in der Dieter Müller als Chef sehr menschlich, ruhig und besonnen agierte. Direkt im Anschluss an meine Zeit bei Dieter Müller bin ich ins *Facil* gegangen, zunächst ein halbes Jahr als Stellvertreter des damaligen Küchenchefs René Conrad, dann direkt als Küchenchef. Nun konnte ich anwenden, was mir Dieter Müller so beispielhaft vorgelebt hat.

Für meinen eigenen beruflichen Werdegang prägten und beeinflussten mich vor allem sein Führungsstil und die Art und Weise, wie er mit uns Mitarbeitern umging. Das Wichtigste, was mir Dieter Müller, natürlich neben dem kulinarischen Handwerk und der Präzision, beigebracht hat, ist, wie wichtig Menschlichkeit in der Küche ist. Dazu gehört unter anderem, eine relaxte Atmosphäre zu schaffen. In kühler Stimmung und unter Druck kann niemand kreativ sein. Ich selbst bin ein ausgeglichener Mensch, daher fällt es mir nicht schwer, mein Team zu ermuntern, auch mal fünfe gerade sein zu lassen. Passiert ein Fehler, so wird dieser sofort geklärt und ausgebügelt, und dann ist alles wieder gut. Unter Stress und in Anspannung habe ich noch keine kulinarischen Highlights entstehen sehen.

Damit Meisterleistungen am Herd gelingen, müssen natürlich die einzelnen Teammitglieder menschlich zusammenpassen. Daher investiere ich viel Zeit bei der Auswahl neuer Mitarbeiter. In den zwei, drei Tagen Praktikum, die ein Kandidat in engerer Auswahl bei uns absolviert, bekomme ich ein sehr verlässliches Gefühl dafür, ob er nicht nur super Fachkenntnisse und tolle Referenzen hat, sondern auch menschlich gut in mein Team passt.

Ständig heißt es natürlich, sich um die Weiterentwicklung der Mitarbeiter zu kümmern. Wenn ich merke, jemand im Team wird unruhig, scharrt innerlich mit den Füßen und will durchstarten, dann führe ich Entwicklungsgespräche. Gesprächsbedarf gibt es laufend, denn ich habe drei Teams zu führen: das Team des *Facil*, das Frühstücksteam und das Team von *Qiu Bar & Restaurant*. Insgesamt sind das achtundzwanzig Mitarbeiter. Ich führe regelmäßig Stärken-Schwächen-Analysen durch, und wer weiterkommen will, wird von mir sehr früh gefördert. Ich sorge auch früh dafür, dass alle tief involviert sind. Da nehme ich auch die tendenziell weniger kreativen Mitarbeiter in die Pflicht. Ein gutes Beispiel dafür ist die Entwicklung des Menüs, das alle acht Wochen gewechselt wird. Für das neue Menü werden systematisch Ideen gesammelt: Dafür hänge ich ein Blatt an die Küchentür, auf dem jeder seine Vorschläge notieren soll. Ich stelle fest, dass sich die Mitarbeiter so viel besser mit den Gerichten und dem Menü identifizieren können, als wenn sie von mir vorgeschrieben bekommen, was demnächst gekocht werden soll.

Die schönste Bestätigung für meinen Führungsstil gibt mir mein Team dadurch, dass einige von ihnen seit mehr als zehn Jahren mit mir zusammenarbeiten. Was gibt es Schöneres als solche Konstanz und Verlässlichkeit?

Michael Kempfs Tipp zum Kochen

NEHMEN SIE SICH ZEIT BEIM KOCHEN

Ganz gleich ob Sternekoch ober Hobbykoch: Genuss bedeutet, sich Zeit für die Zubereitung des Gerichts zu nehmen. Wenn das Gericht hopphopp zusammengewurstelt ist, schlägt sich das immer negativ auf das geschmackliche Ergebnis nieder. Der Geschmack – das ist mein Credo – steht aber immer an erster Stelle und muss überzeugen. Sich wirklich Zeit zu nehmen, ganz in Ruhe die Zutaten exakt zu schneiden, Suppen und Soßen schön langsam zu kochen, das scheint ein großer Widerspruch zur Hektik unserer Zeit zu sein. Denken Sie nur an die vielzitierte italienische Mama, die ihren Sugo bis zu acht Stunden lang kocht. Glauben Sie mir: Man schmeckt es, ob Sie sich wirklich Zeit zum Kochen genommen haben. Und für uns Köche – ob Profi oder Amateur – ist es eine große Freude und Entspannung, uns besonnen, ruhig und mit voller Aufmerksamkeit auf diesen kreativen Prozess einzulassen.

Michael Kempfs Tipp zum Lesen

Bräuer, Stephanie; Schinharl, Michael: Das erste Mahl – Was essen Sie eigentlich zu Hause? Spitzenköche und ihre Frauen verraten im persönlichen Gespräch, ob Liebe wirklich durch den Magen geht; Becker Joest Volk, Hilden, 2015.

Peter Knogl

UM ERFOLG ZU HABEN, BRAUCHST DU MENTOREN

Peter Knogl ist seit 2007 als Küchenchef im *Cheval Blanc* des Basler Grand Hotels *Les Trois Rois* tätig. Schon kurz nach seinem Start in Basel bekam er den ersten Michelin-Stern und wurde *Gault-Millau-Aufsteiger des Jahres 2009*. Der zweite Stern folgte bald darauf, ebenso wie die zweifache Auszeichnung als *Koch des Jahres* und die Höchstbewertung von 19 Punkten, beides durch den Gault-Millau. Seit 2015 trägt der gebürtige Niederbayer drei Michelin-Sterne. Nach seiner Ausbildung im Hotel *Schmaus* in Viechtach zog es ihn in die Sternegastronomie. Zunächst arbeitete er ein Jahr im damaligen Ein-Stern-Restaurant *Neue Post* in Kaufbeuren. 1988 wechselte er nach München ins *Tantris* zu Heinz Winkler. Weitere bemerkenswerte Stationen sind u.a. das Restaurant *Tristan* auf Mallorca bei Gerhard Schweiger, das Restaurant *Chantecler* im Hotel *Le Negresco* in Nizza bei Joel Antunes in London und die *Residenz Heinz Winkler* in Aschau im Chiemgau. Im Restaurant *Le Trianon* im Hotel *Le Mirador Kempinski* in Mont-Pélerin erkochte er einen Michelin-Stern, bevor er nach Basel wechselte.

Die Spitzengastronomie ist ein Terrain, auf dem man ohne einen Lehrer und Förderer kaum einen Fuß auf den Boden bekommt. Wer sich in die allerhöchste Liga kochen will, ist auf das Feedback, das Vorbild und die Weiterempfehlung von Förderern angewiesen. Meist hat der Erfolg mehrere Väter, oder besser gesagt: Mentoren. Als Koch absolviert man in der Regel etliche Lehr- und Wanderjahre, durchläuft dabei unterschiedliche Restaurants und arbeitet unter verschiedenen Köchen. Die Mentoren wechseln demnach mit den beruflichen Entwicklungsschritten.

Meine Chefs haben mich gefördert und geprägt – sowohl menschlich als auch beruflich. Begonnen hat meine Ausbildung zum Koch in einem ganz einfachen Betrieb in Bayern. Nach Abschluss der Lehre arbeitete ich im Restaurant *Neue Post* in Kaufbeuren. Ich hatte das große Glück, dass mich mein dortiger Chef direkt zu Heinz Winkler ins *Tantris* weitervermittelt hat. Das war für mich natürlich eine riesige Chance, zumal sich damals Hunderte anderer Köche beworben hatten. Der Unterstützung und den Kontakten meines damaligen Chefs war es zu verdanken, dass ich die Stelle bekam und dort arbeiten durfte. Heinz Winkler wurde dann zu einem meiner wichtigsten Mentoren. Wenn ich heute zurückdenke, so war sein nützlichster Rat: »Hinterfrage alles. Gib dich nie zufrieden und gehe keine

Kompromisse ein.« In seinem Drei-Sterne-Restaurant lernte ich, dass man nur etwas erreichen und vorankommen kann, wenn man beim Kochen nie zufrieden ist und keine bequemen Kompromisse eingeht. Nach Winklers Rat koche ich noch heute: Wenn ich eine neue Soße koche – Soßen sind meine Leidenschaft – und feststelle, dass sie nicht perfekt schmeckt, dann bereite ich sie neu zu. Wenn ich nicht zufrieden bin mit einem Gericht und es mir selbst nicht schmeckt, dann bekommen das meine Gäste nicht serviert. Ich muss einfach perfekt arbeiten.

Perfekt arbeiten, Qualitätsdenken, dranbleiben, Rückschläge hinnehmen – das alles haben mir meine Wegbegleiter mitgegeben. Mein Weg war streckenweise sehr hart, aber diese Dinge haben mir geholfen. Außerdem kam ich als Kind in den Genuss einer sehr strengen Erziehung und war es schon von klein auf gewohnt, zuzupacken. Daher hatte ich keine Scheu vor dem doch anstrengenden Beruf als Koch. Auch bin ich ein sehr ehrgeiziger Mensch, der stets das Maximum anstrebt. Es war immer mein großes Ziel, auf Drei-Sterne-Niveau zu kochen.

Neben meinem wirklich starken Wunsch, gut zu kochen, meiner Disziplin und meinem Ehrgeiz, haben mir meine Mentoren geholfen, durch Phasen des Zweifelns und der Rückschläge durchzugehen. Mit ihrer Hilfe konnte ich mir immer wieder sagen: »Ich halte durch, ich bleibe dran.« Wie ein Wanderer muss man durch diese Täler des Lebens gehen. Wenn man auf einen Berg kommen will, dann muss man sich immer nach vorne orientieren, immer das Ziel vor den Augen haben und darf nicht zurückblicken.

Es war wirklich ein großer Glücksfall für mich, dass ich bei meinem Werdegang so stark gefördert wurde. Heute koche ich im *Les Trois Rois* zusammen mit einem großartigen, multikulturellen Team und versuche, das Gute, das mir widerfahren ist, auf gewisse Art und Weise weiterzugeben. Wenn ich erkenne, dass ein Koch Talent hat und charakterlich integer ist, dann fördere ich ihn bestmöglich und empfehle ihn weiter. Ich halte es für eine sehr wichtige Aufgabe, den Köche-Nachwuchs zu fördern, und freue mich, wenn ich der nächsten Generation Rüstzeug für die Zukunft mit auf den Weg geben kann – genauso, wie ich es erfahren habe.

Peter Knogls Tipp zum Kochen

VERPASSEN SIE BEI SOSSEN NICHT DEN HÖHEPUNKT

Es gibt kaum eine andere Küchendisziplin, bei der sich Hobby- und Profiköche so beweisen können wie bei der Zubereitung einer tollen Soße. Montieren, Reduzieren, Binden – das muss alles gelernt sein. Soßen spielen eine tragende Rolle bei einem Gericht. An ihnen erkennt man, wie gut der Koch ist. Soßen zu kochen ist mein absolutes Steckenpferd. Eine Soße entwickelt während der Zubereitung einen Höhepunkt. Damit meine ich den Zeitraum, in dem sie am besten schmeckt. Dann – und keine Sekunde später – muss die Soße vom Herd genommen werden und darf nicht weiterkochen. Dieser Rat gilt im Übrigen nicht nur für Soßen, sondern für jedes Gericht. Und noch ein Tipp: Servieren Sie Ihre Gerichte immer mit Löffel. Ein Löffel bringt alle Geschmäcker – des Gerichts und der Soße – gleichzeitig in den Mund. Das steigert das Geschmackserlebnis Ihrer Gäste!

Peter Knogls Tipp zum Lesen

Fromm, Erich: Worte wie Wege; Herder, Freiburg, 1997.

Andreas Krolik

WENN SICH CHANCEN AUFTUN, DANN SPRING AUCH MAL INS KALTE WASSER

Andreas Krolik ist seit März 2015 Küchenchef im *Lafleur* im Frankfurter Palmengarten, wo es ihm binnen kürzester Zeit gelang, sich zwei Michelin-Sterne und 18 Punkte im Gault-Millau zu erkochen. Nach seiner Ausbildung im Schwarzwald war der Hobbyangler in verschiedenen Positionen der deutschen und Schweizer Spitzengastronomie tätig, bis er 2000 in *Brenners Parkhotel & Spa* eine langjährige Wirkungsstätte fand. Nachdem er hier 2004 zum Küchenchef gekürt worden war, folgten bereits im folgenden Jahr der erste Michelin-Stern und 17 Gault-Millau-Punkte. Der zweite Stern für das *Brenners* kam 2011 dazu. Im August 2012 wechselte Krolik in das Restaurant *Tigerpalast* in Frankfurt, wo er bereits 1998 unter der Leitung des damaligen Chefs, Viktor Stampfer, die Grundlagen der Haute Cuisine erlernt hatte. Auch als Küchenchef im *Tigerpalast* wurden seine Kochkünste nach kurzer Zeit mit einem (2012), im Jahr 2013 mit dem zweiten Stern belohnt.

In meinem Fall gibt es durchaus einen Rat, der prägend war und der sowohl meine Karriere als auch mein Privatleben entscheidend beeinflusst hat. Dazu muss ich etwas ausholen: Ich bin in Sachsen-Anhalt in der ehemaligen DDR geboren und bin dort bis zur Wiedervereinigung 1990 aufgewachsen. Damals ging ich in die zehnte Klasse und wollte eigentlich Förster werden. Mein Onkel war Förster und hat im Thüringer Wald das zweitgrößte Forstrevier der DDR verwaltet. Da ich schon immer naturverbunden war und in einer ländlichen Gegend aufgewachsen bin, wollte ich es ihm gleichtun. Allerdings zerschlug sich dieser Berufswunsch, da die staatlichen Wälder in der DDR personell überbesetzt waren und oft nicht ökonomisch betrieben wurden, sodass dort nach der Wiedervereinigung erst einmal keine neuen Mitarbeiter eingestellt wurden, wie mir mein Onkel damals signalisierte.

An dem Punkt kamen mein Vater und sein für mich prägender Rat ins Spiel. Er hatte damals die *Mitteldeutsche Zeitung* gekauft, und bei der Lektüre fiel ihm auf, dass in Bayern und Baden-Württemberg in zahlreichen Handwerksberufen des Lebensmittelbereichs – wie Bäcker, Metzger oder Koch – viele Auszubildende gesucht wurden. Zu dieser Zeit gab es in den alten Bundesländern schon einen Personalmangel in den genannten Branchen, wie wir ihn heute auch wieder haben.

Aufgrund meiner Herkunft und vor allem der Art, wie ich aufgewachsen bin, war meinem Vater schnell klar, dass der Kochberuf doch etwas für mich sein müsste. Denn ich bin in einer von Land- und Obstwirtschaft geprägten Region, in Sachsen-Anhalt, aufgewachsen. Meine Eltern und meine Großmutter waren auch alle in diesem Bereich tätig. Außerdem hatten wir zwei sehr große Gärten, in denen wir fast alles an heimischen Obst- und Gemüsesorten anbauten. Fast ausschließlich zur Selbstversorgung hielten wir nebenher noch viele Hühner, Gänse, Enten und jährlich drei bis vier Schweine. Das hat für mich wenig Freizeit bedeutet und viel eigenständiges Arbeiten im Hof, am Haus und im Garten nach sich gezogen. Daher riet mir mein Vater, mich als Koch in Baden-Württemberg zu bewerben. Das war zum einen Pragmatismus – man könnte auch Notlösung sagen –, weil ich eine Alternative zum Försterberuf brauchte, zum anderen aber auch etwas, das zu meinen Neigungen passte und mir vermutlich Freude bereiten würde.

Dieser Rat war eine große Herausforderung für mich. Denn man muss den geschichtlichen Hintergrund berücksichtigen. Es war für mich, der ich auf dem Land in der DDR aufgewachsen bin, ein sehr gewagter Schritt, quasi in ein anderes, mir unbekanntes Land aufzubrechen, direkt von der Schule weg in eine Arbeitswelt, die mir völlig fremd war. Man könnte den Rat meines Vaters deshalb auch umformulieren, sodass er allgemeingültiger wird: »Nutze die Chancen, die sich auftun, und spring auch mal ins kalte Wasser.«

Obwohl ich ein bisschen Angst vor der eigenen Courage hatte, bewarb ich mich nur kurze Zeit später in einem Restaurant in Schömberg, im Landkreis Calw in Baden-Württemberg, also im Nordschwarzwald, um einen Tag zur Probe zu arbeiten. Dieser Tag hat mir so viel Spaß gemacht, dass ich quasi eine Woche nicht mehr aus der Küche herausgekommen bin, obwohl wir das eigentlich mit einer Woche Urlaub verbinden wollten. Damit war der Grundstein gelegt für eine Berufslaufbahn, die mich in die Sternegastronomie geführt hat. Auch wenn der Weg oft hart und anstrengend war, bin ich dafür sehr dankbar. Mir ist auch klar, dass der Rat meines Vaters, der den Sprung ins kalte Wasser auslöste, keine Selbstverständlichkeit ist. Viele meiner früheren Freunde wollten nicht von zu Hause weg und verbauten sich unter Umständen so die Chance auf ein erfülltes Berufsleben, das ich zweifelsohne habe. Der Rat war aber noch aus einem anderen Grund extrem wertvoll für mich: Während meiner Ausbildung habe ich meine Frau kennengelernt, die ich sonst nie getroffen hätte. Sie stammt zwar auch aus den neuen Bundesländern, aber aus der Berliner Ecke, also weit weg von meinem früheren Wohnort. Wir haben dann sogar in unserem ehemaligen Ausbildungsbetrieb geheiratet.

Ich möchte gerne noch eine andere Erkenntnis weitergeben, die ich nicht als Rat, sondern durch das praktizierte Vorbild meines Vaters erlangt habe. Er war etwas pingelig, was aber auch bedeutet hat, dass er die Dinge ernst genommen und sie respektiert hat – und vor allem, dass er alles, was er gemacht hat, richtig gemacht hat. Das hat mich ebenfalls sehr geprägt, sodass ich heute sage; »Wenn ich etwas mache, mache ich es richtig.« Auch das hat mir in meiner gesamten Laufbahn sehr geholfen, und ich kann selbst nur allen jungen Köchen raten, alles exakt und auf den Punkt zu lernen und auszuführen und sich erst zufriedenzugeben, wenn das Ergebnis wirklich gut ist.

Andreas Kroliks Tipp zum Kochen

LASST DAS PRODUKT AM LEBEN

Es gibt Köche, die versuchen, das Essen auf den Tellern in Landschaften, Bäumchen etc. zu verwandeln, und verwenden viel Zeit darauf, Gerichte optisch sehr aufwendig zu präsentieren. Dafür müssen die Zutaten unzählige Male in die Hand genommen und in alle möglichen Aggregatszustände verwandelt werden, dabei wird der perfekte Geschmack aus meiner Sicht öfters vergessen oder gerät in den Hintergrund. Mir widerstrebt so etwas und ich empfehle auch Hobbyköchen, so ein Chichi nicht nachzumachen. Sie sollten lieber das Produkt möglichst unverfälscht nutzen und dessen natürliche Aromen wirken lassen. Das Produkt kann gerne auf mehrere Garmethoden zubereitet und spannend aromatisch kombiniert sein, sollte aber immer erkennbar und vor allem »erschmeckbar« bleiben. Sie sollten das Produkt am Leben lassen, es respektvoll behandeln und auf dem Teller für sich sprechen lassen. Das wird ihren Gästen besser schmecken als noch so ausgetüftelte Show-Effekte. Am Ende ist immer das Produkt der Star auf dem Teller und steht im Mittelpunkt.

Andreas Kroliks Tipp zum Lesen

Ducasse, Alain: Grand Livre de Cuisine – Kulinarische Enzyklopädie; Matthaes, Stuttgart, 2007.

Reto Lampart

SEI DU SELBST UND VERGISS NIE, WO DU HERKOMMST

Reto Lampart ist Chef de Cuisine und Besitzer des Restaurants *Lampart's* in Hägendorf, das seit 2004 mit zwei Michelin-Sternen und 17 von 20 möglichen Punkten im Gault-Millau ausgezeichnet ist. Von 2003 bis 2015 war Reto Lampart Mitglied von *Les Grandes Tables de Suisse*. Außerdem war der Sternekoch von 2009 bis 2015 *Grand Chef Relais & Châteaux*.

In Urnäsch im Kanton Appenzell Außerrhoden bin ich aufgewachsen, und auch heute noch fühle ich mich diesem traditionellen Kanton, der mich sehr geprägt hat, eng verbunden. Ich erinnere mich immer gerne daran, wo ich herkomme. Diese Erinnerungen erden mich bei allen Erfolgen und helfen mir dabei, nicht abzuheben. Oft habe ich schon beobachtet, dass Menschen, die diese Verwurzelung nicht haben, zwar ihre Höhenflüge genießen können, bei Missgeschicken aber umso härter wieder auf dem Boden der Tatsachen landen. Daher ist aus meiner Sicht der beste Rat, sich immer seiner Wurzeln bewusst zu sein.

Wer weiß, wo er herkommt, kann sich auch viel leichter selbst treu und damit in jeder Lebenslage authentisch bleiben. Mir hat es stets geholfen, nach meinen eigenen Werten und Überzeugungen zu leben und zu arbeiten. Es gab beispielsweise Zeiten in meiner Laufbahn, in denen meine der Klassischen Küche verpflichtete Art zu kochen von so manchem als rustikal abgetan wurde. Das hat mich aber nicht wirklich interessiert, da mir klar war, dass ich mich in der Küche nie nach Moden und Strömungen richten werde. Es gab immer wieder Personen, die versucht haben, meinen Kochstil zu beeinflussen und mich dazu

zu bewegen, mich den Trends anzupassen. Das habe ich mit viel Feingefühl gemacht, da es mir wichtig ist, das Mäntelchen nicht nach dem Wind zu hängen. Das gilt für mich in der Küche und auch in allen anderen Aspekten des Lebens. Diese persönliche Authentizität hat sich für mich sehr bewährt, und sie hat auch meine Erfolge als Koch beflügelt.

Man darf nicht vergessen, dass traditionelle Küche die wichtigsten Elemente guten Essens in sich vereint: Regionalität, Saisonalität und Qualität der verwendeten Produkte. Diese Werte waren schon immer die Grundpfeiler meiner Arbeit als Koch. Jetzt sind sie wieder in aller Munde, und auch die alten Obst- und Gemüsesorten, die ich seit jeher verwende, erfahren gerade eine Renaissance. Aber auch bei Fisch und Fleisch besinnt man sich auf Althergebrachtes zurück. So muss es heute nicht mehr immer Filet, Hummer und Seezunge sein, auch eine Kalbshaxe, ein Ochsenschwanz oder ein Felchenfilet stehen wieder für hervorragende Küche.

Dass bei gutem Essen Qualität wichtiger ist als Quantität, ist jedem klar. Für mich gilt der Grundsatz »Qualität geht vor Quantität« aber auch für andere Lebensbereiche. So muss man beispielsweise nicht überall mitmachen und auf jedem Event dabei sein. Mir ist es wichtiger, den Moment bewusst zu leben, auch wenn dann vielleicht mal ein Foto weniger von mir in der Zeitung ist! Dieses bewusste und intensive Leben und Genießen hängt auch wieder mit meiner Verwurzelung in der Tradition zusammen. So kann auch einfaches Essen höchsten Genuss bieten: Ein gutes Brot und ein exzellentes Stück Käse schmecken beispielsweise besser als ein zu verkünsteltes Menü.

Zusammenfassend sind daher für mich Authentizität, Geradlinigkeit und Qualität die Prinzipien, die mich zu einem glücklichen Menschen und einem erfolgreichen Koch werden ließen.

Reto Lamparts Tipp zum Kochen

SEI SPONTAN IN DER KÜCHE UND KONZENTRIERE DICH AUF DEN GESCHMACK

Wer in privater Runde mit Freunden kocht, plant oft ein Menü minutiös vor und kauft die Zutaten genau dafür ein. Wenn Leute wie ich mit von der Partie sind, ist es aber durchaus wahrscheinlich, dass ganz andere Gerichte entstehen. Ich schau' in den Kühlschrank, seh' die Vorräte und entscheide dann, was wir daraus machen wollen. Das ist doch das Schöne am Kochen im Freundeskreis, dass man spontan bleiben kann und einfach das zubereitet, wonach einem gerade der Sinn steht. Vielleicht hat man an diesem Abend gar keine Lust auf die geplanten Gerichte und disponiert dann um? Lassen Sie das zu und genießen Sie das Ergebnis, Sie werden erstaunt sein, welche Varianten entstehen können. Dabei ist es wichtig, dass Sie sich auf den Geschmack konzentrieren und das Aussehen der Gerichte auf den zweiten Platz der Prioritätenliste setzen. Klar, das Auge isst mit, wie man so schön sagt, aber erinnern tun sich immer der Gaumen und der Bauch.

Reto Lamparts Tipp zum Lesen

Escoffier, Auguste: Escoffier – Kochkunstführer; Nikol, Hamburg, 2016.

Christian Lohse

SUCH DIR DIE RICHTIGE PLATTFORM FÜR DEIN KÖNNEN

Christian Lohse ist seit 2005 Chef de Cuisine im Restaurant *Fischers Fritz* im Berliner Luxushotel *Regent*. Seine Ausbildung absolvierte er im französischen Dijon bei Roland Surdol im Restaurant *Jean Pierre Billoux* von 1987 bis 1989. Im Anschluss war er im *Restaurant Guy Savoy* in Paris, bei Charles Barrier in Tours, unter Marc Meneau im *L'Espérance* in Vezelay und im *The Dorchester* in London tätig. Dort engagierte ihn der Sultan von Brunei als Privatkoch. Seinen ersten Michelin-Stern erkochte er als Chef de Cuisine im Hotel *Schweizer Hof* in Hannover, wo er von 1992 an arbeitete, bevor er 1994 bei Bad Oeynhausen sein eigenes Restaurant *Windmühle* eröffnete. Dieses führte er bis 2003 und wurde in dieser Zeit mit zwei Michelin-Sternen sowie mit 18 Punkten im Gault-Millau ausgezeichnet. Seit 2005 ist Christian Lohse Küchenchef im *Fischers Fritz*, das unter seiner Leitung mit zwei Michelin-Sternen und 16 Punkten im Gault-Millau ausgezeichnet wurde. Christian Lohse ist auch bekannt durch seine Fernsehauftritte bei *Game of Chefs* und *Kitchen Impossible*.

Als in der Börsenkrise Anfang der 2000er Jahre so nach und nach die Gäste in meinem Restaurant *Windmühle*, das bei Bad Oeynhausen an der A2 lag, immer weniger wurden, sagte mir ein Gast: »Das war schon immer der falsche Standort für Ihre Zwei-Sterne-Küche. Herr Lohse, Sie sind ein Mann für die Großstadt, die bietet die Plattform, die man für Ihr Können braucht. Dort werden sich die passenden Gäste finden, die Ihre Küche zu würdigen wissen, und es werden sich Ihnen weitere Möglichkeiten eröffnen – beispielsweise in den Medien.« Mein eigenes, von mir mit viel Herzblut aufgebautes Restaurant aufzugeben war natürlich nicht leicht. Als mir dann aber noch von einem Fachmann geraten wurde, keine weiteren Kredite aufzunehmen, obwohl mir die Bank diese genehmigt hätte, zog ich die Reißleine. Es gelang mir, mein Restaurant zu schließen und nach und nach meine Schulden abzubezahlen, ohne in die Insolvenz zu schlittern. Das war natürlich keine schöne Situation, aber auch keine Katastrophe, schließlich ging es »nur« um Geld. Da ich vorher meinen kranken Vater gepflegt hatte, wusste ich, dass es Wichtigeres gibt: Gesundheit. Mir wurde in dieser herausfordernden Zeit der Restaurantschließung außerdem klar, wo meine wahren Kompetenzen liegen: in der Küche. Dem Rat meines Gastes folgend, suchte ich mir also das passende Umfeld – eine internationale Metropole, in der die Gäste die gehobene Küche schätzen und verstehen. Also ging ich nach

Berlin – und kam damit an den Ort, an dem ich meine Fähigkeiten bestmöglich umsetzen kann. Dazu kommt, dass ich im *Regent* als Freelancer arbeite und mich weitestgehend aufs Kochen konzentrieren kann. Ich kümmere mich ausschließlich um die Gastronomie und ein bisschen ums Marketing, ansonsten wird mir der Rücken komplett freigehalten.

Als ich nach Berlin ging, war noch nicht absehbar, wie sich die Stadt entwickeln würde. Das hat sich aber sehr glücklich gefügt. Die Fußballweltmeisterschaft in Deutschland mit dem Finale in Berlin hat der Stadt internationale Aufmerksamkeit beschert. Damit kam eine völlig neue Qualität von Gästen nach Berlin. Ich erinnere mich noch gut an das Bild in der *FAZ*, als zum WM-Finale siebzig Learjets am Flughafen Tempelhof in einer Linie geparkt waren. Spätestens seit dieser Zeit haben wir eine Klientel in der Stadt, die sehr offen ist für die moderne französische Küche, die wir bieten.

Diese Küche passt so gut in diese Metropole, die mit Paris und Moskau auf einer Achse liegt und immer mehr zum Zentrum Europas wird. Wir sind mit unserem Restaurant am Gendarmenmarkt im Schatten des Französischen Doms, der von Friedrich dem Großen für die aus Frankreich geflohenen Hugenotten erbaut wurde. Das *Fischers Fritz* liegt also im französischen Viertel Berlins. Unsere Küche ist dabei nicht klassisch-französisch, sondern eher modernisiert-französisch. Geblieben ist dabei die Verwendung von ausgesucht guten, saisonalen Produkten, die wir so wenig wie möglich manipulieren, damit sie den ursprünglichen Geschmack behalten und entfalten können. Obwohl ich durch meine Fernsehpräsenz bei *Kitchen Impossible* und *Game of Chefs* auch in der Breite bekannter geworden bin, bleibt bei uns – ganz konservativ – das Essen der Star.

Christian Lohses Tipp zum Kochen

LERNT EINTÖPFE KOCHEN – SAISONAL, BODENSTÄNDIG UND UNVERFÄLSCHT

Eintöpfe sind ein bisschen unterschätzt, dabei sind sie für Hobby- und Alltagsköche gleichermaßen ideal: Sie bieten einem die wundervolle Gelegenheit, zusammen mit Freunden oder in der Familie entspannt am Tisch zu sitzen, gemeinsam zu essen und sich auszutauschen. Keiner muss während des Mahls in der Küche stehen oder zwischen Herd und Esstisch »pendeln« und servieren, sondern alle haben eine entspannte Zeit zusammen. Gerade die traditionellen Eintöpfe unseres Landes haben auch etwas Anheimelndes und vermitteln Geborgenheit. Entscheidend ist, dass man auch für einen Eintopf frische, saisonale Zutaten verwendet und deren Geschmack nicht durch zu viele Fremdaromen manipuliert. Obwohl in der Sterneküche Eintöpfe eher selten zu finden sind, servieren wir unseren Gästen in der Saison einen traditionellen Steckrübeneintopf mit Schweinebacke. Die Steckrübe, die als typisches Nachkriegsessen etwas in Vergessenheit geraten war, gilt als preußische Ananas. Sie vereint Süße mit Bitterstoffen und zeichnet sich außerdem durch ihre orange Farbe aus. Ein Freund beliefert mich damit, genau wie mit anderem saisonalen Gemüse aus der Uckermark, das weder genmanipuliert ist noch gedüngt oder gewässert wird. Es wächst einfach ganz natürlich auf dem Feld, wird absolut frisch angeliefert und sofort verarbeitet. Das mache ich schon immer so, auch mein eigenes Restaurant hatte einen vier Hektar großen Garten hinter dem Haus.

Christian Lohses Tipp zum Lesen

Lohse, Christian: Lohses Mundwerk – Suppen und Eintöpfe ausgesucht von Christian Lohse; Umschau, Neustadt an der Weinstraße, 2015.

Claus-Peter Lumpp

PACK GELEGENHEITEN BEIM SCHOPF UND HÖR AUF DEIN BAUCHGEFÜHL

Claus-Peter Lumpp ist seit 1992 Chef de Cuisine im Restaurant *Bareiss* in Baiersbronn, das unter seiner Leitung den dritten Michelin-Stern erhielt und über 19 Punkte im Gault-Millau verfügt. Seine beruflichen Wanderjahre führten Claus-Peter Lumpp in die Küchen der besten Restaurants Europas; unter anderem lernte er von Eckart Witzigmann, Alain Ducasse und Johann Lafer.

Als meine Schulzeit zu Ende ging, dachte ich daran, in einem technischen Beruf zu arbeiten, als Mechaniker für Autos oder Motorräder beispielsweise. Bei der Berufsberatung wurde mir jedoch eine Ausbildung in der Gastronomie empfohlen. »Die Gastronomie wäre das Richtige für Sie, dort gibt es auch jede Menge Ausbildungsplätze«, hieß es. Der Berufsberater drückte mir dann eine Liste mit zwanzig Unternehmen, bei denen ich mich bewerben sollte, in die Hand und rief mir beim Hinausgehen noch nach: »Ach ja, ein ganz tolles Haus ist das *Kurhotel Mitteltal* im Schwarzwald, ich weiß zwar gar nicht, ob die Lehrlinge brauchen, aber probieren können Sie es ja mal.«

Nachdem ich mich mit meiner Mutter beratschlagt hatte, entschied ich mich dafür, eine einzige Bewerbung abzuschicken – und zwar an das *Kurhotel Mitteltal*, dem heutigen Hotel *Bareiss*, von dem ich zu dem Zeitpunkt noch gar keine Adresse hatte. Irgendwie sagte mir mein Bauchgefühl, dass dort eine große Chance auf mich wartete. Nach dem Vorstellungsgespräch erhielt ich die Zusage, eineinhalb Jahre später dort mit der Ausbildung beginnen zu können. Ich konnte nicht gleich anfangen, da nur Auszubildende, die mindestens achtzehn Jahre alt waren, eingestellt wurden. Also nutzte ich die verbleibende Zeit für Praktika in einer Metzgerei, in einer Bäckerei und in einer Konditorei – alles Stationen, die mich optimal auf meinen Beruf vorbereiteten.

Als ich die Lehre im *Kurhotel Mitteltal* bei Küchenchef Paul Mertschuweit 1985 abgeschlossen hatte, absolvierte ich meinen Wehrdienst, um im Anschluss – so dachte ich zumindest – die große, weite Welt zu sehen. Aber schon bei meiner ersten Station im Restaurant *Victorian* bei Günter Scherrer in Düsseldorf wurde ich krank. In der Uniklinik wurde eine Kontaktallergie diagnostiziert, und mir wurde empfohlen, umzuschulen, da ich angeblich keine eiweißhaltigen Lebensmittel mehr anfassen konnte. Noch heute bin ich froh, dass ich diesen Rat nicht befolgt habe, sondern einmal mehr auf mein Bauchgefühl vertraute. In Düsseldorf war mir nämlich klar geworden, dass ich kein Stadtmensch bin. Ich hatte mich dort einfach nicht wohlgefühlt, obwohl Düsseldorf ja eher eine »kleine Großstadt« ist. Also entschloss ich mich, mein Glück wieder auf dem Land zu suchen, und ging zurück in den Schwarzwald. Und siehe da – nach drei Monaten war ich kerngesund und konnte wieder arbeiten.

Aus heutiger Sicht war es goldrichtig, der Eingebung, in den Schwarzwald zurückzukehren, zu folgen, denn noch immer bin ich hier im *Bareiss* glücklich und erfolgreich. Aber der Reihe nach. Ich kehrte also zu meiner Ausbildungsstätte zurück und durfte recht schnell in der Küche Verantwortung übernehmen. Das Hotel hatte damals zwei À-la-carte-Restaurants, und als in einem davon, der mit einem Stern ausgezeichneten *Kaminstube*, die Position des Küchenchefs vakant wurde, habe ich die Chance bekommen, als Interimsbesetzung diese Rolle auszufüllen. Bald sollte das Restaurantkonzept des Hotels verändert werden, was neue Anforderungen mit sich brachte. Hermann Bareiss, der

Inhaber des Unternehmens, sagte mir in der Zeit: »Herr Lumpp, Sie müssen sehen, dass Sie sich weiterentwickeln. Am besten gehen Sie jedes Jahr für einen Monat zu einem renommierten Koch.« Dann ging es Schlag auf Schlag und ich konnte in den folgenden Jahren mit den ganz Großen arbeiten und von ihnen lernen: Heinz Winkler (1987, *Tantris* in München), Eckart Witzigmann (1988, *Aubergine* in München), Horst Petermann (1989, *Kunststuben* in Küsnacht), Alain Ducasse (1990, *Le Louis XV* in Monte-Carlo), Ezio Santin (1990, *Antica Osteria del Ponte* in Cassinetta di Lugagnano) und Johann Lafer (1991, *Val d'Or* in Guldental).

Dies war natürlich eine phantastische Ausgangssituation für mich, aber auch eine große Herausforderung. Man erhält in der Gastronomie sehr viel Anerkennung, aber auch Kritik, die man jedoch nicht persönlich nehmen darf, sondern vielmehr als Wegweiser für Verbesserungen sehen muss. Daher war ich für sachliche Kritik stets dankbar, weil ich wusste, dass man meine Weiterentwicklung im Auge hatte. Vor diesem Hintergrund und auch weil ich meine Förderer nicht enttäuschen wollte, habe ich mich seit jeher bemüht, nie denselben Fehler zweimal zu machen. Fehler sind unvermeidbar, aber die Wiederholung von Fehlern ist zu vermeiden!

Hermann Bareiss öffnete mir nicht nur alle Türen in die europäische Spitzengastronomie, sondern hatte auch sehr großes Vertrauen in mich, und mir war klar, dass ich dieses Vertrauen nicht enttäuschen durfte und wollte. So übernahm ich 1992 die Position des Chef de Cuisine im Restaurant *Bareiss*, wo ich heute noch glücklich und erfolgreich koche – zu meinem Besten und zu dem des Hauses.

Claus-Peter Lumpps Tipp zum Kochen

INTERPRETIERE REZEPTE NACH DEINEN VORSTELLUNGEN

Ambitionierte Hobbyköche halten sich oft peinlich genau an das vorgegebene Rezept, auch wenn es gar nicht zu 100 Prozent zu ihren Vorstellungen oder Fähigkeiten passt. So kann es beispielsweise sein, dass Produkte verwendet werden sollen, die in guter Qualität schwer zu beschaffen oder kompliziert zu verarbeiten sind. Ich rate den ambitionierten Hobbyköchen daher immer, das Rezept lieber nach eigenen Vorstellungen zu interpretieren und etwas zu kreieren, das ihren Möglichkeiten und Vorlieben entspricht. Meist entstehen so ganz tolle, individuelle Gerichte statt nur einfache Kopien.

Claus-Peter Lumpps Tipp zum Lesen

Alléno, Yannick: Französische Küche; Matthaes, Stuttgart, 2014.

Dirk Luther

ERST FLEISS ERMÖGLICHT KREATIVITÄT

Dirk Luther ist Küchenchef im Restaurant *Meierei Dirk Luther* im Vitalhotel *Alter Meierhof* in Glücksburg in Norddeutschland. Direkt nachdem er im Jahr 2007 den Betrieb übernahm, erhielt Dirk Luther vom Guide Michelin dort den ersten Stern und 17 Punkte des Gault-Millau. 2008 kam der zweite Stern hinzu. Seither ist die *Meierei* durchgängig so hoch dekoriert geblieben, die Gault-Millau-Bewertung konnte sogar auf 18 Punkte gesteigert werden. Schon zuvor, im Jahr 2004, hatte Dirk Luther im *Seehotel Töpferhaus* in Alt Duvenstedt zwei Sterne erkocht. 2011 wurde die *Meierei* mit dem *Carlsbergpreis* für das beste Hotelrestaurant Deutschlands ausgezeichnet. Der Weg zum Sternekoch führte den gebürtigen Hamburger über zahlreiche Stationen in Spitzenhäusern. Dazu zählen der renommierte *Anglo-German-Club* in der Hansestadt (1990 bis 1991), das Hotel

Vier Jahreszeiten, ebenfalls in Hamburg (1991 bis 1992), das *Restaurant Patrizierhof* im oberbayerischen Wolfratshausen, das *Da Gianni* in Mannheim (1993) sowie das Hamburger Restaurant *Deichgraf* (1993 bis 1995). Darauf folgte eine Station im Hotel *Louis C. Jakob* (Hamburg, 1996 bis 2000) sowie in der Nobelherberge *La Côte Saint-Jaques* im Burgund.

Oft trifft man auf die Meinung, dass sich Kreativität und genaues, fleißiges Arbeiten ausschließen würden. Dem kann ich ganz und gar nicht zustimmen. Ich bin eher überzeugt, dass man nur dann kreativ sein kann, wenn man seinen »Laden« in Ordnung hält. Wenn man sich um alle Details kümmert und mit viel Einsatz alles wegarbeitet, was sein muss. Nur dann stellt sich die nötige Ruhe und Freiheit der Gedanken ein, die man braucht, um neue, wirklich kreative Ideen zu entwickeln. Denn fleißig zu sein bedeutet ja auch, dass ich immer wieder an mir und meiner Küche arbeite und mich immer weiter verbessern möchte. Nur so kann ich kreativ bleiben und besser sein als der Durchschnitt.

Ich habe diesen prägenden Rat, immer alles zu geben, die »Extrameile zu gehen«, wie die Amerikaner sagen, nicht direkt verbal bekommen, sondern eher durch ein Vorbild. Das war mein Großvater, der – nicht nur mir – einen unglaublichen Einsatz und Fleiß vorgelebt hat. Vor diesem Hintergrund habe ich schon früh, es muss so etwa ab meinem dritten Lehrjahr gewesen sein, erkannt, dass es sich lohnt, fleißig zu sein. Dass man mit Fleiß sehr viel erreichen kann – und zwar ohne verbissen zu werden.

Eigentlich ist es für jeden, der sich für den Weg in die Spitzengastronomie entscheidet, von vornherein klar, dass man sehr fleißig sein muss, schon alleine aufgrund der herausfordernden Arbeitszeiten. Es ist in diesem Umfeld auch gang und gäbe, sich große Vorbilder aus der Branche zu suchen, denen man nacheifert und von denen man lernt. Auch das geht natürlich nur mit der Extraportion Einsatz. Hier kommt aber noch das Thema »Inspiration« dazu, das ich benachbart zur Kreativität ansiedle: Weil ich ein ehrlicher Mensch bin, gebe ich auch gerne zu, dass ich nicht nur Koch-Vorbilder habe, sondern auch regelmäßig bei anderen Spitzenköchen zum Essen gehe. Und selbstverständlich inspiriert mich das dazu, etwas Neues auszuprobieren. Es ist doch auch in allen anderen Branchen üblich, sich die Top-Vertreter oder Produkte aus dem Bereich anzusehen und davon zu lernen. Das bedeutet in meinem Bereich aber keineswegs, dass das Endprodukt, das ich den Gästen serviere, nicht meine Handschrift trägt. Die Kreativität liegt ja gerade darin, aus den Inspirationen etwas Neues, Eigenes zu schaffen.

Für mich persönlich bedeuten Fleiß und Kreativität in meinem Beruf aber auch, dass ich nicht nur in der Küche und bei den Gerichten selbst Spitzenniveau erreichen möchte, sondern auch in allen anderen Bereichen, die für unsere Gäste wichtig sind, Höchstleistungen erbringen will. Dazu gehört, dass der gesamte Aufenthalt, vom Eintreffen, über das Ordern der Speisen bis hin zur Tischdekoration, für die Gäste so schön wie möglich ist. Wir betreiben ja auch das Hotel *Alter Meierhof*, in dem ich selbstverständlich die gleichen hohen Ansprüche anlege, selbst wenn das mehr Arbeit für mein Team und mich bedeutet. Auch hier kommt wieder die Kreativität ins Spiel: Erst wenn ich alles nach heutigem Stand möglichst perfekt abgearbeitet und erledigt habe, kann ich mein Angebot durch neue, frische Gedanken weiterentwickeln und noch besser machen. Sehr hilfreich sind für mich dabei auch die zahlreichen, direkten Rückmeldungen von den Gästen – was hat ihnen gefallen, was nicht so sehr. Das sind wichtige Informationen und Anregungen für mich, die meine Kreativität ebenfalls herausfordern – und ein

Grund, warum ich diesen Beruf auch nach vielen Jahren immer noch liebe.

Dirk Luthers Tipp zum Kochen

ARBEITEN SIE AUCH BEI KLEINEN DINGEN EXAKT

Ich kann allen Köchen, egal ob Profis oder ambitionierten Amateuren, nur empfehlen, immer absolut exakt zu arbeiten. Das zieht sich durch sämtliche Stufen des Zubereitungsprozesses: Beim Gemüseschneiden ist es wichtig, dass alle Stücke gleich groß sind, um beim Garen das identische Ergebnis zu erzielen. Auch beim Portionieren ist es unerlässlich, akribisch vorzugehen, damit alle Teller die gleiche Anmutung erhalten. Genauigkeit ist besonders auch beim Kochen von Soßen oberstes Gebot – es ist ein komplexer Prozess, der dazu führt, dass etwa die Konsistenz stimmt. Selbst wenn man nur für ein Abendessen im kleinen Kreis unter der Woche Nudeln kocht, ist es wichtig, genau zu sein. Es gehört auch zum exakten Arbeiten, dass die Pasta nicht zu weich oder mit der falschen Menge Salz gekocht ist. Nur wenn man all diese Details beachtet, kann ein Gericht entstehen, das sich positiv abhebt.

Dirk Luthers Tipp zum Lesen

Ducasse, Alain: Grand Livre de Cuisine – Weltweit genießen; Matthaes, Stuttgart, 2009.

Johanna Maier

WER GUTES SÄT, WIRD GUTES ERNTEN

Johanna Maier betreibt mit ihrem Mann das Hotel *Hubertus* im österreichischen Filzmoos im Salzburger Land, das das gleichnamige Restaurant beherbergt, dessen Küchenchefin sie ist. Die Küche des *Hubertus* wurde ursprünglich von Johanna Maiers Ehemann und dessen Mutter geführt. Als ihre Schwiegermutter 1984 starb, übernahm Johanna Maier die Küchen-

leitung. Johanna Maier ist mit zwei Sternen des Guide Michelin ausgezeichnet sowie mit 17 Punkten des Gault-Millau. Als wichtiges Erlebnis auf dem Weg zur Sterneköchin bezeichnet sie ein herausragendes Essen bei den österreichischen Spitzenköchen Karl und Rudolf Obauer. Zu ihren weiteren prägenden Stationen gehörten der Besuch eines Kochseminars bei Dieter Müller in Bischofshofen, ein Lehraufenthalt bei Landsmann Hans Haas im Münchner *Tantris* sowie Stationen bei André Jaeger in Schaffhausen, Jean-Georges Vongerichten in New York und in Hongkong im Hotel *Regent*. Ihre Lehre hat Johanna Maier in einem Hotel in ihrem Heimatort Radstadt, ebenfalls im Salzburger Land, absolviert.

Meine Großmutter war immer meine Vertrauensperson. Mit ihr konnte ich wunderbar träumen. Sie hat nie versucht, mir meine Träume auszureden, sondern hat mich in den Arm genommen und mich bestärkt. Ihr Rat, der zu meinem Glaubenssatz wurde und der mich mein ganzes Leben lang begleitet hat, lautete: »Säe Gutes und du wirst Gutes ernten, das wird nicht immer sofort geschehen und nicht immer genauso wie erwartet, aber irgendwann ganz sicher. Tue Gutes und lass dich vom Leben überraschen.«
Man lernt viel dazu und wächst an Herausforderungen, wenn man an das Gute glaubt und das Gute vor allem auch dann sucht, wenn etwas schiefgeht oder Probleme auftreten. Der Rat meiner Großmutter hat mir immer wieder geholfen, Widrigkeiten und Schwierigkeiten zu überwinden. Gerade bei meinem steinigen Weg in die Spitzengastronomie hat mir dieser Rat sehr weitergeholfen. Ich komme ja aus einfachen Verhältnissen und hatte nicht das Geld, um die Welt zu bereisen und mir eine Top-Ausbildung zu leisten. Vielmehr bin ich mit meinem Jugendfreund und späteren Ehemann nach Paris gegangen und habe zuerst als Au-pair-Mädchen gearbeitet, mit neunzehneinhalb Jahren bekam ich mein erstes Kind und hab früh geheiratet. Ich hatte damals keine großartigen (Karriere-)Pläne, sondern habe

in dieser ganzen Zeit einfach immer die Arbeiten erledigt, die anfielen.

Zwar hatte ich eine Kochlehre absolviert, aber so richtig zum Kochen kam ich erst mit dreißig, als meine Schwiegermutter leider verstorben ist, die im *Hubertus* gemeinsam mit meinem Mann die Küche geführt hatte. Jetzt stehe ich bereits fünfunddreißig Jahre lang am Herd und bin schon etwas stolz, dass ich als Mutter mit insgesamt vier Kindern den Weg zur Sterneköchin gegangen bin und ihn auch gemeistert habe. Dieser hat mich über viele anstrengende Umwege geführt, und das Gute, im Sinne meiner Großmutter, ist nicht immer sofort gekommen. Jetzt kann ich sogar auch einmal nach Thailand, in die USA oder nach Japan reisen und neue Erfahrungen bei anderen Spitzenköchen sammeln, das macht mich glücklich. Aber früher war das undenkbar.

Die wahre Tiefe der Weisheit meiner Großmutter ist mir freilich erst in späteren Jahren bewusst geworden. Es geht weniger darum, zu wollen, was man nicht hat, sondern darum, durch Wohlwollen freudvolle Erfahrungen zu machen. Es geht um den eigenen inneren Frieden. Wer Gutes tut, fühlt sich gut, das ist eine wichtige Erkenntnis. Wer sich gut fühlt, hat Kraft für das Leben mit all seinen Facetten, kann Dinge akzeptieren und bekommt den Blick für das Positive.

Jeder kann dies erkennen, indem man bei spontanen, ehrlichen Freundlichkeiten und kleinen Gesten nicht den Dank der anderen erwartet, sondern darauf achtet, wie man sich selbst dabei fühlt. Ob es tatsächlich dieses »Gesetz der Anziehung« gibt, dass Negatives mehr Negatives anzieht und Positives mehr Glück bringt, weiß ich nicht. Aber wenn ich darauf achte, was mit mir geschieht, wenn ich Gutes tue, bemerke ich durchaus, dass sich das gut anfühlt und in der Folge das Leben immer wieder gut zu mir ist.

Das schließt auch den verantwortungsvollen Umgang mit der Umwelt ein. Pflanzen wachsen besser, wenn man sie respektiert und mit Liebe pflegt. Das Essen schmeckt besser, wenn man es mit Liebe zubereitet. »Koche mit Liebe, sodass du die Liebe im Essen hast«, auch das hat meine Großmutter immer zu mir gesagt. Ich glaube daran, dass sich das Gefühl und die Wertschätzung, mit der man Zutaten auswählt und das Essen zubereitet, auch auf die Speisen übertragen. Wer wütend oder genervt kocht, kocht selten gut.
Auf das eigene Fühlen zu achten bedeutet letztendlich auch, dass man sich selbst immer wieder erlaubt, was einem guttut. Nur was im Inneren entsteht, kann nach außen wirken.

Johanna Maiers Tipp zum Kochen

KOCHEN SIE NACHHALTIG

Bei professionellen Köchen ist es schon alleine von der Wirtschaftlichkeit her geboten, beim Wareneinsatz möglichst wenig zu verschwenden und damit auch ökologisch nachhaltig zu arbeiten. Aber auch an Hobbyköche wäre mein Rat, dass sie ebenfalls möglichst ressourcenschonend kochen sollten. Denn die Gaben der Erde sind auch für sie nicht unerschöpflich und man kann auch im Kleinen viel bewegen. Konkret kann Nachhaltigkeit in der Privatküche bedeuten, dass man nicht alles in drei Schichten Alufolie oder Plastikfolie einwickelt, dass man Obst und Gemüse so schält, dass man wenig Ausschuss produziert, dass man beim Waschen der Zutaten das Wasser nicht unnötig lange laufen lässt und vieles mehr. Es kann aber auch bedeuten, dass man Dinge, die man selbst machen kann – wie Joghurt oder eingelegtes Gemüse oder Brot –, tatsächlich selbst fertigt. Das macht Spaß, schmeckt gut, erweitert den Koch-Horizont und vermeidet Verpackungsmüll.

Johanna Maiers Tipp zum Lesen

Maier, Johanna: Meine gesunde Küche; Servus, Salzburg, 2016.

Eric Menchon

STELL DEIN TEAM AN DIE ERSTE STELLE

Eric Menchon ist seit 1987 Chef de Cuisine in dem Kölner Restaurant *Le Moissonnier,* das unter seiner Leitung seit 2008 mit zwei Michelin-Sternen ausgezeichnet ist und vom Gault-Millau mit 18 von 20 Punkten bewertet wird. Der Südfranzose besuchte die Hotelfachschule in Nizza. Im Anschluss arbeitete er im *Le Mazarin* in Aix-en-Provence und im *Restaurant des Quatre Saisons* in Marseille, bevor er zum Militärdienst eingezogen wurde. Dort stieg er zum persönlichen Koch des *Général Gouverneur Militaire de Marseilles* auf. 1987 schließlich bewarb er sich auf die Stellenanzeige, die das Ehepaar Moissonnier aufgegeben hatte, und zog nach Köln, um die Stelle des Küchenchefs im neueröffneten *Le Moissonnier* anzutreten. In der Stadt am Rhein lernte er seine Frau Patricia kennen, die seit 1988 als Chef de Partie eng mit ihm zusammenarbeitet.

Während eines Praktikums im Rahmen meiner Ausbildung sagte einer meiner Lehrmeister zu mir. »Pass auf, Junge, wenn du selbst einmal Küchenchef sein solltest und deine Sache gut machen möchtest, dann kümmerst du dich als Erstes immer um dein Team.« Er riet mir, auf die Leute um mich herum, die mit mir arbeiten, zu achten, und machte mir klar, dass diese Menschen sehr viel wichtiger sind, als man zunächst annimmt. Wie recht er doch hatte! In der Spitzengastronomie ist exzellente Teamarbeit erfolgsentscheidend. Nur wenn die Mannschaft eingespielt ist, alle Hand in Hand arbeiten und jeder dem anderen blind vertraut, ist es möglich, die Qualität zu erzielen, die wir unseren Gästen bieten wollen.

In der Küche herrscht oft ein enormer Zeitdruck, und der Ton kann in der Hektik manchmal etwas zackig werden, aber das ist kein Problem, wenn sich alle gut verstehen. Daher achte ich

stets auf ein gutes Klima in meiner Mannschaft und führe mit ruhiger Besonnenheit, ohne jemals laut zu werden. Dies ist nicht nur für mein Team angenehm, sondern auch für mich. Zum einen macht die Arbeit mehr Spaß, wenn grundsätzliche Harmonie herrscht, zum anderen ist es aber auch so, dass die Resultate viel besser sind, wenn sich alle wohlfühlen. Jeder Mensch leistet mehr, wenn die Umgebung stimmt und das Klima am Arbeitsplatz – trotz aller gemeinsam zu meisternden Herausforderungen – angenehm ist. Wenn die Leute ein großes Zugehörigkeitsgefühl haben, wird der Erfolg zur gemeinsamen Sache und daher auch nicht ausbleiben. Erst wenn diese menschliche Komponente stimmt, kann man echte Kreativität entwickeln. Auch das sagte mir mein Lehrmeister: »Denk nicht zuerst an die Kreativität, sondern an das Team.«
Die Beachtung des Menschen und seiner Bedürfnisse war auch meinem Vater sehr wichtig, der mich aufforderte, mir über meine Wünsche klar zu werden. Als es Zeit wurde, sich für einen Beruf zu entscheiden, sagte er zu mir: »Ergreif den Beruf, der dir Spaß macht. Achte nicht in erster Linie auf die Verdienstmöglichkeiten, sondern entscheide dich nach deinen Vorlieben und Neigungen.« Schnell war mir klar, dass ich Koch werden wollte, denn ich habe schon immer gerne gekocht. Mit dieser Wahl war mein Vater jedoch nicht sofort einverstanden, weil er um die Nachteile des Berufs wusste. Er machte mir klar: »Du wirst sehr viel arbeiten müssen, und das vor allem zu Zeiten, in denen deine Freunde ihre Freizeit genießen. Wenn du dann freihast, arbeiten die anderen.« Auch dabei ging es ihm wieder um meine Bedürfnisse als Mensch und nicht um den monetären Aspekt. Ich aber war fest entschlossen, meinen Wunschberuf zu ergreifen. Diesen Entschluss habe ich nie bereut, auch wenn es manchmal schwierige Situationen gab. Ich bin also sehr gut damit gefahren, einen Rat meines Vaters anzu-

nehmen und den anderen auszuschlagen. Der Rat meines Lehrmeisters – »Kümmere dich zuerst um die Menschen im Team« – trägt bis heute dazu bei, dass ich meinen Beruf mit großer Freude ausüben kann, und ich hoffe, meinen Mitarbeitern geht es ebenso.

Eric Menchons Tipp zum Kochen

KAUFEN SIE GEWÜRZE UNGEMAHLEN

Die gute Küche gelingt nur, wenn man auch gut einkauft. Zum einen kommt es natürlich auf die Qualität der Produkte an, oft zählt aber auch das Gewusst-wie. Beispielsweise ist es sehr empfehlenswert, Gewürze im Ganzen zu erwerben und dann selbst zu mahlen. Das geht ganz einfach mit einer Kaffeemühle. Die Gewürze enthalten dann sehr viel mehr Aroma, als wenn Sie das bereits gemahlene Gewürz kaufen. Eine weitere Steigerung der Würzkraft erhalten Sie, wenn Sie das Gewürz rösten, bevor Sie es verwenden. Dabei gilt es natürlich, auf die Temperatur zu achten, denn Gewürze sind sehr empfindlich und dürfen auf keinen Fall verbrennen. Das beste Ergebnis erzielen Sie, wenn Sie das Gewürz in Alufolie einwickeln und im Ofen bei 180 bis 200 Grad für zwei bis drei Minuten erhitzen. Ihre Gäste und Sie werden erstaunt sein über das Feuerwerk aus Aromen, das Sie erwartet!

Eric Menchons Tipp zum Lesen

Ducasse, Alain; Dannenberg, Linda: Der Ducasse – Die besten Rezepte vom Meisterkoch der französischen Küche; Bassermann, München, 2014.

Dieter Müller

SONNTAGS WIRD GEKOCHT – NICHT GEKICKT

Dieter Müller betreibt seit 2010 das Restaurant *Dieter Müller* auf dem Kreuzfahrtschiff *MS Europa* und die *Dieter Müller Kochschule* in Odenthal-Glöbusch bei Bergisch Gladbach. Von 1991 bis 2010 wirkte Dieter Müller als Küchenchef und Patron des *Gourmet-Restaurant Dieter Müller* im *Schlosshotel Lerbach* in Bergisch Gladbach, wo er es 1997 zu drei Michelin-Sternen brachte, was zu diesem Zeitpunkt weltweit nur zweiunddreißig weiteren Köchen gelang. Außerdem war er dort mit 19,5 Gault-Millau-Punkten ausgezeichnet. Im Jahr danach kürte ihn *Der Feinschmecker* zum *Koch des Jahres*. 2003 folgte der *Five Star Diamond Award*, die höchste gastronomische Auszeichnung der USA. Zu den weiteren wichtigen Stationen im Berufsleben des in Auggen/Baden-Württemberg Geborenen gehören die *Schweizer Stuben* in Wertheim-Bettingen, wo er von 1973 bis 1981 gemeinsam mit seinem Bruder Jörg, der ebenfalls Koch ist, arbeitete. Danach leitete er die Küche alleine weiter bis 1990. Von 1990 bis Ende 1991 war Dieter Müller Gastkoch bei Kochevents in: USA, Hawaii, Tokio, Sydney, Bangkok, Carcassonne, San Sebastian und an anderen Orten.

Die wichtigsten Ratschläge erhält man in der Regel von Menschen, die einem nahestehen, sehr oft sind das die Eltern. Das liegt natürlich auch daran, dass man als junger Mensch, mit vielleicht fünfzehn oder sechzehn Jahren, Weichen für das ganze Leben stellt und Vater oder Mutter in dieser Phase oft die wichtigsten Ansprechpartner sind. In meinem Fall war es der Vater, der mir aus innerer Überzeugung und dadurch auch überzeugend den zentralen Rat meines Lebens gab, aus dem sich aber mehrere ebenso wichtige Weisheiten ableiten lassen. Ich habe als Jugendlicher ganz anständig Fußball gespielt und denke, dass ich dafür auch Talent mitgebracht habe. Als ich meinem Vater die Idee vortrug, Fußballprofi zu werden, ant-

wortete er wie aus der Pistole geschossen: »Nix da, sonntags wird gekocht und nicht Fußball gespielt. Gegessen wird in guten wie in schlechten Zeiten. Du wirst Koch.« Mein Vater wusste, wovon er sprach, da er mit meiner Mutter das Restaurant *Lug ins Land* betrieb, wo ich schon als Achtjähriger gerne in der Küche geholfen habe und auch helfen musste. Von meinen sechs Geschwistern sind bis auf einen Bruder auch alle in die Gastronomie gegangen. Mein Bruder Jörg betreibt seit 1982 erfolgreich ein eigenes Hotel und Restaurant auf Sylt. Auch aus meinem persönlichen Lebens- und Berufsweg ergibt sich ja zweifelsfrei, dass der eindringliche Rat meines Vaters, dass ich Koch werden soll, wegweisend und absolut richtig für mich war. Wenn dieser Beruf nicht zu mir gepasst hätte, wäre es nie gelungen, ihn mit ausreichend Herzblut und Liebe auszuüben und es in diesem Feld weit nach oben zu schaffen.

Was mir meine Begeisterung über all die Jahre erhalten hat, war auch, dass man selbst immer dazulernt, sich als Chef, aber auch als Mensch weiterbilden kann oder international Erfahrungen sammeln darf. Das führt mich direkt zu den weiteren Ratschlägen oder Erkenntnissen, die alle auf dem Fundament aufbauen, Koch geworden zu sein. Lassen Sie mich mit einem Erlebnis beginnen: Als die deutsche Küche sich gerade schön zu entwickeln begann und wirklich gute Küchenchefs gesucht waren, erhielt ich das sehr verlockende Angebot, im Spitzenrestaurant *Bühlerhöhe* im Schwarzwald die Küche zu übernehmen. Das hätte mir vom Standort her sehr gut gefallen. Auch beeindruckte es mich sehr, dass der Großindustrielle Max Grundig, der die *Bühlerhöhe* erworben und zu einem Hotel umgebaut hatte, mich persönlich empfing und mir ein generöses Gehaltsangebot unterbreitete. Im Anschluss an dieses Gespräch holte mich der Hotelmanager ab, um Details zu klären. Das tat er aber in einer sehr kühlen und geschäftsmäßigen Art. Statt sich Zeit zu nehmen und – wie es bei solch wichtigen Entscheidungen durchaus üblich ist – ein anständiges Essen zu servieren, nachdem ich immerhin 250 Kilometer angereist war, stellte er mir völlig unmotiviert einen Apfelkuchen und eine Tasse Kaffee hin – der Vertrag kam nie zustande.

Daraus habe ich für mein weiteres Berufsleben gelernt, dass man sein Team immer mit Respekt behandeln und eine Arbeitsatmosphäre schaffen sollte, die auch der Gesundheit und Lebensfreude der Mitarbeiter Rechnung trägt. Da wir alle am Arbeitsplatz einen Großteil unserer Zeit verbringen, ist dies enorm wichtig und auch eine Grundvoraussetzung dafür, dass wir dauerhaft gute Leistungen erbringen. Ich habe meinen Mitarbeitern stets auch große Freiheiten gegeben, um sie zu motivieren. Gleichzeitig war es mir allerdings immer wichtig, auch alle Handgriffe selbst zu beherrschen und alle Gerichte von der Vorspeise bis zum Dessert noch selbst zubereiten zu können, um auch meine Unabhängigkeit zu wahren. Der entsprechende Rat könnte lauten: »Stärke dein Team, aber behalte die Fäden in der Hand.«

Ganz wichtig für Unabhängigkeit und dauerhaften Erfolg ist, sich als Koch kontinuierlich weiterzubilden. Das ist gerade in unserem Beruf sehr schön, weil man das mit Auslandsreisen und dem Kennenlernen anderer Kulturen verbinden kann. Ich habe beispielsweise für die Fernseh-Dokumentation *Die Gans, vier Köche und meine Mutter* mit dem japanischen Koch Tetsuya Wakuda, mit dem Spanier Ferran Adrià und dem Franzosen Pierre Gagnaire gekocht. Von allen konnte ich mir Kniffe abschauen oder neue Zutaten kennenlernen, habe aber nie vergessen, meinen eigenen Stil beizubehalten, denn das ist absolut wichtig. Hier wäre der Rat: »Lerne von anderen, aber kopiere sie nicht.«

Dieter Müllers Tipp zum Kochen

PLANEN SIE EIN GERICHT GENAU

Aus meiner Erfahrung als Betreiber einer Kochschule kann ich sagen, dass besonders Männer beim Kochen gerne kreativ sind. Nur sollten sie darüber die genaue Planung eines Gerichts nie vernachlässigen oder sich lässig sagen: »Das wird schon irgendwie.« Gerade wenn man ein neues Gericht kocht, muss man schon beim Einkauf auf beste Qualität achten und gut vorbereitet sein. Beim späteren Zubereiten gilt es, diszipliniert zu bleiben und sauber zu arbeiten. Diese Herangehensweise habe ich vor allem beim Kochen auf dem Kreuzfahrtschiff als unersetzlich kennengelernt. Diszipliniert zu sein gilt auch und ganz besonders für das Salzen. Zu viel Salz ist Gift, ruiniert ein Gericht und lässt sich obendrein nur schwer wieder ausbügeln. Statt zu viel Salz zu verwenden, sollten Hobbyköche lieber lernen, wie man Soßen richtig gut reduziert, was den Geschmack positiv hervorhebt.

Dieter Müllers Tipp zum Lesen

Müller, Dieter: Wie Deutschland genießen lernte – Mit 40 Rezepten, Lingen, Köln, 2014.

Silvio Nickol

PFLEGE DEINE NEUGIER

Silvio Nickol führt seit 2011 das *Silvio Nickol Gourmet Restaurant* im Wiener Palais Coburg. Seit 2012 hält er zwei Michelin-Sterne, außerdem wurde er vom Gault-Millau 2017 mit 19 Punkten bewertet. Nach seiner Kochlehre im *Landhaus Hotel Waitz* in Mühlheim am Main folgten Stationen in zahlreichen Sterne-Restaurants. Bekannte Köche prägten seine Lehr- und Wanderjahre: 1994 war er bei Lothar Eiermann im *Wald & Schlosshotel Friedrichsruhe* in Zweiflingen, 1997 als Chef de Partie bei Harald Wohlfahrt im Restaurant *Schwarzwaldstube* im *Hotel Traube Tonbach* in Baiersbronn, 1999 als Souschef im *Scholteshof* bei Roger Souvereyns in Stevoort,

Belgien. Danach kehrte Silvio Nickol 2001 als Souschef zu Harald Wohlfahrt zurück. Ab 2006 kochte er bei Heinz Winkler in Aschau, bevor er 2007 in das Restaurant *Schlossstern* im Schloss Velden am Wörthersee wechselte. Dort erkochte er sich als Küchenchef 2009 zwei Michelin-Sterne. 2010 holte Peter Pühringer, Besitzer des Palais Coburg in Wien, den Sternekoch ins dortige Restaurant.

Ich hatte das große Glück, bei erstrangigen Köchen zu lernen und zu arbeiten. Natürlich erhielt ich von ihnen im Lauf der Jahre brillante Ratschläge. Doch mein eigentliches Leitmotiv entstand während eines Gesprächs mit einem Freund. Wir philosophierten darüber, was genau der rote Faden und die Triebfeder in meinem Leben sind. Mein Freund brachte es schließlich in drei Worten auf den Punkt: »Pflege deine Neugier.« So überschreibe ich heute auch meine Menükarte. Es bedeutet für mich, dass man immer neugierig bleiben muss, damit man sich weiterentwickeln kann, beruflich wie privat. Die anhaltende Neugierde zieht sich wie ein Leitmotiv durch mein ganzes Leben und war in allen Lebenslagen mein Antrieb, vor allem natürlich in der Küche. Beim Kochen ist Kreativität gefragt. Wenn man seine Gerichte immer nach Schema F zubereitet, bleibt man zwangsläufig stehen und es gibt keinen Fortschritt. Wie in jedem kreativen Beruf muss man auch als Koch seinen eigenen Weg gehen und seinen eigenen Stil entwickeln.

Die Neugierde hat mich während meines beruflichen Werdegangs ständig motiviert, nach vorne zu schauen. Während anderen Menschen Veränderungen vielleicht Angst einjagen, lasse ich mich gerne auf Dinge ein, die ich vorher noch nie gemacht habe. Ich liebe geradezu Momente, bei denen ich einfach ins kalte Wasser springen und schauen muss, wie ich das bewältige. Ich denke, dass ich meiner Neugierde vieles zu verdanken habe. Sie ist der Motor in meinem Leben. Aber in meinem Beruf, der körperlich sehr anstrengend ist, darf man sich von der Neugierde nicht so weit treiben lassen und so aufarbeiten, dass man an den Rand des Burnouts kommt und überhaupt nicht mehr zur Ruhe findet. Daher lautet mein zweites, nicht minder wichtiges Leitmotiv: »Achte auf deinen Körper.«

Während der vergangenen fünfundzwanzig Jahre, in denen ich als Koch gearbeitet habe, ist mir klar geworden: Wir Köche betreiben jeden Tag Leistungssport – extrem lange Arbeitstage, immer auf den Beinen, Daueranspannung. Die körperliche Belastung ist enorm. Viele vergessen aber dabei die Erholungsphasen, die jeder Sportler in der Regel einlegt, außerdem die gesunde Ernährung und ausreichend Schlaf. Die Folge ist Raubbau am eigenen Körper, der sich über kurz oder lang rächt.

Ich bin der Meinung, dass man extrem auf seinen Körper achten muss. Es ist nie zu spät, um für viel Bewegung an der frischen Luft, ausreichend Schlaf und Erholungsphasen zu sorgen. Vor meiner Ausbildung zum Koch war ich Leistungsschwimmer. Das ging danach natürlich zeitlich nicht mehr. Heute bewege ich mich trotzdem viel an der frischen Luft, ich laufe und gehe wandern, außerdem trainiere ich regelmäßig im Fitnessstudio. So versuche ich, mich fit und leistungsfähig zu halten.

Die Gefahr meines Berufs besteht außerdem darin, dass man sich total hineinsteigert. Da geht es zum einen um die Belastungen eines ganz »normalen« Arbeitsalltags. Hinzu kommt der Stress, den viele Köche durch die Bewertungen der verschiedenen Restaurantführer erleben. Ich finde es problematisch, wenn man sich nur noch festbeißt an den Auszeichnungen durch den Guide Michelin oder durch Gault-Millau und für nichts anderes mehr einen Blick hat. Essentiell ist für mich, dass einem das, was man jeden Tag tut, Spaß macht. Dass man seine Gäste begeistert, dass man mit seinem Team zusammenwächst und gemeinsam tolle Gerichte entwickelt. Wenn man Leute begeistern kann, wenn man gesund bleibt und Spaß an seiner Arbeit hat, dann ist das an sich doch schon Erfolg. Der Erfolg ist täglich da, wenn die Gäste mit einem Lächeln aus dem Restaurant gehen und wiederkommen. Das ist eine tolle Motivation!

Silvio Nickols Tipp zum Kochen

KOCHE MIT RESPEKT VOR DEN PRODUKTEN

Ich gebe meinen Köchen immer mit, dass sie Respekt vor dem Produkt haben sollen. Ganz gleich ob Rehrücken, Olivenöl oder Fleur de Sel: Jedes Produkt verdient respektvollen Umgang und das Verständnis für seine Herkunft. Wenn man ein tolles Produkt hat, dann sollte man dies auch entsprechend behandeln und sich Gedanken machen, was man aus den verschiedenen Bestandteilen machen möchte. Respekt vor dem Produkt heißt für mich überdies, dass es seine Einmaligkeit behalten kann und der Koch versucht, den puren Geschmack herauszuziehen, unverfälscht und ursprünglich. Achten Sie daher z. B. darauf, dass Sie empfohlene Temperaturen einhalten, dass Sie schonend garen und dass Sie etwa beim Blanchieren das Gemüse nicht zu lange im kochenden Wasser lassen. Für den versierten Hobbykoch mögen diese vermeintlichen Kleinigkeiten, die ich jetzt aufgezählt habe, ganz normal sein und zum Standard zählen. Doch in der Summe fallen diese gut und sorgfältig ausgeführten einzelnen Handgriffe ins Gewicht und geben letztendlich den Ausschlag in puncto Qualität und Geschmacksergebnis.

Silvio Nickols Tipp zum Lesen

Wohlfahrt, Harald: Feines aus meiner Küche; Augustus, Augsburg, 1998.

Heiko Nieder

RATSCHLÄGE SIND KEINE SCHLÄGE

Heiko Nieder ist Küchenchef im *The Restaurant* im renommierten Hotel *The Dolder Grand* in Zürich. Dort war er von Beginn im Jahr 2008 an dabei und konnte so das junge *Fine Dining Restaurant* maßgeblich mitgestalten und prägen. Er trägt zwei Sterne des Guide Michelin und 18 Punkte des Gault-Millau. Schon 2013 wählte ihn dieser Gastroführer zum *Aufsteiger des Jahres* und honorierte so Heiko Nieders Kochkunst, die auf einem breiten Aromenspektrum basiert und auf hergebrachte Geschmacksmuster verzichtet, ohne sich jedoch zu verkünsteln. Die Palette seiner bisherigen beruflichen Stationen ist breit: So ging der gebürtige Reinbeker nach seiner Ausbildung im Hamburger Hotel *Vier Jahreszeiten* 1994 ins *Le Canard* in der Hansestadt und wechselte 1995 in das Restaurant *Zur Traube* in Grevenbroich. Danach schloss sich eine Zeit im *Vau* in Berlin an sowie ab 2002 im *L'Orquivit* in Bonn, wo ihn der Gault-Millau als *Entdeckung des Jahres* feierte.

Der beste Rat, den ich je erhielt, war, aufmerksam zuzuhören, wenn einem andere Menschen eine Weisheit, einen Tipp oder einen Ratschlag mit auf den Weg geben. Das passt natürlich perfekt zum Tenor dieses Buchs. Es gibt zwar die Redensart »Ratschläge sind auch Schläge«, aber das glaube ich nicht. Menschen, die uns etwas aus ihrem Erfahrungsschatz weitergeben, meinen es ja in aller Regel gut – und oft kann man daraus wirklich wichtige Anregungen übernehmen. Deshalb ist es sinnvoll, nicht gleich abzuschalten, wenn man einen Rat bekommt, sondern aufmerksam zuzuhören und dann – das ist besonders wichtig – in Ruhe darüber nachzudenken. Dies bewirkt oft, dass man eigene eingefahrene Verhaltensweisen oder Überzeugungen hinterfragt und vielleicht verbessern kann. Das können konkrete, handwerkliche Tipps zum Kochen sein, aber auch

übertragene Weisheiten, die die gesamte Richtung des eigenen Denkens beeinflussen.
Kochen ist Leidenschaft, wir Köche sind stark mit unserem Metier verbunden. Wir üben unsere Tätigkeit mit Herzblut aus und treffen daher oft Entscheidungen aus dem Bauch heraus. Daher ist es für uns Köche besonders wichtig, zu hinterfragen, ob man tatsächlich den richtigen Weg geht. Oder aber auch, ob man sein »Schema F« nicht doch einmal verlassen sollte. Denkbar ist zum Beispiel, eine Zutat eines Gerichts, die schon immer dazugehört, einmal durch etwas anderes zu ersetzen. Vielleicht ist das Ergebnis dann ja besser?
Dieses konsequente Hinterfragen ist auch eine gute Möglichkeit, andere von eingefahrenen Bahnen abzubringen und ihnen zu helfen, neue Perspektiven kennenzulernen. Ehrlich gesagt, habe ich das schon in der Berufsschule mit meinen Lehrern ausprobiert und sie damit oft ordentlich verblüfft. Dieses Vorgehen funktioniert aber auch in Kochteams gut; wenn jeder bereit ist, seine Position auch mal auf den Prüfstand zu stellen, kann das die Gesamtleistung durchaus erhöhen.
Einen dieser Ratschläge, bei denen ich wirklich gerne zugehört und den ich stets befolgt habe, möchte ich hier noch weitergeben. Er ist fast so etwas wie ein zweiter bester Rat, den ich je erhalten habe, und zwar von Michael Hoffmann, der zur gleichen Zeit wie ich im *Le Canard* in Hamburg gearbeitet hat. Neben zahlreichen anderen Erkenntnissen, die mir später sehr geholfen haben, riet mir Michael Hoffmann vor allem: »Lebe für den Teller.« Das ist eine Weisheit unter Köchen, die hilft und motiviert, immer das Bestmögliche herauszuholen. Man hat ja als Koch, gerade in der Sternegastronomie, große Herausforderungen zu meistern und ein gewaltiges Arbeitspensum zu schultern. Deshalb benötigt man stets ein Motto oder einen Leitspruch, der einen auch in fordernden Situationen bei der

Stange hält und motiviert. »Lebe für den Teller« bedeutet dabei, immer so gut wie nur irgend möglich zu kochen und etwaige persönliche negative Emotionen auszublenden. In unserem Fach ist es ja nicht so, dass wir ein Haus bauen, das für einhundert Jahre stehen bleibt. Wir kochen jedes Mal für genau diesen einen Teller, der an den Gast geht. Auch wenn wir ein Gericht schon einhundertmal gekocht und auf dem Teller dekorativ angerichtet haben, müssen wir alles dafür tun, dass der hundertunderste Teller mindestens genauso gut schmeckt und genauso gut aussieht wie der erste.

Heiko Nieders Tipp zum Kochen

KOCHEN IST NICHTS FÜR ERBSENZÄHLER

Allen Menschen, die gerne privat kochen, sage ich immer wieder: »Hängt nicht so sklavisch an einem Rezept.« Sicher sind diese Anleitungen wichtig und gut, aber sie stellen nur die Basis dar, geben quasi den groben Weg vor, den auch Hobbyköche ohne Scheu öfter verlassen sollten. Erstens schmecken sowieso alle Zutaten je nach Region anders. Sie werden keine zwei Karotten oder Tomaten finden, die gleich schmecken. Schon deshalb kann das Endergebnis, das fertige Gericht, niemals genauso schmecken, wie man es beispielsweise in einem Sterne-Restaurant gegessen hat. Ein anderes Beispiel, das ich Hobbyköchen gerne sehr plastisch vorführe, wenn sie an Mengenangaben wie »ein Esslöffel von …« akribisch festhalten wollen: Ich gehe in die Küche und hole fünf verschieden große Esslöffel – dann klingelt's bei den meisten. Hinzu kommt noch, dass man Rezepte – durchaus auch als Amateur – stetig weiterentwickeln und somit verbessern kann, wenn man sie nicht mechanisch umsetzt, sondern die Zutaten und deren Menge variiert. Wir wollen doch keine kochenden Erbsenzähler sein!

Heiko Nieders Tipp zum Lesen

Bras, Michel et al.: Michel Bras – Essential Cuisine: Laguiole, Aubrac, France; Editions du Rouergue, Arles, 2008.

Norbert Niederkofler

EGAL WAS DU MACHST, MACH ES RICHTIG

Norbert Niederkofler führt seit 1996 das Restaurant *Sankt Hubertus* im *Hotel & Spa Rosa Alpina* im Südtiroler Sankt Kassian, nahe Bozen. Dort errang er im Jahr 2001 den ersten und 2006 den zweiten Stern des Guide Michelin, den er bis heute hält. Der Gault-Millau zeichnet Norbert Niederkofler mit 19 Punkten aus. Der in Italien besonders einflussreiche Wein- und Gastronomieführer Gambero Rosso verlieh ihm die Bestnote »drei Gabeln«. Zu den wichtigen Stationen des gebürtigen Südtirolers gehören das ehemalige *Kurhausstüberl* in Waging am See von Alfons Schuhbeck, das Münchner *Aubergine*, das damals von Eckart Witzigmann geleitet wurde, das *Bouley* von David Bouley in New York sowie das *JM* von Jörg Müller auf Sylt. Daneben arbeitete Norbert Niederkofler für die Schweizer *Mövenpick*-Gruppe in London und Zürich.

Als ich vor vielen Jahren Skirennen gefahren bin, hat mir mein damaliger Trainer einen Rat gegeben, der sich durch mein gesamtes Leben zieht und aus dem sich zahlreiche weitere Erkenntnisse für mich ergaben. Er sagte mir: »Völlig egal, was du später einmal machst, ob du Akademiker wirst, Handwerker oder Koch, mache es richtig. Dann steht dir die Welt offen.« Das klingt banal, aber genauso ist es und es funktioniert. Mich persönlich hat auch der Teil des Rats »Dann steht dir die Welt offen« sehr angesprochen, da ich schon immer einen Beruf finden wollte, der es mir ermöglicht, viel von der Welt zu sehen. Das war auch einer der Gründe, warum ich mich entschied, Koch zu werden, denn da kann man viele Länder kennenlernen und lernt immer Neues dazu.

In meiner gesamten Laufbahn, die sich an die Zeit als Skirennläufer anschloss, spielte der Rat meines ehemaligen Trainers eine wichtige Rolle. So gehört meiner Meinung nach zur Herangehensweise, »etwas richtig zu machen«, unbedingt dazu, das gesamte Spektrum der Herausforderungen zu kennen und zu beherrschen. Lassen Sie mich das an einem Beispiel verdeutlichen: Seit ich selbst Köche ausbilde, verlange ich immer viel von diesen – besonders von den talentierten Leuten, die mir am Herzen liegen. Einer dieser wirklich vielversprechenden Köche war bei mir Souschef. Als ich ihn in die Patisserie einteilen wollte, damit er auch dieses Gebiet zu beherrschen lernt, weigerte er sich mit der Begründung, das sei für ihn nicht anspruchsvoll genug. Ich erklärte ihm klipp und klar, dass ich all meine Köche komplett ausbilde oder gar nicht. Außerdem erklärte ich ihm, dass er in der Küche einfach alles beherrschen muss, wenn er zum Beispiel einmal ein eigenes Restaurant führt. Wir einigten uns daraufhin, und jetzt ist er mir sehr dankbar.

Generell ist es für Köche sehr wichtig, mit klaren Ansagen zurechtzukommen. Denn wir verarbeiten möglichst naturnahe und saisonale Produkte. Wenn zum Beispiel die Tomaten reif sind, werden sie einfach geliefert und wir müssen sie zu etwas Gutem verarbeiten. Das ist eine ganz klare Ansage der Natur, aus der wir das Beste machen müssen. Wir haben dann möglichst viele verschiedene Gerichte und Aromen daraus zu zaubern und dafür die gesamte Palette von Techniken zu beherrschen. Man muss das Produkt kapieren und respektieren. Das ist ein völlig anderes Vorgehen als früher, als man gesagt hat, ich will jetzt dies oder jenes machen, und kaum darauf geachtet hat, ob die Natur gerade die Zutaten dafür bietet. Das bedeutet, man muss heute als Koch bereit sein, sich einmal in die zweite Reihe zu stellen und sich zurückzunehmen.

Wenn Köche wirklich die gesamte Bandbreite beherrschen, führt das aber auch zu weiteren positiven Dingen: Dann können wir in der Küche als echtes Team zusammenarbeiten, was

mir sehr wichtig ist. Nur dann können wir uns auf allen Positionen gegenseitig vertreten und uns aushelfen. Auch in dieser Hinsicht erinnere ich mich wieder an meinen Skitrainer. Ich sehe mich in der Küchenmannschaft nämlich selbst als so etwas wie einen Trainer. Wie ein Fußballcoach muss ich die Leute dahin bringen, dass der Stürmer das kann, was er können muss. Das Gleiche gilt für die Mittelfeldspieler oder die Verteidiger. Ich muss aber auch darauf achten, dass sie gut zusammenspielen und gegenseitig ihre Aufgaben übernehmen können, wenn einmal jemand ausfällt.

Eine weitere positive Konsequenz aus der Situation, dass meine Köche vollständig ausgebildet sind und ihr Handwerk richtig ausüben: Ich kann ihnen wesentlich mehr Freiräume zugestehen, was sie motiviert und ihre Arbeitszufriedenheit erhöht. Zum Beispiel lasse ich sie immer die Speisekarte und die einzelnen Gänge selbst konzipieren, statt sie meinen Mitarbeitern einfach nur vor die Nase zu setzen. Das führt dazu, dass sie die Karte automatisch als die ihre betrachten und möglichst gut umsetzen wollen. Das funktioniert auch hervorragend, wenn ich mal nicht im Haus bin. Auch hier gilt: Wenn ich mich bewusst zurücknehme und mich selbst nicht zu wichtig nehme, ist das für das große Ganze nur von Vorteil.

Norbert Niederkoflers Tipp zum Kochen

NUTZE DAS PRODUKT ZU 100 PROZENT

In der Gesellschaft hat sich, gerade was Lebensmittel betrifft, eine »Geiz ist geil«-Mentalität durchgesetzt. Der Ausdruck stammt zwar von einer Werbekampagne eines Elektronik-Fachmarkts, aber den Trend gibt es schon viel länger, auch ausgelöst durch die Lebensmittel-Discounter. Das führt dazu, dass man oft zehn Tomaten kauft, wenn man eigentlich nur zwei braucht. Meistens wird später ein Teil der Ware weggeworfen. Da sollten auch Hobbyköche lieber von vornherein gute Ware kaufen, und zwar genau so viel, wie sie wirklich für das Gericht benötigen. Die ist dann von besserer Qualität und es kostet unterm Strich kaum mehr. In die gleiche Richtung geht die Empfehlung, ein Rohprodukt – zum Beispiel einen Fisch – immer komplett zu verwerten. Wenn man die Haut, den Rogen und alles andere verarbeitet, lernt man automatisch viele Zubereitungsarten neu kennen und fördert so die eigene Kreativität – und produziert gleichzeitig kaum noch Abfall.

Norbert Niederkoflers Tipp zum Lesen

Niederkofler, Norbert: Mein Südtirol; Collection Rolf Heyne, München, 2011.

Wahabi Nouri

WENN DIR EINE NEUE WELT ERÖFFNET WIRD, ERSCHLIESSE SIE DIR

Wahabi Nouri ist Besitzer und Küchenchef des Restaurants *Piment* im Hamburger Stadtteil Eppendorf. Seine Ausbildung absolvierte er bei Roy Petermann im *Nack* in Gau-Bischofsheim. Weitere Stationen des deutschen Sternekochs mit marokkanischen Wurzeln führten ihn zu Harald Wohlfahrt in die *Schwarzwaldstube* und zu Eckart Witzigmann ins Münchner *Aubergine*. Nachdem er etliche Jahre als Küchenchef beim Gourmet-Caterer *Kofler & Kompanie* gearbeitet hatte, eröffnete Wahabi Nouri 2000 sein eigenes Restaurant *Piment*. Dort erkochte er sich binnen nur zehn Monaten einen Michelin-Stern, den er bis heute hält. Der Gault-Millau bewertet das *Piment* mit 17 Punkten. Wahabi Nouris Küche ist stark von den Einflüssen seiner nordafrikanischen Heimat inspiriert, dabei schlägt er den Bogen zwischen der klassisch-französischen Haute Cuisine und der ursprünglichen Küche des Orients.

Essen spielte in meiner Familie immer eine große Rolle. Sowohl meine Großmutter als auch meine Mutter kochten hervorragend und leidenschaftlich. Dabei stand naturgemäß die marokkanische Küche im Vordergrund. Als mein Bruder, der drei Jahre älter ist als ich, eine Kochlehre bei Roy Petermann im Restaurant *Nack* begann, hielt bei uns zu Hause eine völlig neue Welt der Kulinarik Einzug: Mein Bruder kochte für unsere Familie regelmäßig klassisch-französische Gerichte – so wie er es an seiner Ausbildungsstätte gelernt hatte. Ich war absolut fasziniert von dieser für mich neuen Art des Kochens und es gelang meinem Bruder, mich mit seiner Leidenschaft für die Gourmetküche zu infizieren. Immerhin war *Das Nack* ein Restaurant mit 17 Punkten im Gault-Millau!

Der Rat meines Bruders, ebenfalls eine Kochlehre zu machen, fiel bei mir auf äußerst fruchtbaren Boden. Unbedingt wollte ich mir die Welt der Gourmetküche erschließen, und ich kann nur jedem raten, sich neue faszinierende Welten, die sich einem öffnen, zu erkunden und zu erobern. Bereits im Alter von fünfzehn Jahren durfte ich ein Praktikum bei meinem Bruder im *Nack* machen, wobei mir zugutekam, dass ich ihm zu Hause in der Küche schon oft assistiert hatte. Anschließend hatte ich die wunderbare Chance, meine Kochlehre dort unter der Leitung von Roy Petermann zu absolvieren.

In der Lehre realisierte ich dann endgültig, dass es »Sterneküche« und »Sterneköche« wirklich gibt und was diese Begriffe bedeuten. Daher habe ich fast ein Jahr lang gespart, um mir einen großen Traum zu erfüllen, der lautete: »Einmal im *Aubergine* essen …!« Nach dem Essen konnte ich tatsächlich Eckart Witzigmann persönlich kennenlernen – ich war vor Aufregung nassgeschwitzt. Danach war mein Ziel endgültig klar: in einem Sterne-Restaurant arbeiten, nicht nur dort essen. Direkt nach meiner Lehrzeit bewarb ich mich bei Eckart Witzigmann als

Jungkoch, wobei mir klar war, dass die Wartezeit für diese Stelle sehr lang sein würde.

Nach der Lehre arbeitete ich im *Rolands Bamberger Reiter* in Berlin, was sich als Glücksgriff erweisen sollte. Der dortige Chef, Franz Raneburger, lud mich nämlich eines Tages als Dank für meine Leistungen zu einem Essen bei Harald Wohlfahrt ein, mit dem wir ins Gespräch kamen. Er berichtete davon, wie schwierig es sei, gute Nachwuchsköche zu bekommen. Franz Raneburger, der mich fördern wollte, empfahl mich Herrn Wohlfahrt unverzüglich und uneingeschränkt. Das war unglaublich großzügig von ihm, da er mich dadurch ja als Mitarbeiter verlieren sollte. Wir einigten uns darauf, dass ich noch ein halbes Jahr in Berlin bleiben würde. Danach trat ich meine Stelle in der *Schwarzwaldstube* bei Harald Wohlfahrt an. Dort ereilte mich dann die Zusage von Eckart Witzigmann. Noch heute, wenn ich darüber berichte, kann ich nicht fassen, wie viel Fortune ich hatte! Natürlich wollte ich gegenüber Harald Wohlfahrt nicht undankbar sein und berichtete ihm offen von der Nachricht aus dem *Aubergine*. Auch er reagierte äußerst wohlwollend und unterstützte meinen Wechsel zu Eckart Witzigmann nach München. So konnte ich während eines relativ kurzen Zeitraums mit drei verschiedenen Spitzenköchen arbeiten und von ihnen lernen. Vielleicht war dies auch der Grund, warum ich sehr schnell eine gut dotierte Stelle als Küchenchef bei *Kofler & Kompanie* bekam. Eigentlich wollte ich nur kurz aushelfen, blieb dann aber acht glückliche und erfolgreiche Jahre lang dort.

Danach wurde wiederum mein Bruder zum Wegbereiter meiner Laufbahn: Als ich ihn, der mittlerweile in Lübeck arbeitete, im hohen Norden traf, besuchten wir zusammen ein Café in Hamburg. Dabei lernte ich meine heutige Ehefrau kennen, die dort lebte. Natürlich wollte ich so schnell wie möglich zu ihr in die Hansestadt! Es war aber sehr schwer, dort eine adäquate Stelle zu finden. Also wagte ich den Sprung in die Selbständigkeit und eröffnete im Jahr 2000 mein eigenes Restaurant in Hamburg. Personal konnte ich mir kaum leisten, und daher stand ich täglich zusammen mit einer ungelernten Aushilfe in der Küche des *Piment*. Trotzdem gelang es, binnen zehn Monaten einen Stern zu erkochen und bis heute zu halten. Ich entwickelte meinen eigenen Kochstil, den die Gäste lieben und für den ich bekannt bin. In meinem Restaurant schlagen wir die Brücke zwischen der französischen Sterneküche und der orientalischen Landesküche meiner Heimat Marokko. Was hätte mir in meinem bisherigen Leben Besseres passieren können?

Wahabi Nouris Tipp zum Kochen

WERDEN SIE PRAKTIKANT

Sterneküche ist in vielerlei Hinsicht einfacher, als es beim Lesen eines Kochbuchs erscheint, bei einer Fernsehsendung dargestellt wird oder vielleicht auch auf dem Teller aussieht. Daher ist mein Tipp für ambitionierte Hobbyköche simpel: Fragen Sie doch einfach mal Ihren Lieblingskoch, ob Sie ihm über die Schulter sehen und bei ihm für ein paar Tage »Praktikant« werden dürfen. Für uns Köche ist es das Schönste, wenn unsere Gäste zufrieden sind. Wunderbar ist es auch, wenn jemand kommt, der interessiert ist und mehr über unsere Kochkunst und Kochpraxis wissen will. Solche Menschen sind uns willkommen! Zumindest bei mir ist das so. Wenn Sie die Verfahren in der Sterneküche live gesehen, ein bis drei Tage in der Praxis gearbeitet und mit uns den Alltag eines Kochs gemeistert haben, ist es gar nicht mehr so schwer, die Gerichte selbst auf den Teller zu zaubern. Probieren Sie es aus!

Wahabi Nouris Tipp zum Lesen

Nouri, Wahabi: Piment; Matthaes, Stuttgart, 2013.

Rudolf Obauer

VERSTEHE DIE REGION, IN DER DU ARBEITEST

Rudolf Obauer führt gemeinsam mit seinem Bruder Karl das Restaurant-Hotel *Obauer* in Werfen im Salzburger Land, das mit 19 Punkten des Gault-Millau ausgezeichnet ist. 1989 hat dieser Gastronomieführer Rudolf und Karl Obauer zu *Köchen des Jahres* gekürt, 2012 sogar zu *Köchen des Jahrzehnts*. 1996 wurden die beiden vom Guide Michelin ungewöhnlicherweise auf Anhieb mit zwei Sternen dekoriert, ohne vorher einen Stern erhalten zu haben. Prägende Stationen auf Rudolf Obauers Berufsweg waren Praktika bei den französischen Kochbrüdern Troisgros in Roanne, im *Au Crocodile* von Emile Jung in Straßburg (beides 1981), in den Restaurants *Trou Gascon* und *Faugeron* in Paris (1982 bis 1983) sowie im *Rommeier* in Brüssel (1984) und im *Alain Chapel* in Mionnay (1987). Seine Kochlehre absolvierte Rudolf Obauer von 1976 bis 1979 im Restaurant *Goldener Hirsch* in Salzburg. Mit seiner Frau Angelika, mit der er seit fast drei Jahrzehnten verheiratet ist, hat Rudolf Obauer drei Söhne.

Am Anfang meiner Laufbahn hatte ich das große Glück, im *Au Crocodile* in Straßburg ein Praktikum absolvieren zu können. Das hat sich auf eine ganz lustige Art ergeben: Ich war dort mit dem Fahrrad unterwegs, hielt an dem Restaurant an und studierte gerade die Speiskarte, als der Küchenchef Emile Jung herauskam. Er grüßte mich und bemerkte gleich, dass ich Österreicher bin, was ihm zu gefallen schien. Ich fragte ihn unverblümt, ob ich einmal bei ihm arbeiten könne – und er willigte spontan ein, nachdem ich ihm berichtet hatte, dass ich bereits im bekannten Restaurant *Les Frères Troisgros* praktiziert hatte. Ich bin sofort zu meiner Wohnung geradelt, habe mein Kochgewand geholt und begann, im *Au Crocodile* zu arbeiten. Den Rat, der mich durch mein weiteres Berufsleben begleiten sollte, erhielt ich von der Dame des Hauses, Madame Jung. Sie erklärte mir: »Rudolf, eines dürfen Sie nie vergessen: Paris ist Paris, Straßburg ist Straßburg und Werfen ist Werfen.« Sie wollte damit sagen, dass man unbedingt immer berücksichtigen muss, an welchem Ort man arbeitet. Es ist unabdingbar, dessen Besonderheiten und Gepflogenheiten zu kennen und sich darauf einzustellen. Welche Gerichte mögen die Gäste vor Ort, wie sollte man die Gasträume gestalten, welches Preisgefüge ist möglich und viele Fragen mehr sind zu beantworten. In Werfen bekommt man für den Preis, den in Paris ein einzelner Gang kostet, ein ganzes Menü. Wenn man diese und andere Rahmenbedingungen und Grenzen kennt und ausreichend würdigt, kann man (fast) überall Erfolg haben.

Diese Erkenntnis kann man in der Spitzengastronomie ganz konkret umsetzen. Ich versuche zum Beispiel, so oft wie möglich ein günstiges lokales Produkt mit einer edlen Komponente aus der internationalen Gastronomie zu kombinieren. Ich habe so unter anderem schon Schweinefüße mit Gänseleber zubereitet oder auch ein heimisches Huhn mit Gewürzen aus Indien kombiniert.

In unserem Familienbetrieb arbeiten mein Bruder und ich schon über dreißig Jahre sehr gut zusammen. Diese Konstellation, die ich in Frankreich bei Jean und Pierre Troisgros in ihrem Restaurant *Les Fréres Troisgros* kennen und schätzen gelernt hatte, passt hervorragend in das eher ländliche Umfeld von Werfen. Die Menschen spüren es, wenn man selbst glaubwürdig und authentisch ist. Man kann dann auch eine wunderbare Spannweite abdecken. Für uns ist es einerseits üblich, dass wir bei einer Beerdigung in unserem Ort den Leichenschmaus ausrichten. Genauso scheuen wir aber andererseits auch nicht vor internationalem, anspruchsvollem Gourmet-Publikum zurück. Bei uns haben unter anderen schon die Königin von Thai-

land und Peter Ustinov gespeist. Auch die Familien Flick, Porsche und Burda gehören zu unseren Gästen. Aenne Burda, die eine ganz liebenswürdige Frau war, besuchte bis zu ihrem Tod jährlich unser Restaurant. Schon die Metzgerei meiner Eltern hatte namhafte Kunden: Wenn die Industriellen-Familie Krupp auf ihrem damaligen Sommersitz Schloss Blühnbach weilte, das in unserer Nähe liegt, bezog sie ihre Fleisch- und Wurstwaren ausschließlich aus unserer Metzgerei. Meine Familie war so etwas wie ihr Hoflieferant. Mindestens einmal im Jahr besuchten sie auch unser Restaurant in Werfen. Diese spezielle Mischung aus Bodenständigkeit und höchstem Niveau, die wir sowohl bei unseren Gästen als auch in unserer Küche haben, trägt ganz maßgeblich dazu bei, dass uns unsere Arbeit dauerhaft Freude bereitet und von Erfolg gekrönt ist. Aber auch das Engagement und die Leistungsbereitschaft unseres jungen, stets motivierten Teams erfüllen uns mit Freude und stützen unseren Erfolg.

Rudolf Obauers Tipp zum Kochen

BETRACHTE UND BEHANDLE DIE NATUR MIT DEMUT

Ich empfehle Hobby- und Profiköchen gleichermaßen, ihren Mitmenschen, den Produkten in der Küche und der Natur insgesamt mit der gebotenen Demut zu begegnen. Wenn man die Wunder des Wachstums sieht, wird einem schnell klar, wie wertvoll jeder Apfel am Baum oder jede Möhre unter der Erde ist. Man erkennt, dass es eben seine Zeit benötigt, bis diese köstlichen Zutaten entstehen. Das führt dazu, dass man immer sorgsam und nachhaltig mit den Naturprodukten umgeht. Zum Beispiel sollte ich, wenn ich Schnittlauch verwenden will, nicht unbedacht das komplette Büschel abschneiden, sondern etwas stehenlassen – sonst dauert es zu lange, bis wieder etwas nachgewachsen ist. Oder bei Holunder: Ich kann im Frühjahr mit den Blüten wunderbare Küchlein backen. Wenn ich aber den ganzen Busch leerpflücke, habe ich im Herbst keine einzige Holunderbeere, mit der ich einen Hollerkoch, eine wahre Vitaminbombe für den Winter, zubereiten kann. Wir haben bei uns im Restaurant extra einen kleinen Kräutergarten angelegt, der unseren Mitarbeitern den faszinierenden Prozess des Wachstums nahebringt und sie Demut vor der Natur und ihren Gaben lehrt.

Rudolf Obauers Tipp zum Lesen

Obauer, Karl; Obauer, Rudolf: Vom Kochen auf dem Lande – Rezepte für den raffinierten Naturgenuss; Zabert Sandmann, München, 2011.

Christoph Rainer

FÜHRE JEDES RESTAURANT WIE DEIN EIGENES

Seit 2015 wirkt Christoph Rainer als Chef de Cuisine im *Tiger-Gourmetrestaurant* im legendären Varietétheater *Tigerpalast* in Frankfurt am Main, für das er zwei Sterne des Guide Michelin errang. Der Gastroführer Gault-Millau verlieh dem gebürtigen Hessen 17 von 20 möglichen Punkten. Zu den wichtigsten Stationen auf Christoph Rainers Werdegang zählt das Drei-Sterne-Haus *Residenz Heinz Winkler* in Aschau im bayerischen Chiemgau, die *Villa Hammerschmidt* in Pfinztal sowie das ebenfalls mit drei Michelin-Sternen dekorierte Restaurant *Dieter Müller* in Bergisch-Gladbach. Im Jahr 2007 kehrte er in seine hessische Heimat zurück und wurde Küchenchef in der *Villa Rothschild* in Königstein im Taunus, wo er bereits sieben Monate nach Antritt seinen ersten Michelin-Stern erkochte, der zweite für dieses Restaurant folgte 2010. Christoph Rainer, der aus einer Gastronomen-Familie stammt, wurde 2012 mit dem Titel *Bester Koch* beim Wettbewerb *Großer Gourmetpreis Hessen* geehrt.

Den wichtigsten Rat meines Berufslebens erhielt ich von meinem Lehrmeister. Er nahm mich in einer ruhigen Minute beiseite und sagte mir: »Wenn du als Koch Erfolg haben willst, dann musst du jeden Laden, auch wenn du nur angestellt bist, so führen, als sei es dein eigener.« Er vergaß jedoch nicht, hinzuzufügen: «Aber ohne dich so zu benehmen, als sei es wirklich dein Restaurant.« Das gelte für den Umgang mit Gästen oder Mitarbeitern genauso wie für den Wareneinkauf und andere Tätigkeiten. Er konnte das glaubwürdig vermitteln, weil er diesen Ansatz jeden Tag selbst vorgelebt hat. Ich bin fest überzeugt, dass dieses Erfolgsrezept keineswegs nur für den Kochberuf gilt, sondern auch für viele andere Laufbahnen.

Wer nach diesem Rat handelt, hat gleich mehrere Vorteile: Sehen die Betreiber des Restaurants oder andere Vorgesetzte, dass man verantwortungsvoll arbeitet und mit dem Budget sinnvoll umgeht, lassen sie einen viel freier und selbständiger agieren. Man darf dann selbst mehr entscheiden, wodurch man wiederum viel mehr lernt. Immens wichtig ist es dabei, die Wirtschaftlichkeit des gesamten Unternehmens nie aus den Augen zu verlieren. Ich gebe das auch immer an junge, angestellte Köche weiter, die zum Beispiel unnötig etwas wegwerfen. Ich frage sie dann, ob sie das auch täten, wenn es ihr eigener Betrieb wäre.

Aber auch erfahrene Spitzenköche müssen sich klarmachen, dass die Wirtschaftlichkeit vor dem persönlichen Ego stehen muss. Es gibt genügend Sterne-Restaurants, die schließen mussten, weil sie unterm Strich kein Geld verdient haben. Damit mir so etwas nicht passiert, frage ich mich zum Beispiel bei der Auswahl eines neuen Geschirrs, ob es unbedingt das teuerste sein muss. Oft erfüllt ein preiswerteres, einfaches Service seine Aufgabe genauso gut und überzeugt auch optisch. Ähnliches gilt beispielsweise für die Einrichtung des Restaurants. Ich versuche auch stets, bei Händlern günstige Konditionen auszuhandeln, und gebe mir bei der Disposition der Ware immer viel Mühe.

Es kann auch bei angestellten Köchen nur in deren Sinn sein, dass der Betrieb, in dem sie arbeiten, lange überlebt. Denn auch sie brauchen ausreichend Zeit, um dort wirklich voll ausgebildet zu werden. Zum Thema »Ausbildung« gebe ich jungen Köchen gerne noch eine andere Erkenntnis weiter: Natürlich verdient man im Verhältnis zu der vielen Arbeit, die man leisten muss, in den Anfangsjahren als Koch relativ wenig Geld. Ich rate daher, die ersten Jahre statt als Broterwerb lieber als Studium zu betrachten, von dem man später profitieren wird. Hier gilt im Prinzip auch das geflügelte Wort, dass man nicht für die Schule lernt, sondern für sich selbst. Auf Köche übertragen bedeutet das, dass man in erster Linie für die Gäste kocht, aber schon in zweiter Linie für sich. Man kocht für sich selbst, um sich weiterzuentwickeln, und nicht für den Chef oder irgendjemanden, dem man imponieren will. Berufseinsteiger müssen auch akzeptieren, dass man die Karriereleiter nicht automatisch und rasant erklimmen kann. Ich zum Beispiel musste drei Stellen als Souschef annehmen, bevor ich meine erste Position als Küchenchef bekam.

Junge Köche sollten in der harten Zeit ihrer Ausbildung nicht dazu neigen, die Loyalität zu ihrem Betrieb in Frage zu stellen. Die Rahmenbedingungen in der Gastronomie sind nun einmal sehr fordernd und es herrscht hoher Kostendruck. Das ist natürlich belastend, wenn man aber so handelt, als sei es das eigene Restaurant, gelingt es einem viel leichter, schwierige Situationen zu meistern. Vor allem aber bereitet der Rat meines Lehrmeisters einen gut darauf vor, die Herausforderungen zu bewältigen, wenn man tatsächlich einmal ein eigenes Restaurant führt.

Christoph Rainers Tipp zum Kochen

SETZE DIE RICHTIGEN PRIORITÄTEN

Ich kenne viele ambitionierte Hobbyköche, die sich nicht scheuen, für tolle Kochtöpfe, Kasserollen oder einen Grill immens viel Geld auszugeben – und dann legen sie auf diesen Nobel-Grill abgepacktes Fleisch vom Discounter. So etwas verstehe ich nicht, das ist ein Widerspruch in sich. Jeder Hobbykoch sollte darauf achten, dass die Ausgaben für das Menü in einem gesunden Verhältnis stehen. Gute Gewürze, gute Öle und gutes Fleisch sind unabdingbar dafür, ein echtes kulinarisches Erlebnis zu kreieren, an das sich die Gäste lange erinnern. Gute Produkte, die richtige Zubereitung und gekonntes Würzen bestimmen den Geschmack des Gerichts, und daran denkt man gerne zurück. Welcher Grill zum Einsatz kam, wie die Tischdekoration war oder ob das Menu einen tollen Namen hatte, verblasst dagegen in der Erinnerung meistens.

Christoph Rainers Tipp zum Lesen

Nilsson, Magnus: Fäviken; Edel Germany, Hamburg, 2012.

Tim Raue

SPRENGE DEINE GRENZEN

Tim Raue führt seit dem Jahr 2010 das Restaurant *Tim Raue* in Berlin zusammen mit seiner Geschäftspartnerin Marie-Anne Raue. Nur drei Monate nach Eröffnung erhielt er den ersten Stern vom Guide Michelin. Im Jahr darauf bewertete ihn der Gault-Millau mit 19 von 20 Punkten. 2012 folgte dann der zweite Michelin-Stern. 2013 eröffnete Tim Raue zwei weitere Häuser in der deutschen Hauptstadt: das *Sra Bua by Tim Raue* im *Kempinski Hotel Adlon*, das auf japanische und thailändische Küche spezialisiert ist, und das *la soupe populaire timraue*, in der ehemaligen *Bötzowbrauerei*, das vorwiegend deutsche und preußische Gerichte anbietet. Zu Tim Raues weiteren Projekten gehören Gastronomiebetriebe in Dubai und

München sowie auf dem Kreuzfahrtschiff *Mein Schiff 2*. Seine ersten Erfahrungen sammelte der gebürtige Berliner im Restaurant *Quadriga* im Hotel *Brandenburger Hof* sowie im *Bamberger Reiter* und im *Schloss Glienicke*. Seine erste Stelle als Küchenchef trat er 1997 im Restaurant *Rosenbaum* in Berlin an. Den Stern Nummer eins erkochte er sich im Jahr 2007 im *44* im *Swissôtel*, ebenfalls in Berlin. Von 2008 bis 2011 arbeitete Tim Raue als kulinarischer Direktor und Corporate Executive Chef bei der *Adlon Holding* und erkochte dort für das *MÅ Tim Raue* einen Michelin-Stern sowie 19 Gault-Millau-Punkte.

Ich kann mich noch ganz genau erinnern, dass ich den zentralen Ratschlag meines Lebens Ende 2006 erhalten habe, denn das war eine Phase besonders wichtiger beruflicher Erfolge. Der Gault-Millau hat mich damals zum *Koch des Jahres* gekürt und ich erfuhr, dass mir Michelin per 2007 meinen ersten Stern für das Restaurant *44* im Berliner *Swissôtel* verleihen wird. Beides zusammen stellte den bisherigen Höhepunkt meiner Karriere dar. Aus diesem Anlass telefonierte ich mit dem damaligen Chefredakteur des Gastroführers Gault-Millau, Manfred Kohnke, der mir mit auf den Weg gab: »Ihnen wird nichts anderes übrigbleiben, als sich räumlich zu verändern. Sie haben mehr drauf. Das Hotelrestaurant reicht für Ihr Können und Ihr Talent nicht aus. Sie sollten sich klarmachen, dass das nur eine Übergangsstation ist.« Ich habe aufgelegt und gedacht: »Ist der wahnsinnig?« Immerhin hatte ich gerade einen Stern erkocht und war für *Swissôtel* neben der Position als Küchenchef des *44* weltweit Küchendirektor. Außerdem hatte ich »nebenbei« zahlreiche Auszeichnungen erhalten – und das alles mit Anfang dreißig! Ich fragte mich, was Herr Kohnke mit seiner Aussage überhaupt meinen könnte.

Schon zu dieser Zeit aber hatte ich gelernt, dass es sinnvoll ist, Ratschläge von Menschen, die definitiv mehr vom Leben gesehen haben und wissen als man selbst, nicht rundheraus abzulehnen, sondern zumindest eine Nacht darüber zu schlafen. Das habe ich getan und mich anschließend mit meinen zwei besten Freunden getroffen, von denen einer etwa sieben Jahre älter ist als ich und der andere, ein Weinhändler, etwa das Alter meines Vaters hat. Ich erzählte ihnen von dem Telefonat und sie gaben mir zwei Aspekte zu bedenken: Ist das, was ich gerade mache, das Beste, was ich zu leisten vermag? Und würde mich das auf Dauer glücklich machen?

Am nächsten Tag wachte ich auf, schaute in den Spiegel und kam zu der Erkenntnis, dass die beiden Freunde eigentlich recht hatten. Weder hatte ich bisher meinen eigenen Weg gefunden noch beim Kochen eine klare Linie. Mein Kochstil war ein Mischmasch aus französischer Haute Cuisine, spanischer Molekularküche und Gerichten meiner Großmutter. Ich sagte mir: »Du warst doch immer einer, der sich viel traut und sein Ding konsequent durchzieht.« Ich erinnerte mich daran, wie ich schon im zweiten Lehrjahr dachte, der bisherige Laden sei nicht gut genug für meine Ambitionen und mein Talent. Wagemutig suchte ich mir eine neue Lehrstelle, obwohl ich natürlich noch kein Renommee hatte. Meine Eltern und Großeltern schlugen damals die Hände über dem Kopf zusammen!

Auch in der aktuellen Situation war ich mir meiner Sache plötzlich absolut sicher. Ich änderte meine Art zu kochen radikal und studierte zwei Jahre lang die japanische, thailändische, kantonesische sowie die vietnamesische Küche. Zudem habe ich alle stärkehaltigen Lebensmittel aus der Küche verbannt und komplett auf laktose- und glutenfreie Rezepte umgestellt. Alles mit dem Ziel, dass meine Gäste auch nach sieben oder acht Gängen unbeschwert, aber voller Inspiration und Tatendrang aus dem Lokal gehen. Mir wurde klar, dass ich trotz des Erfolgs im Restaurant des *Swissôtel* etwas Größeres, Eigenes anfangen musste. Denn letztendlich war die Kernbotschaft des Rats ja: »Denke groß« oder auch »Sprenge deine Grenzen«, um glücklich und erfolgreich zu werden.

Mittlerweile habe ich erkannt, dass es nur so gelingen kann, etwas wirklich Dauerhaftes zu schaffen und nicht nur einen kurzlebigen Trend. Mein Ziel war es, etwas zu kreieren, das vor sechzig Jahren funktioniert hätte und in sechzig Jahren auch noch existieren könnte, also etwas mit wahrer Größe. Ein gutes Beispiel dafür sind die zahlreichen französischen Betriebe, die über dreißig, vierzig oder mehr Jahre drei Sterne verteidigen und über etliche Generationen hinweg geführt werden. Zwar habe ich keine Kinder, an die ich mein Restaurant weitergeben könnte, aber ich möchte dennoch etwas schaffen, das von meinen Küchenchefs in die Welt getragen wird.

Tim Raues Tipp zum Kochen

KOCHE NACH DEINER PERSÖNLICHKEIT

Kochen bietet eine wunderbare Möglichkeit, die eigene Persönlichkeit auszudrücken. Es hat sogar fast etwas Künstlerisches. Deshalb rate ich auch Hobbyköchen immer wieder, sich nicht zu sehr an anderen Köchen zu orientieren und etwa deren Rezepte akribisch nachzukochen. Vielmehr sollte man sich fragen: »Wer bin ich? Und was möchte ich mit dem, was ich zubereite, ausdrücken?« Man sollte sich klarmachen, ob man eher Menschen berühren möchte oder beeindrucken und in den eigenen Bann ziehen. Wenn man etwa jemand ist, dem es wirklich wichtig ist, dass andere Menschen ihn mögen, sollte man etwas Mediterranes wählen und viel Wärme, Geborgenheit und Liebe in das Gericht bringen. Oder: Wenn ich zum Beispiel ein charmanter, liebenswürdiger und harmonischer Kerl bin, dann kann ich mit Tim-Raue-Rezepten nichts anfangen, denn die haben viele Ecken und Kanten und rütteln kräftig auf.

Tim Raues Tipp zum Lesen

White, Marco Pierre: White Heat 25–25th Anniversary Edition; Mitchell Beazley, London, 2015.

Jörg Sackmann

BLEIB NICHT STEHEN, SONDERN GEHE IMMER WEITER

Jörg Sackmann ist Besitzer und Küchenchef des Gourmetrestaurants *Schlossberg* im familieneigenen *Hotel Sackmann*. Seine Ausbildung absolvierte er bei Harald Wohlfahrt im Restaurant *Traube Tonbach* in Baiersbronn. Darauf folgten weitere wichtige Stationen auf dem Weg zum Spitzenkoch: 1982 wechselte er ins Restaurant *Maître* nach Berlin zu Henry Levy, 1984 dann in *Brenners Parkhotel* in Baden-Baden zu Albert Kellner, und ab 1986 kochte er im Münchner *Aubergine* bei Eckart Witzigmann. Jörg Sackmann kehrte 1988 in das *Hotel Sackmann* nach Baiersbronn zurück und gründete dort 1993 das Gourmetrestaurant *Schlossberg*, das bald nach seiner Eröffnung mit einem Michelin-Stern ausgezeichnet wurde. 2013 holte er dann den zweiten Michelin-Stern vom Himmel.

»Nicht stehenbleiben, sondern weitergehen«, das ist schon lange mein Lebensmotto. Es heißt bekanntlich, Stillstand sei Rückschritt, und dies trifft in meinen Augen besonders in der Sterneküche zu. Wer einmal mit einem Stern ausgezeichnet worden ist, darf nie unter Niveau kochen. Um aber das Niveau zu halten, heißt es, sich ständig weiterzubilden und Inspiration zu suchen. Man darf nie die Einstellung haben, dass man genug weiß, vielmehr muss man immer wissbegierig bleiben. Wenn ich beispielsweise für drei Tage nach New York fliege und dort hintereinander in fünf Restaurants essen gehe, so betrachte ich dies als Weiterbildung und Entwicklung für mich. Bei den Kochbüchern, die ich sammle, gehe ich weit über die Landesgrenzen hinaus und bestelle nahezu jedes Buch – egal in welcher Sprache –, das neu erscheint. Daraus beziehe ich viele Anregungen für meine tägliche Arbeit. Regionale Produkte sind für mich extrem wichtig. Ich liebe es, sie mit mediterranen und

asiatischen Akzenten, die ich von meinen kulinarischen Streifzügen mitbringe, zu vereinen.
Ich bin schon viele Jahre im Geschäft. In den unterschiedlichsten Lebenssituationen habe ich die Erfahrung gemacht, dass »Nicht stehenbleiben, sondern weitergehen« eine zentrale Weisheit ist und immer weiterhilft. Zunächst beim eigentlichen Kochen: Wenn ein Gericht nicht so gelingt, wie ich es mir vorgestellt habe, dann lasse ich mich nicht verunsichern. Ich mache trotzdem weiter und schaue, wie ich über ein weiteres Experimentieren zu einem Ergebnis komme, das meinen Ansprüchen genügt. Da versuche ich immer, positiv zu denken und vorwärts zu schauen. Nur wenn ich probiere, lässt sich auch Neues entdecken. So entwickeln wir im Übrigen auch unsere Menüs.
Schließlich hat mein Motto auch für mich persönlich eine große Bedeutung im Hinblick auf meine Familie: Unser Hotel in Baiersbronn im Schwarzwald ist seit seiner Gründung fest in Familienhand. Ich bin Inhaber und Küchenchef in dritter Generation. Meine Frau Anne, meine beiden Söhne Nico und Daniel sowie meine Schwester sind aktiv dabei. Natürlich sind wir nicht immer gleicher Meinung und müssen dann die unterschiedlichen Auffassungen ausdiskutieren. Doch auch hieraus ergeben sich neue Ansätze. Mein Credo, Erfolge zu feiern und darauf aufzubauen, aus jeder schwierigen Situation etwas Positives zu machen sowie der Zusammenhalt in unserer Familie bringen uns immer weiter. Bei allen Erfolgen heißt es, sich nicht auf den Lorbeeren auszuruhen, und bei den Schwierigkeiten und Rückschlägen, mit denen man in seinem Berufsleben, aber auch privat konfrontiert wird, nicht aufzugeben. Nur so ist Fortschritt möglich. Aus Erfolgen wie auch aus Rückschlägen kann und sollte man etwas lernen und sich fragen: Was kann ich beim nächsten Mal noch besser machen?

Als Sternekoch und Unternehmer muss ich mich jeden Tag neuen Herausforderungen stellen und neue Risiken eingehen. Nur so ist es überhaupt möglich, Erfolge zu erzielen. Erfolge und Rückschläge liegen oft dicht beieinander, und die Gefahr des Scheiterns ist ständig da. Da fällt man zwar ab und zu hin, steht dann aber wieder auf und geht weiter. Dazu ist die entsprechende Disziplin notwendig. Diese hat mir besonders Eckart Witzigmann während der zwei Jahre, die ich bei ihm arbeiten durfte, vorgelebt und meine berufliche Karriere damit stark beeinflusst.

Zur Disziplin gehört nicht nur, dass man sich Herausforderungen stellt und nach Enttäuschungen einen Neustart wagt. Ebenso gehört dazu, dass man sich nicht auf seinen Lorbeeren ausruht, sondern stets neue Gelegenheiten aufgreift und diese mutig und mit Freude angeht. Dies versuche ich, an meine Söhne weiterzugeben. Nico kocht nach seiner Ausbildung bei Harald Wohlfahrt nun an meiner Seite, und ich versuche, ihm vorzuleben, dass man laufend etwas bewegen und mitgestalten muss, damit man auch etwas zurückbekommt. Nichts fällt einem in den Schoß, man muss laufend Gas geben, um Erfolg zu haben!

Jörg Sackmanns Tipp zum Kochen

ERZIELEN SIE MIT EINFACHEN REZEPTEN GENIALE ERGEBNISSE

Hobbyköche meinen oft, Kochen auf hohem Niveau müsste automatisch kompliziert sein. Weit gefehlt! Gerade mit einfachen Rezepten lassen sich geniale Geschmackserlebnisse kreieren. Ich halte ja immer wieder Kochkurse ab, auf denen ich dies zu vermitteln versuche. Im Kern geht es darum, dass man ein Produkt unverfälscht, mit einfachen Mitteln und ohne viel Schnickschnack verarbeitet und zubereitet. Es sollte also wirklich noch erkennbar sein, welche Zutaten verwendet wurden. Aber auch das Drumherum trägt maßgeblich zu einem ganzheitlichen und entspannten Kochvergnügen mit tollem Ergebnis bei. Stellen Sie erst einmal alle Zutaten bereit und machen Sie sich gemütlich eine Flasche Wein auf. Dann erst wenden Sie sich dem Rezept zu. So macht Kochen garantiert Spaß, und das Gericht wird gut gelingen.

Jörg Sackmanns Tipp zum Lesen

Sackmann, Jörg: Aromen; Tre Torri, Wiesbaden, 2008.

Thomas Schanz

BEHERRSCHE DIE GESAMTE PALETTE

Thomas Schanz ist seit dem Jahr 2011 Küchenchef und Inhaber des Restaurants *Schanz*, zu dem auch ein Hotel und eine Weinstube gehören. Das Haus in Piesport bei Trier an der Mosel trägt zwei Sterne des Guide Michelin, von denen sich Thomas Schanz den ersten bereits im Jahr der Übernahme des Restaurants erkochte. Der Gastronomieführer Gault-Millau hat ihn mit 18 Punkten ausgezeichnet. In die Welt der Spitzengastronomie ist der gebürtige Piesporter – nach einer Hotelfachlehre – mit einer Ausbildung zum Koch bei Harald Wohlfahrt im Drei-Sterne-Haus *Traube Tonbach* in Baiersbronn gestartet (von 1999 bis 2002). Daran anschließend arbeitete er als Chef de Partie im Restaurant *Altes Kelterhaus* im rheinland-pfälzischen Wintrich beim Spitzenkoch Markus Plein. Von 2003 bis 2005 folgte eine Station im mit drei Sterne ausgezeichneten *GästeHaus Klaus Erfort* in Saarbrücken, bevor er in das *Waldhotel Sonnora* in der Eifel unter Sternekoch Helmut Thieltges wechselte. In diesem vom Guide Michelin mit drei Sternen ausgezeichneten Haus arbeitete Thomas Schanz sechs Jahre als Souschef.

Wer sich für den Kochberuf entscheidet und sich dabei hohe Ziele steckt, wird sehr wahrscheinlich irgendwann an den Punkt gelangen, an dem die Entscheidung ansteht, ob man sich mit einem eigenen Betrieb selbständig machen soll. Das ist oft die einzige Möglichkeit, die persönlichen Ansprüche an die Arbeit genau zu erfüllen und das gesamte Restaurant so zu gestalten und zu führen, wie es einem vorschwebt. Der Weg in die Selbständigkeit bedeutet allerdings immer ein hohes Risiko, speziell in der Sternegastronomie. Die Anfangsinvestitionen sind enorm. Man braucht eine hochklassige Küche, muss viel in gute Pfannen, Kasserollen und Töpfe investieren sowie mit Spitzenprodukten arbeiten. Zumeist muss man dabei mit Eigenmitteln ins Risiko gehen, weil viele Banken die Finanzierung eines Spitzenrestaurants kritisch einschätzen.

In meinem Fall haben mir gleich mehrere Ratschläge oder Vorbilder auf diesem Weg geholfen. So hat es mir meine gesamte Familie, darunter viele in der Gastronomie tätigen Mitglieder, vorgelebt, dass man immer mutig voranschreiten soll. Dass man sich etwas zutraut und das Selbstbewusstsein hat, etwas durchzuziehen. Meine Großmutter hat dann immer ergänzt, dass man auf seinem Weg auch darauf achten muss, ein ehrlicher, aufrechter Mensch zu bleiben und immer eine ordentliche Arbeit abzuliefern – dann müsse man vor nichts und niemandem Angst haben.

Immer eine ordentliche Arbeit abzuliefern bedeutet in der Spitzengastronomie, selbst bei Kleinigkeiten konsequent zu bleiben und nach Perfektion zu streben. Auch wenn man nur Karotten- oder Zwiebelwürfel schneidet, müssen die immer gleich groß sein. Das muss unterschwellig und automatisch ablaufen und in Fleisch und Blut übergehen. Diese Herangehensweise versuche ich auch an alle unsere Mitarbeiter weiterzugeben. Denn wenn man bisweilen in kleinen Dingen den Schlendrian einreißen lässt, sinkt schrittweise die gesamte Qualität der Gerichte.

Ein besonders wichtiger Rat für meine spätere Selbständigkeit kam noch vom Direktor des Hotels im Allgäu, in dem ich als ersten Ausbildungsschritt eine Hotelfachlehre absolviert habe.

Während einer unserer Gespräche ging es darum, in welcher Position er mich später einmal sieht. Offensichtlich war er ganz zufrieden mit mir und meinte, dass er sich auf jeden Fall vorstellen kann, dass ich einmal einen Gastronomiebetrieb gut managen könne. Dazu aber müsste ich erst noch kompletter werden und den nächsten Schritt gehen, nämlich an die Hotelausbildung noch eine Kochlehre anschließen. Nur so würde ich das Kernelement eines Hotels oder Restaurants verstehen. Ich wäre dann nicht vom Wissen eines anderen Küchenchefs abhängig, beispielsweise, wenn es um die Kalkulation der Preise oder den wichtigen Wareneinkauf geht. Wenn man selbst als Koch ausgebildet ist, erhält man bei den Mitarbeitern auch viel mehr Glaubwürdigkeit, als wenn man nur ab und zu in der Küche vorbeischaut und eigentlich nicht weiß, was dort vor sich geht. Die Menschen – egal, ob Mitarbeiter oder Gäste – spüren es, wenn man wirklich mit Können, Leidenschaft und Engagement bei der Sache ist.
Insgesamt, so erklärte mein Lehrmeister, müsse man sich stets den gesamten Überblick über das Unternehmen, das man führt, verschaffen und selbst einen Großteil der verschiedenen anfallenden Arbeitsschritte beherrschen. Dieser Rat war nicht nur phantastisch, weil er mich zu meinem späteren Traumberuf Koch gebracht hat, sondern er ist auch und vor allem uneingeschränkt wahr. Ich bin überzeugt, dass er auch für alle anderen Managementaufgaben in den unterschiedlichsten Branchen gilt.

Thomas Schanz' Tipp zum Kochen

PROBIEREN GEHT ÜBER STUDIEREN

Wer für Familie oder Freunde kocht, sollte sich genauso Zeit zum Abschmecken nehmen wie ein Profikoch. Das ist ein ganz wichtiger Arbeitsschritt auf dem Weg zu einem hervorragenden Gericht – und trotzdem schenken viele Hobbyköche dem zu wenig Beachtung. Ich persönlich probiere unheimlich viel, und zwar jeden Tag auf allen verschiedenen Posten unseres Restaurants. Es ist ganz wichtig, alle Bestandteile eines Menüs gut abzuschmecken. Denn es fällt besonders auf, wenn das Fleisch oder der Fisch perfekt munden, das mitgereichte Gemüse aber langweilig schmeckt. Ich bin zudem fest überzeugt davon, dass jeder Koch – das gilt natürlich auch für mich – durch häufiges Abschmecken besser wird. Man hat dann, wenn man beispielsweise neue Gerichte entwickeln möchte, sehr viele Geschmäcker und Richtungen im Gedächtnis, auf die man zurückgreifen kann. Das ist wie bei einem Sommelier, der auch immer besser wird, je mehr verschiedene Weine er probiert hat. Im Grunde ist häufiges Abschmecken für Köche das, was regelmäßiges Training für Sportler ist.

Thomas Schanz' Tipp zum Lesen

Das große Buch der Kräuter und Gewürze; Teubner, München, 2008.

Alfons Schuhbeck

»DON'T STOP THINKING ABOUT TOMORROW«

Nachdem Alfons Schuhbeck die Hotelfachschule in Bad Reichenhall abgeschlossen hatte, führten ihn seine Lehr- und Wanderjahre nach Salzburg, Genf, Paris, London und München. Zu den Stationen auf seinem Weg zum Sternekoch gehören so renommierte Adressen wie *Feinkost Käfer*, *Alois Dallmayr* und das *Aubergine* von Eckart Witzigmann. Zu Beginn der 1970er Jahre pachtete der gebürtige Traunsteiner die Kantine des Bayerischen Roten Kreuzes, bevor er 1980 das elterliche *Kurhausstüberl* in Waging am See übernahm. Dort wurde Alfons Schuhbeck 1983 für seine Kochkunst mit einem Michelin-Stern ausgezeichnet, den er seither hält. Der Gourmetführer Gault-Millau ehrte Schuhbeck 1989 als *Koch des Jahres* und zeichnet ihn mit 17 Punkten aus. Seit 2003 kocht das Team von Alfons Schuhbeck am Münchner *Platzl* im historischen Herzen der bayerischen

Landeshauptstadt. Dort – in unmittelbarer Nähe zum Hofbräuhaus – betreibt er neben dem besternten *Schuhbecks Restaurant in den Südtiroler Stuben* auch *Schuhbecks Orlando* und die *Orlando Sportsbar.* Außerdem gruppieren sich rund um das *Platzl* sein Eissalon, sein Teeladen, die von Gault-Millau als *Kochschule 2008* ausgezeichnete Kochschule und sein Gewürzladen, den er mit besonderer Leidenschaft und großer Fachkunde führt. Der vielseitige Sternekoch ist regelmäßig im Fernsehen zu sehen und zeichnet für das Menü der Dinnershow in *Schuhbecks Teatro* in München verantwortlich. Außerdem erfreuen sich die Spieler des FC Bayern München bei Auswärtsspielen der Champions League und der Europa League an seiner Kochkunst.

Die besten Ratschläge, die man in seinem Leben bekommt, sind die, die man irgendwann im Brustton der Überzeugung weitergibt. Alle Ratschläge, die man erhält, sind einem wohlgesinnt – davon sollte man bei ihrer Betrachtung auf jeden Fall ausgehen. Der Rat, der mich als Kind am meisten beeindruckt hat, war der eines wütenden Mathematiklehrers, der meinen Spezi* anbrüllte: »Erst denken, dann reden!« Damit kann man gut durchs ganze Leben kommen. So manches Unheil kann vermieden werden, wenn man sich gemäß dieser Maxime äußert. Als Koch hat mich die Summe der folgenden Ratschläge begleitet und geprägt: »Biete das, was du am besten kannst, und serviere es in entsprechender Atmosphäre.« »Je glaubwürdiger du dabei bist, umso leichter gewinnst du Gäste.« »Komm am Morgen mit einem Glücksgefühl in die Küche, denn du hast heute wieder alle Chancen, anderen eine Freude zu machen.« »Das Wichtigste beim Kochen ist die Leidenschaft. Denn kochen und essen sind wie die Liebe eine Frage der Begeisterung. Wer lieblos kocht und isst, der ist genauso fad wie jemand, der leidenschaftslos liebt.« »Vermeide es, Gäste zu belehren, Mitarbeiter

* Bayerischer Ausdruck für einen guten Freund und Kameraden.

zu missachten und jedem Trendgerede zu folgen.« Diese Ratschläge beinhalten sehr viele Aspekte, die Köchen und Gastronomen zum Erfolg verhelfen können. Zum einen ist es wichtig, nicht abzuheben und sich auf den Lorbeeren auszuruhen, sondern täglich aufs Neue hochmotiviert und mit Leidenschaft den Kochlöffel zu schwingen. Zum anderen dürfen wir in der Küche die Gäste, deren Bedürfnisse, Wahrnehmung und Empfinden niemals aus den Augen lassen – unabhängig von Trends und eigenen Lorbeeren. Und dass die Mitarbeiter in der Sternegastronomie unendlich wertvoll und für den Erfolg des Gesamtunternehmens unabdingbar sind, sollte sich mittlerweile herumgesprochen haben.

Als Mensch hat mich, wenn ich mal von meinem Gefühlsleben absehe, mein Fahrlehrer mit dem Rat tief beeindruckt: »Mach's wie die italienischen Autofahrer: Schau nur nach vorn!« Wenn man sich nicht um alles kümmert, was rechts und links von einem passiert und einen nicht wirklich betrifft, gewinnt man viel Zeit für sich und seine Probleme, und man erspart sich viel nervigen Umgang mit Neidern, Schleimern und Wichtigtuern.

Das Credo »Schau nur nach vorn« ergänzt sich natürlich mit meinem Leitmotiv als Unternehmer vortrefflich. Dieses lautet gemäß dem Titel eines Songs der Rockband *Fleetwood Mac*, den ich vor fast vierzig Jahren am Anfang meines Erfolgswegs nicht oft genug hören konnte: »Don't stop thinking about tomorrow.« Das hat mich mächtig motiviert, vorauszudenken. Daher habe ich es mir zur Maxime gemacht, die Vergangenheit nicht zu beachten, in der Gegenwart zu leben und vor allem die Zukunft zu bedenken. Dabei ist es mir nicht nur wichtig, mein Unternehmen fit zu halten für die Zukunft, sondern auch mich persönlich. Fast täglich trainiere ich daher spätabends nach meiner Arbeit mit meinem Coach. Das gibt mir die Kraft für die vielfältigen Herausforderungen meines Berufsalltags, obwohl ich fast

70 Kilometer fahren muss, um mit ihm zu arbeiten. Genauso wesentlich finde ich es, die sozialen Beziehungen zukunftsfähig zu halten. Daher versuche ich, meine Mitmenschen immer fair und anständig zu behandeln, getreu dem Motto: »Grüß die Leute auf dem Weg nach oben, dann kennen sie dich auch beim Runtergehen.«
Nach vorne zu schauen beinhaltet für mich auch, immer als Optimist in die Zukunft zu blicken. Natürlich ist auch mir nicht nur Gutes widerfahren, aber in dunklen Situationen erinnere ich mich an den bewährten Spruch: »Es gibt nichts Schlechtes, das nicht auch was Gutes beinhaltet.« Denn ich habe begriffen: Chancen bieten sich – auch in schwierigen Situationen – immer, wenn man nicht wie ein Trabrennpferd mit Scheuklappen stur in seiner Bahn läuft. Dabei expandiere ich nicht um des Geschäfts willen, sondern interessiere mich für alles, was gut in mein gastronomisches und kulinarisches Verständnis passt und was ich glaubhaft vertreten kann. Die Zeit, das sorgfältig zu prüfen, bleibt mir, weil ich keine Zeit mit Vergangenem und mit Dingen vertrödele, die ich nicht ändern kann. Ich grüble nicht darüber nach, warum eine Tür zugegangen ist, sondern schaue, wo die nächste aufgehen könnte.

Alfons Schubecks Tipp zum Kochen

FETT UND GEWÜRZE ERST HINZUFÜGEN, WENN DAS GERICHT SCHON FAST FERTIG IST

Für die Gesundheit ist es am besten, wenn man das Fett oder Öl erst gegen Ende des Zubereitungsprozesses zugibt. Der Geschmack der Zutaten wird wunderbar unterstrichen, aber das Fett wird dann nicht mehr zu sehr erhitzt. Werden Fette zu heiß, dehnen sich die einfachen, ungesättigten Fettsäuren so aus, dass sie von den aktiven Körper- und Nervenzellen nicht mehr verwertet werden können und nutzlos in den Fettzellen eingelagert werden. Auch hochwertige Öle sollte man erst spät hinzufügen, damit ihre wertvollen Bestandteile unserer Gesundheit dienen können. Ebenso sollten Gewürze erst spät zum Gericht gegeben werden, da viele Gewürze bei zu hoher Temperatur verbrennen, bitter werden oder ihren Geschmack nicht voll entfalten können. Generell ist es sinnvoll, wenn man die Temperatur reduziert und den Herd nicht unnötig auf die höchste Stufe stellt. Ihre Gesundheit und Ihr Geschmackserlebnis werden es Ihnen danken!

Alfons Schuhbecks Tipp zum Lesen

Schuhbeck, Alfons: Schuhbecks Welt der Kräuter und Gewürze; Zabert-Sandmann, München, 2015.

Ronny Siewert

WO DU GLÜCKLICH BIST, ARBEITEST DU AM BESTEN

Ronny Siewert ist seit 2008 Küchenchef des Restaurants *Friedrich Franz* im *Grand Hotel Heiligendamm* an der Ostseeküste, das mit einem Michelin-Stern und 18 Punkten im Gault-Millau ausgezeichnet wurde. Nachdem er als Schüler einen Großteil seiner Freizeit in der Küche seines Vaters verbracht hatte, absolvierte er seine Kochlehre bei Henning Steller im *Maritim Hotel* in Halle. Sein Weg zum Sternekoch führte Ronny Siewert über die *Residenz Heinz Winkler* in Aschau und das Restaurant *Dieter Müller* in Bergisch Gladbach zum *Waldhotel Sonnora* in Dreis, wo er von 2003 an als Souschef arbeitete. 2005 trat der in Nienburg an der Saale geborene Siewert seine erste Stelle als Küchenchef im *Chezann* in Rostock an und holte dort seinen ersten Michelin-Stern vom Gourmethimmel, bevor er nach Heiligendamm wechselte.

Obwohl ich mich im *Waldhotel Sonnora* als Souschef sehr wohl fühlte und von Helmut Thieltges viel gelernt hatte, kam der Tag, an dem es Zeit war, weiterzuziehen. Ich wollte den nächsten

Schritt in meiner Laufbahn wagen und bewarb mich um eine Stelle als Küchenchef. Mein Vater, der ebenfalls Koch ist, begleitete mich zum Vorstellungsgespräch in einem Sterne-Restaurant. Wir wurden dort sehr freundlich empfangen, aßen gut zu Abend, und der Inhaber signalisierte deutlich, dass er sich eine Zusammenarbeit mit mir gut vorstellen könnte. Ich sah mich in dem renommierten Restaurant um, das Ambiente gefiel mir nicht recht und irgendwie fühlte ich mich auch sonst nicht wohl. Der Funke sprang einfach nicht über.

Meine Eltern sagten mir angesichts des reizvollen finanziellen Angebots: »Wenn du nur Geld verdienen willst, fang dort an, wenn du glücklich werden willst, such dir ein anderes Haus.« Dies hat meinen weiteren Lebensweg entscheidend beeinflusst. Nach unserer Rückkehr saßen mein Vater und ich abends gemeinsam am Computer und suchten nach ausgeschriebenen Stellen, die zu mir passen könnten. Es poppte eine Position als Küchenchef in einem Restaurant im Rostocker Stadtteil Warnemünde mit 14 Gault-Millau-Punkten auf. Mein Vater meinte sofort: »Mensch, geh dahin, das ist in Warnemünde, da hat es dir doch als Kind schon immer gut gefallen!« Ich bin in Sachsen-Anhalt aufgewachsen und habe etliche Sommerferien mit meinen Eltern an der Ostsee verbracht. Anders als mein Vater war ich nicht sofort Feuer und Flamme. Einerseits zog es mich zwar schon an die Ostsee, aber andererseits hatte ich noch so ein Grummeln im Bauch. Da erinnerte ich mich, dass ich mit einem sehr ähnlichen Bauchgefühl schon einmal den Rat meines Vaters angenommen und damit gute Erfahrungen gemacht hatte. Kurz und gut – ich ging nach Rostock-Warnemünde.

Das *Chezann*, in dem ich nun als Küchenchef anfing, war jung und peppig, außerdem hatte es immerhin 14 Punkte. Das schien mir eine gute Basis zu sein, auf der ich aufbauen konnte und wollte. Mir war es nämlich schon immer sehr wichtig, meine

Lorbeeren selbst zu verdienen und mich nicht ins gemachte Nest zu setzen. Im ersten Sommer dort war ich quasi allein in der Küche, aber das Team des gesamten Restaurants zog an einem Strang und ich fühlte mich von Beginn an richtig wohl. Ich bekam dann einen Azubi dazu, wir arbeiteten konsequent und kochten auf hohem Niveau. Nach eineinhalb Jahren hatten wir 16 Gault-Millau-Punkte und einen Stern im Guide Michelin – das kam dann doch sehr überraschend! Natürlich war die Freude riesig; das *Chezann* war das erste Restaurant in Rostock überhaupt, das einen Stern bekam. Das war nicht nur eine Sensation, sondern auch für mich genauso wie für die Stadt und das Umland sehr förderlich. Spätestens da wusste ich, dass es der richtige Schritt war, in die Region zu gehen, in der ich mich wohlfühle. Ich kann einfach besser arbeiten, wenn es mir gutgeht. Ich denke, das gilt für viele Menschen.

Recht schnell ergab sich dann eine weitere Chance. Dazu muss man wissen, dass es bei Spitzenköchen fast so ist wie bei Spitzenfußballern: Auch wir Köche bekommen viele Angebote und werden immer wieder von anderen »Vereinen« – sprich Sterne-Restaurants – abgeworben. Ich bin jedoch jemand, der nicht sprunghaft von einer Position zur nächsten wechselt, um immer bessere Verträge oder interessantere Aufgaben zu erhalten – und dann plötzlich auf der Nase zu landen, wie es in meiner Branche leider häufig vorkommt. Wenn ich mich wohlfühle und genug Freiheiten sowie Entwicklungsmöglichkeiten an meiner Stelle habe, bleibe ich. Meiner festen Überzeugung nach sind nämlich auch Kontinuität und ein stabiles Umfeld für nachhaltig gute Leistungen wichtig. Allerdings war die Position, die mir in der geschilderten Situation angeboten wurde, dann doch zu verlockend.

Mit meinem ehemaligen Chef Helmut Thieltges hatte ich auch nach meinem Weggang noch ein gutes Verhältnis, was sicher auch daran liegt, dass ich die Zusammenarbeit sauber abgeschlossen und das *Waldhotel Sonnora* nicht Hals über Kopf verlassen habe. Ein Stammgast sprach Helmut Thieltges an und erzählte ihm, dass der Küchenchef im *Grand Hotel Heiligendamm*, der alle dortigen Restaurants verantwortete, weggeht. Diese Aufgabe solle nun gesplittet werden, und für das Gourmetrestaurant suche man noch einen Küchenchef. Mein ehemaliger Chef empfahl mich für diese Stelle und sagte: »Ronny Siewert ist ein erstklassiger, zuverlässiger Koch, für den ich die Hand ins Feuer lege. Außerdem ist er ohnehin schon da oben an der Ostsee.« Als man mir diese renommierte Position dann tatsächlich anbot, hatte ich wieder dieses spezielle Bauchgefühl – einerseits Zustimmung, andererseits Grummeln. Also sagte ich zu.

Diese Entscheidung war ein absoluter Glücksgriff für mich, denn ich lernte hier in Heiligendamm meine Frau kennen, wir haben ein Haus gekauft, eine Tochter bekommen und fühlen uns einfach rundum wohl hier. Natürlich ist so eine glückliche Familie eine wundervolle Basis für meine erfolgreiche Arbeit. Aber nicht nur sie bietet mir die Stabilität, die ich brauche, um mich wohlzufühlen. Auch mein Arbeitgeber, der familienfreundlich ist und mir das Gefühl gibt, auf Dauer mit mir arbeiten zu wollen, trägt dazu bei, dass ich mich wohlfühle. Natürlich kommen auch jetzt Angebote von anderen Restaurants, aber ich weiß, dass es sehr wichtig ist, dort zu arbeiten, wo man sich wohlfühlt; der Erfolg stellt sich dann leichter ein. Und mit »dort« meine ich eben nicht nur die Region.

Ronny Siewerts Tipp zum Kochen

GUTE KÜCHE BEGINNT MIT DER PERFEKTEN ZUBEREITUNG EINFACHER GERICHTE

So mancher Alltags- oder Hobbykoch denkt bei gehobener Küche gleich an komplizierte Gerichte und Zutaten wie Gänseleber oder Trüffel. Ich finde es aber viel wichtiger, dass man sich auch bei einfachen Gerichten ins Zeug legt. Mein Credo lautet: »Wenn du kochst, gib dir die größte Mühe und arbeite sorgfältig.« Bevor man sich an komplizierten Rezepten mit ausgefallenen Zutaten versucht, gilt es, ein einfaches Mahl perfekt zuzubereiten. Wenn die Kinder beim Mittagessen begeistert sind vom Hähnchen mit Kartoffelpüree, ist die erste Hürde zur Kochkunst schon gemeistert. Wem dann auch beispielsweise ein gemischter Salat oder ein Wiener Schnitzel hervorragend gelingt, der braucht sich vor größeren Herausforderungen in der Küche nicht mehr zu scheuen. Warum? Ganz einfach, weil dieser Mensch bewiesen hat, dass er mit Liebe, Mühe und Engagement kocht.

Ronny Siewerts Tipp zum Lesen

Finkbeiner, Hannes; Siewert, Ronny: Frühstück & Brunch – Rezepte, Tipps und Warenkunde; Matthaes, Stuttgart, 2011.

Douce Steiner

BLEIB AM BODEN, VERFOLGE KONSEQUENT DEINE ZIELE UND WIRTSCHAFTE VERNÜNFTIG

Douce Steiner führt den Familienbetrieb *Hotel Restaurant Hirschen* im badischen Sulzburg. Nach der Lehre bei ihrem Vater Hans-Paul Steiner bildete sie sich bei Georges Blanc in Vonnas und bei Fritz Schilling in den *Schweizer Stuben* in Wertheim weiter. Auf ihrer Station bei Drei-Sterne-Koch Harald Wohlfahrt in der *Schwarzwaldstube* lernte sie ihren Mann

Udo Weiler kennen. 1997 schloss sie die Ausbildung zum Küchenmeister an der Hotelfachschule in Heidelberg ab, bevor sie 1998 in den elterlichen Betrieb zurückkehrte. 2008 hat sie den *Hirschen* von ihren Eltern übernommen und Schritt für Schritt zu einem Schmuckstück ausgebaut. Ihren Restaurantgästen bietet Douce Steiner überwiegend die Genüsse der leichten französischen Küche. 2012 erhielt sie den zweiten Michelin-Stern und ist damit Deutschlands erste und bisher einzige Zwei-Sterne-Köchin.

In unserer Familie geht es eigentlich immer nur ums Essen. Weil auch ich ein Genussmensch bin, wahnsinnig gerne esse und guten Wein schätze, liebe ich meinen Beruf. Dies ist meiner Meinung nach eine gute Voraussetzung, um erfolgreich zu sein. Dabei geht es mir weder um Ruhm und Ehre, noch brauche ich ein großes Publikum. Am liebsten halte ich mich in meinem Betrieb auf, fröne meiner Leidenschaft als Köchin, bin für meine Gäste da und biete ihnen eine hervorragende Qualität. Als ich den zweiten Michelin-Stern erkocht hatte und »plötzlich« Deutschlands einzige Zwei-Sterne-Köchin war, gab es allerhand Nachfragen vom Fernsehen, von Veranstaltern und von der Presse. Natürlich ging ich auf viele Anfragen ein und freute mich über das Interesse. Aber da wurde mir auch klar, dass mir diese Art Popularität nur in dem Ausmaß wichtig ist, in dem mir auch Freizeit mit meinem Mann in der Natur und beim Sport bleibt. Diesen Ausgleich brauche ich auch, um Kraft zu schöpfen für Kreativität und Höchstleistung am Herd. Daher halte ich es für den besten Rat, bodenständig zu bleiben, authentisch zu sein und das zu tun, was einem wirklich wichtig ist.
Natürlich ist es für mich als Inhaberin und Verantwortliche für Hotel und Restaurant auch essentiell, unternehmerisch zu handeln und vernünftig zu wirtschaften. Das war für mich nach der Übernahme des Betriebs von meinen Eltern eine große Umstellung und Herausforderung – ich konnte damals nicht einmal

auf einem Computer schreiben. Ich war einfach Köchin aus Leidenschaft. Das bin ich heute noch, nehme aber daneben die Verantwortung für unsere Mitarbeiter und den Erfolg des Hotels und Restaurants sehr ernst. Der beste Rat für meine Rolle als Unternehmerin kam von meinem Steuerberater, der mir gesagt hat: »Douce, wenn du den Betrieb übernimmst, dann leg von Anfang an jeden Monat einen bestimmten Betrag für die Steuer zurück.« Dabei ging es natürlich nicht ausschließlich um die Steuer, sondern ums vorausschauende Handeln und vernünftige Wirtschaften. Das hat mich auch dazu gebracht, nicht alles auf einmal zu wollen, sondern Schritt für Schritt ein florierendes Unternehmen aufzubauen. Das Hotel habe ich beispielsweise Zimmer für Zimmer renoviert, teilweise in den Ferien, bis es nach und nach zu dem Schmuckstück geworden ist, das es heute ist. Dabei bin ich ganz konservativ vorgegangen und habe eines nach dem anderen gemacht. Natürlich hatte ich das große Glück, auf dem tollen Fundament, das meine Eltern geschaffen hatten, aufzubauen. Gleichzeitig und ebenfalls so nach und nach haben wir gemeinsam über einen Zeitraum von zehn Jahren den Generationenwechsel erfolgreich bewältigt – was nicht so leicht war, wie es jetzt vielleicht klingt.

Dieses schrittweise Vorgehen, ohne etwas zu überstürzen, ist für mich auch aus einem anderen Grund sehr wesentlich: Ich hasse Stress und allzu großen Druck, der dann auch auf die Stimmung in der Küche drückt. Wenn man über einen langen Zeitraum hinweg Höchstleistungen erbringen will, muss man sich die nötigen Auszeiten gönnen, um die Qualität auch halten zu können. Deswegen achte ich darauf, dass alle im Team, also auch ich, vernünftig mit den eigenen Kräften haushalten. Das hat den schönen Nebeneffekt, dass wir damit auch einen attraktiven Arbeitsplatz für Menschen jeden Alters bieten. Mit dieser Ausgewogenheit haben wir uns zu einem tollen Team entwickelt, in dem neben der Qualität auch ein respektvoller Umgang miteinander im Vordergrund steht.

Auf Basis dieser Voraussetzungen, aufgrund des motivierten Teams und des soliden wirtschaftlichen Fundaments, habe ich die Freiheit im Kopf für mein schöpferisches Tun in der Küche, kann auch einmal experimentieren und freue mich, wenn meine Gäste einen tollen Abend erleben.

Douce Steiners Tipp zum Kochen

ZU SÜSS ABSCHMECKEN

Wenn man ein Fruchtsorbet abschmeckt, sollte man dies tun, bevor man es dreht, also praktisch in flüssigem Zustand. Ich habe die besten Erfahrungen damit gemacht, es etwas zu süß abzuschmecken, denn dann schmeckt es perfekt, wenn es auf den Tisch kommt. Ich mische dafür gerne ein bisschen Orangensaft mit Läuterzucker. Ich schmecke so ab, dass die Flüssigkeit, würde man sie trinken, fast zu süß ist. Durch diese überzogene Süße kommt die Frucht viel stärker in den Vordergrund und das Sorbet schmeckt besser. Dieses etwas zu süße Abschmecken kann man auch bei einem Obstsalat mal ausprobieren – die Früchte entwickeln dann ihren Geschmack deutlicher.

Douce Steiners Tipps zum Lesen

Steiner, Douce: Douce – Unsere verrückte Gemüsewelt; Rombach Edition, Winden, 2014.

Hans Stefan Steinheuer

ZWEI STANDBEINE SIND BESSER ALS EINES

Hans Stefan Steinheuer führt in Bad Neuenahr-Ahrweiler in Rheinland-Pfalz unter einem Dach zwei eigenständige Restaurants: den *Landgasthof Poststuben*, der regional ausgerichtet ist, und das Gourmetrestaurant *Zur Alten Post*, das sich auch an internationale Feinschmecker richtet. Es trägt zwei Sterne des Guide Michelin (von denen er den ersten bereits 1986 erhielt, der zweite wurde ihm 1999 verliehen) und 19 Punkte von Gault-Millau. Als einer der Jüngsten überhaupt wurde Hans Stefan Steinheuer von diesem Restaurantführer im Jahr 2000 zum *Koch des Jahres* gewählt. Zu den Stationen, die ihn auf das hohe Niveau führten, zählen das Hotel *Erbprinz* in Ettlingen (1978 bis 1979) und die renommierten *Schweizer Stuben* in Wertheim, wo er als Stellvertreter des bekannten Kochs Dieter Müller von 1981 bis 1983 wirkte. Seine Ausbildung zum Koch hat Hans Stefan Steinheuer ab 1976 in Stolberg im Rheinland beim *Gut Schwarzenbruch* absolviert.

Den besten Rat meiner Laufbahn erhielt ich von Adalbert Schmitt, dem Inhaber der *Schweizer Stuben* in Wertheim, der zwar selbst kein Koch war, aber bei dem die Spitzenkräfte Jörg und Dieter Müller arbeiteten, unter denen ich als Souschef sehr viel lernen durfte. Das ist ein Rat, der in erster Linie ganz praktisch und konkret klingt, der sich aber auch auf zahlreiche andere Bereiche des Lebens übertragen lässt: Adalbert Schmitt riet mir, zwei Restaurants gleichzeitig zu eröffnen. Und zwar eines, das bürgerlich ausgerichtet ist sowie in der Region verwurzelt. Damit würde es auch viele einheimische Gäste anziehen, was den Vorteil mit sich bringt, dass diese Gäste in der Regel öfter kommen. Das andere Lokal, so Adalbert Schmitt, solle ein richtiges Gourmetrestaurant werden, bei dem man

experimentiert und zeigt, was man kann. Das solle auch nationales beziehungsweise internationales Publikum anziehen, also all die zahlreichen Gourmetreisenden – die ein Restaurant allerdings nur in größeren Abständen oder vielleicht auch überhaupt nur einmal besuchen. Ich hatte später das Glück, das elterliche Restaurant in Bad Neuenahr-Ahrweiler im Stadtteil Heppingen in Rheinland-Pfalz übernehmen und nach diesen Vorgaben gestalten zu können. Entstanden sind der *Landgasthof Poststuben*, wo ich, schon lange bevor das ein Megatrend wurde, regionale Küche anbot und sogar Rezepte meiner Mutter nachkoche. Dort gilt: Das beste Produkt ist immer das, welches den kürzesten Weg in unsere Küche hat. Das andere ist das Gourmetrestaurant *Zur Alten Post*, das zwei Michelin-Sterne und 19 Gault-Millau-Punkte trägt und in dem ich meine Kreativität am Herd zur Geltung bringen kann.
Durch diese Dualität können wir mit der Auslastung variieren und die Kapazitäten effizient nutzen. Die Aufmerksamkeit, die das Sterne-Restaurant auf sich zieht, färbt positiv auf den *Landgasthof Poststuben* ab. Wir haben sogar Gäste, die unbedingt beide Betriebe besuchen wollen, um den gesamten Spannungsbogen kennenzulernen. Diese positive Dualität spiegelt sich auch in der Zusammenarbeit mit meiner Frau wider. Nur durch ihren unermüdlichen und liebevollen Einsatz – vor allem im Service – können unsere Gäste beide Schokoladenseiten der Gastronomie und Hotellerie kennenlernen: Sie können gut essen und sich rundum wohlfühlen und verwöhnen lassen. Das ist der Weg, um Stammgäste für sich einzunehmen.
Auch die Entwicklung, einerseits regional verwurzelt zu sein und andererseits in der großen, weiten Welt der Spitzengastronomie mitzuspielen, hat sich direkt aus der cleveren Grundidee, zwei Restaurants zu eröffnen, ergeben. Dieses Konzept trägt nun schon seit mehr als dreißig Jahren. Heute bin ich derjenige,

der Mitarbeitern oder anderen Köchen die Philosophie weitergibt, erst einmal in der näheren Umgebung zu schauen, was es Gutes gibt, und erst dann weiter zu blicken.
All das lässt sich verdichten zu einem wichtigen Motto, das ich für mich gefunden habe: Ich möchte Dinge zusammenbringen, die füreinander geschaffen sind, aber keine Gegensätze inszenieren. Das bedeutet zum Beispiel, dass ich mich lieber von der Natur inspirieren lasse, als durch exzentrische Mischungen aus Fleisch und Fisch oder durch den Einsatz gerade populärer Gewürze aufzufallen.

Hans Stefan Steinheuers Tipp zum Kochen

TRAUEN SIE SICH, DOGMEN KRITISCH ZU HINTERFRAGEN

Auch Hobbyköche dürfen Dogmen bei der Zubereitung von Speisen kritisch hinterfragen – egal, ob es um das Garen, das Würzen oder um handwerkliche Techniken geht. Kochen ist so ein weites Feld und eine Welt für sich, dass jeder nur für sich selbst entscheiden kann, was das Beste ist. Zum Beispiel wird bei der Zubereitung für einen Fischfond gebetsmühlenartig geraten, am Anfang das Gemüse zu glasieren. Danach soll das Ganze noch mindestens eine halbe Stunde in Wasser und Weißwein kochen. Wer glaubt denn wirklich, dass da das vorherige Glasieren sinnvoll ist? Auch bei Techniken, die gerade in Mode sind, darf man ruhig einmal kritisch hinsehen. Die »Sous-vide«-Methode, bei der Fleisch oder andere Produkte bei einer konstanten, niedrigen Temperatur gegart werden, ist beispielsweise sicher in manchen Bereichen sinnvoll, aber man muss jetzt nicht plötzlich alles auf diese Weise zubereiten. Es gibt Gerichte, die traditionell gekocht besser schmecken!

Hans Stefan Steinheuers Tipps zum Lesen

Steinheuer, Hans Stefan: Steinheuer – Das Kochbuch; Collection Rolf Heyne, München, 2003.
Steinheuer, Hans Stefan: Harmonie der Aromen – Einklang von Küche und Wein; Tre Torri, Wiesbaden, 2008.

Paul Stradner

KONZENTRIERE DICH AUF DAS WESENTLICHE

Paul Stradner trat im August 2012 seine Position als Küchenchef in *Brenners Park-Restaurant* in Baden-Baden an. Nur drei Monate später wurde ihm der erste Michelin-Stern verliehen. Bereits 2014 erhielt er seinen zweiten Michelin-Stern. 2016 kürte Gault-Millau den gebürtigen Grazer dann zum *Aufsteiger des Jahres* und zeichnete ihn mit 18 Punkten aus. Paul Stradner sammelte seine ersten Erfahrungen im Restaurant *Luttenberger* in Graz, im *Hotel Linde* in Maria Wörth sowie im *Hotel Arlberg* in Lech am Arlberg. Es folgten Stationen im *Hotel Traube Tonbach* in Baiersbronn bei Harald Wohlfahrt und im Restaurant *L'Arnsbourg* im französischen Baerenthal bei Jean-Georges Klein, bevor er schließlich 2012 nach Baden-Baden ging.

In meiner Zeit als Souschef im Restaurant *L'Arnsbourg* in Frankreich war ich oft damit beschäftigt, Gerichte für die neue Speisekarte zu entwickeln, und dachte mir die kühnsten Kreationen und Spielereien aus, die allerdings weder die Qualität des Gerichts erkennbar hoben noch einen echten Fortschritt brachten. Jean-Georges Klein, mein damaliger Chef und Lehrer, kommentierte meine Bemühungen recht salopp: »Wenn es nichts bringt, dann lass es doch weg.« Es dauerte eine ganze Weile, bis bei mir der Groschen fiel und ich erkannte, was er mit diesem Rat meinte: Ich solle einfach die Spielereien weglassen und mich auf das Wesentliche konzentrieren.
Dieser Rat half mir ungemein – beim Kochen genauso wie bei meinem gesamten beruflichen Werdegang. Denn überall lauert die Gefahr, dass man sich zu viel mit Einzelheiten, Kleinigkeiten und Details auseinandersetzt, die sich am Schluss als nebensächlich und nicht erfolgsentscheidend erweisen. Stattdessen

muss man sich auf das Richtige und Wichtige fokussieren. Als ich beispielsweise 2012 Küchenchef in *Brenners Park-Restaurant* geworden bin, war ich mit vielen Herausforderungen konfrontiert: neue Arbeitsstelle, neue Position, neues Team. Da habe ich den guten Rat beherzigt und sofort analysiert, was momentan im operativen Geschäft das Wichtigste ist, was mich weiterbringt und was ich im Augenblick erst einmal links liegenlassen kann. Es hat funktioniert. Innerhalb kürzester Zeit war alles am Laufen – und gleich drei Monate später kam der Anruf, dass wir den ersten Michelin-Stern bekommen!

Auch in meiner täglichen Arbeit in der Küche ist der Rat »Konzentriere dich auf das Wesentliche« stets präsent. Immer wieder gerate ich in Versuchung, mich mit zu vielen Spielereien zu beschäftigen. Es gibt Gourmetrestaurants, in denen der Gast zwanzig oder mehr Komponenten auf seinem Teller findet. Das ist geschmacklich die totale Überforderung. Daher beschränke ich mich lieber auf drei oder vier Komponenten, die im Kern das Gericht ausmachen – weniger ist mehr! Die hohe Qualität der Grundzutaten – das hat mir Harald Wohlfahrt eingetrichtert – muss dabei selbstverständlich sein.

Die Fähigkeit, sich im Arbeitsalltag gut zu organisieren, trägt enorm dazu bei, sich auf das Wesentliche konzentrieren zu können. Wie in der Wirtschaft, im Sport und in der Politik ist es auch in der gehobenen Gastronomie entscheidend, dass man ein gutes Maß an Arbeitsorganisation und Zeitmanagement mitbringt. Daher versuche ich Tag für Tag meinem Team zu vermitteln, dass es gut organisiert und gut vorbereitet in den Tag starten soll. Bei uns gibt es so viele Kleinigkeiten, auf die es im Tagesgeschäft ankommt, und zahlreiche Dinge und Handgriffe, die zu erledigen sind. Nur wer sich schon am Tag vorher Gedanken macht und sich exakt überlegt, wie er die komplexe Aufgabenstellung bewältigt, wird am Schluss das erforderliche

Tempo und Niveau erreichen können. Außerdem muss man bereit sein, ein Quantum an Mehreinsatz zu leisten, das dann den Erfolg erst ermöglicht. Es geht darum, dass sich jeder im Team Gedanken macht, wie die Organisation der Abläufe verbessert werden kann, wie sich Arbeitszeit einsparen lässt und welche neuen Gerichte entwickelt werden könnten – kurz: wie man sich ständig verbessern kann.
Eine tolle Inspirationsquelle für unser Team ist unser regelmäßiger Kreativtag. Dieser findet immer samstagvormittags statt, nicht in der Küche, sondern in einem entspannten Ambiente am Kaffeetisch oder im Park. Die Köche tragen hier ihre Ideen der vergangenen Woche zusammen und überlegen, was wir daraus machen könnten. Die Atmosphäre ist locker und entspannt, die Teilnahme ist freiwillig. Es ist toll zu beobachten, welche Energie ohne Zeitdruck entsteht, und fast jede Woche kommt dabei etwas Kreatives heraus.

Paul Stradners Tipp zum Kochen

KOCHE MINDESTENS EINMAL PROBE, BEVOR DU GÄSTE EINLÄDST

Wenn man für Gäste kocht und etwas Neues präsentieren will, sollte man das Gericht mindestens einmal vorher zur Probe kochen. Meistens erhält man beim zweiten Durchgang das wesentlich bessere Ergebnis. In der Profiküche machen wir das genauso – oft kochen wir sogar dreimal, bevor wir etwas auf die Karte nehmen. Es macht ja auch absolut Sinn, dass man erst ausprobiert, wie man am besten die einzelnen Schritte plant und durchführt, wie man die Garzeiten wählt und vieles mehr. Sowohl beim Probekochen als auch im Ernstfall, wenn die Gäste bereits eingeladen sind und Sie sich an die Zubereitung des Menüs machen, gilt: Das Wichtigste ist, dass Sie sich ausreichend Zeit nehmen. 30 Minuten reichen aus für ein schnelles Essen unter der Woche. Doch wenn Sie für Ihre Gäste etwas Anspruchsvolles kochen möchten, dann sollten Sie mehrere Stunden einplanen, damit alles schön entspannt abläuft und die Qualität nicht leidet.

Paul Stradners Tipp zum Lesen

Stradner, Paul; Otte, Carsten; Bidinger, Lukas: Grand Cuisine; Matthaes, Stuttgart, 2017.

Simon Taxacher

NUR WER SICH JEDEN TAG NEU ERFINDET, BLEIBT SICH TREU

Simon Taxacher führt seit 2000 das gleichnamige Restaurant *Simon Taxacher* (ehem. *Rosengarten*) in Kirchberg nahe Kitzbühel in Tirol. Im Jahr 2004 hat er diesen Betrieb seiner Eltern komplett umgebaut und 2010 um einen Hotel-Neubau mit sechsundzwanzig Zimmern erweitert. Das Hotel *Rosengarten* zählt zu den *Relais & Chateaux*-Mitgliedern und damit zu den weltweit fünfhundert besten, persönlich geführten Häusern. Auch der Vereinigung *Les Grandes Tables du Monde* gehört das Restaurant *Simon Taxacher* an. Der Gault-Millau zeichnet Simon Taxacher mit 19 von 20 Punkten aus. Bis zur Einstellung der österreichischen Ausgabe des Guide Rouge von Michelin war Simon Taxacher von diesem Restaurantführer mit zwei Sternen ausgezeichnet. 2012 erhielt er die *Trophée Gourmet à la Carte* in der Kategorie *Kreative Küche*.

Die allermeisten Menschen halten es für erstrebenswert, sich privat und im Berufsleben selbst treu zu bleiben. Das klingt nicht überraschend, hat aber zahlreiche Facetten, und es ist keineswegs einfach, das dauerhaft zu erreichen. Eine vielleicht nicht so naheliegende Voraussetzung dafür ist, meiner Meinung nach, sich stets weiterzuentwickeln und neu zu erfinden. Für mich persönlich, aber auch für mein Küchenteam, hat sich das sogar als Leitmotiv etabliert: »Nur wer sich jeden Tag neu erfindet, bleibt sich treu.« Man könnte diesen Gedanken auch etwas anders formulieren: Man muss Ideen und Phantasien ausleben und manchmal auch ein bisschen Mut zeigen, um den roten Faden der eigenen Linie immer wieder zu erkennen. Und das ist besonders in der Spitzengastronomie unabdingbar, um sein eigenes, klares Profil zu entwickeln, das dann auch die Gäste wiedererkennen und welches sie bei jedem Besuch dennoch wieder von neuem überrascht.

Dieser für mich prägende Rat geht zurück auf Lisl Wagner-Bacher, die »Grande Dame der österreichischen Küche«, die das Spitzenrestaurant *Landhaus Bacher* im österreichischen Mautern führt. Sie riet mir bereits als junger Koch in meiner Ausbildungszeit: »Schau dir viele Köche und ihre Kochstile an und lerne von ihnen, ohne sie zu kopieren. Finde aus diesen Erfahrungen deinen eigenen Stil, und bleib dir treu.«

Genau diesen Ratschlag habe ich stets befolgt und mir zahlreiche Gastronomiebetriebe, von der gehobenen Sterneküche bis hin zu den traditionellen Wirtshäusern, angeschaut. Von unseren regionalen Betrieben konnte ich mir abschauen, wie ein Restaurant funktionieren muss, damit es – neben internationalem Publikum – auch heimische Gäste anspricht. Dies ist für den wirtschaftlichen Erfolg unabdingbar, besonders für einen Familienbetrieb, wie wir es sind.

Auch für das Kochen selbst war das Sammeln von Wissen und Erfahrungen verschiedenster Lehrmeister sehr hilfreich, um mit regionalen Zubereitungsweisen und Produkten auf Sterneniveau zu kochen. Und genau dadurch konnte ich dann meinen eigenen, wiedererkennbaren Stil entwickeln.

Wenn man auf diese Art erst einmal seinen eigenen Weg gefunden hat, ist man so gefestigt, dass man sich auch bei großen Veränderungen treu bleibt. Bei uns war so ein bahnbrechender Wandel der komplette Umbau des Restaurantbetriebs im Jahr 2004 und der spätere Hotel-Neubau 2010. Beides war mit hohen

Kosten verbunden, und es war keineswegs sicher, dass sich die Investitionen wirtschaftlich auch auszahlen würden. Der Schuss hätte, wie man sprichwörtlich sagt, auch nach hinten losgehen können. Aber weil ich, weil *wir* unseren eigenen Weg bereits gefunden hatten, konnten wir die großen Umbauten auch zuversichtlich und mit dem nötigen Selbstbewusstsein bewerkstelligen. Wir haben uns einfach gesagt, dass wir Gastronomie auf höchstem Niveau anbieten müssen, um weiterhin neben unseren Hausgästen auch Gäste von auswärts kulinarisch anziehen zu können und langfristig erfolgreich zu bleiben – und genau so kam es dann auch: 2010 wurden unsere Bemühungen durch stolze 19 Punkte im Gastronomieführer Gault-Millau belohnt.

Simon Taxachers Tipp zum Kochen

KAUFT BEIM BAUERN EIN, DAS INSPIRIERT

Ich kann ambitionierten Hobbyköchen nur empfehlen, die Zutaten für ein Menü bei einem Bauernhof in der Nähe zu kaufen. Nach wie vor gibt es noch viele Höfe, die eine breite Palette an Produkten anbieten – Hühner, Eier, diverse Gemüsesorten, Fleisch von den eigenen Kühen und vieles mehr. Oft kann man sogar selbst beobachten, wie die Landwirte etwas vom Feld holen oder mit ihren Produkten arbeiten. Natürlich ist das Angebot niemals so umfangreich wie in einem Supermarkt. Aber das muss es auch gar nicht sein! Man nimmt einfach das, was gerade da ist, und lässt sich davon inspirieren, dann hat man auch automatisch einen Bezug zu dem, was die Natur zur gegebenen Jahreszeit gerade bereitstellt. Ich jedenfalls kann so viel Kreativität, wie sich bei einem Besuch auf einem Bauernhof entfaltet, niemals entwickeln, wenn ich nur in meinem Restaurant bleibe. Viele unserer Gäste sagen mir, dass sie es bewundern würden, wie wir kochen, und dass sie das selbst nie so hinbekommen würden. Ich ermutige sie dann immer und versichere ihnen, dass sie das ja auch gar nicht müssen, den Genuss aber trotzdem haben können. Viele aufwendig drapierte Speisen der Spitzengastronomie können etwas abgewandelt und vereinfacht ein ebenso tolles Gericht ergeben. Es muss ja zum Beispiel nicht immer die akribisch geschnitzte Mini-Karotte sein, auch eine normale Karotte, die frisch und schmackhaft ist, ist ein Genuss.

Simon Taxachers Tipps zum Lesen

Aduriz; Andoni Luis: Mugaritz – A Natural Science of Cooking; Phaidon, London, 2012.
Taxacher, Simon: Aroma und Textur; Umschau, Neustadt an der Weinstraße, 2008.

Franz Wiget

LEGE DEINE SORGEN UND FREUDEN IN DIE HAND GOTTES

Franz Wiget leitet das Restaurant *Adelboden* in Steinen in der Schweiz, das zwei Michelin-Sterne trägt und vom Gault-Millau mit 18 Punkten ausgezeichnet wurde. Der in Schwyz geborene Franz Wiget, der 2012 vom Gault-Millau zum *Koch des Jahres* gewählt wurde, durchlief seine Kochlehre im Restaurant *Rössli*, das ebenfalls in Steinen angesiedelt ist. Diese Ausbildung ergänzte er durch den späteren Besuch der Hotelfachschule *Belvoirpark* in Zürich. Weiterhin kochte Wiget im Hotel *Seepark* in Oberägi sowie in der Unteroffiziersschule der Schweizer Armee und im Restaurant *Raben* in Luzern. Umfangreiches Wissen in der Feinbäckerei eignete er sich während einer Station in der renommierten Konditorei *Café Haug* in Schwyz an.

Wenn man wie ich in der Innerschweiz als Bauernbub aufwächst und nicht unbedingt den Hof der Familie übernehmen möchte, muss man sich selbst seinen Weg suchen. Mir hat glücklicherweise mein Vater sehr bei der Berufswahl geholfen. Erst er hat mich auf die Idee gebracht, dass ich ja den Kochberuf erlernen könnte. Nicht lange nach unserem Gespräch begann ich eine Lehre bei meinem wunderbaren Meister Albert Koller, der in unserm Dorf ein Lokal betrieb, mir aber ohne jegliche Angst vor Konkurrenz sehr viel beigebracht hat.

Vielleicht hatte mein Vater bei seinem Vorschlag, dass ich Koch werden könnte, sogar ein bisschen im Hinterkopf, dass er einen von meinem Großvater ererbten Gasthof besaß, der zu jener Zeit verpachtet war. Nach vielen Jahren hat es sich ja dann tatsächlich so ergeben, dass ich in diesem Gasthof in Steinen gemeinsam mit meiner Frau das Restaurant *Adelboden* eröffnete. Dieses konnte ich auf einem harten und steinigen Weg zum Zwei-Sterne-Restaurant entwickeln. Meine Frau hat unschätzbare Impulse für das Gelingen dieses Vorhabens geliefert. Sie hat mich immer bestärkt und gesagt: »Das machen wir, das schaffen wir.«

Gerade wenn man wie ich aus einer bäuerlichen Familie stammt, hat man vor solchen großen Aufgaben viel Respekt und Demut und geht nicht an jede Sache automatisch mit breiter Brust heran und ohne jeden Zweifel, dass man es schafft. Deshalb war die Bestärkung durch meine Frau so wichtig. Aber auch ihre tatkräftige Unterstützung: Als wir im Jahr 1988 in dem damals baufälligen Haus, das 1733 erbaut wurde, anfingen, waren wir ganz allein, wir hatten nur ein paar weiße Tischtücher zum Eindecken und haben danach Schritt für Schritt alles mit eigenen Händen aufgebaut.

Beigetragen zum Gelingen unseres Großprojekts hat aber zweifelsohne auch der Rat eines Mönchs, der sich später auch als wichtig für mein gesamtes Leben erweisen sollte. Andere Chefs haben einen Unternehmensberater, ich habe halt einen Mönch als Berater, der im Lauf der Zeit sogar zu einem Freund wurde. Er hat mir dabei geholfen, den anstrengenden Weg überhaupt aufzunehmen und dann konsequent weiterzugehen. Er gab mir auf diesen Weg mit: »Lege deine Sorgen, aber auch die guten Dinge deines Lebens in die Hand Gottes. Er wird dann schon für dich sorgen.« Auch wenn ich kein regelmäßiger Kirchgänger bin, würde ich mich als Katholik bezeichnen. Für mich macht der Rat daher durchaus Sinn – auch wenn es nicht ganz einfach ist, quasi Verantwortung weiterzugeben. Aber im Prinzip ist es ja klar, dass man immer den eigenen Beitrag leisten muss, nur ist es eine große Unterstützung, wenn man weiß, dass man wohlwollend begleitet wird. Das stärkt das Urvertrauen. Dabei muss man sich nicht unbedingt an Gott wenden. Man kann seine Sorgen und Freuden auch mit anderen Menschen teilen, denen man vertraut – und wird so ebenfalls gestärkt. Sogar Papst Benedikt XVI. hat einmal einem Besucher, der sich bei einer Audienz als Atheist zu erkennen gab, erklärt, dass das unwesentlich sei, er solle sich wenigstens so verhalten, als ob es Gott geben würde.

Franz Wigets Tipp zum Kochen

ÜBERBEISSEN SIE NICHT

Ich kann wirklich jedem – auch ambitionierten – Hobbykoch nur empfehlen, das eigene Können schrittweise aufzubauen. Sie sollten sich zuerst einfache Gerichte aussuchen, die sie immer weiter verbessern. Es ist schwierig genug, zum Beispiel einen guten, einfachen Schmorbraten hinzubekommen, besonders, wenn man für viele Personen kocht. Wenn Sie dann wissen, dass Sie dieses Gericht gut zubereiten können, gibt Ihnen das Sicherheit. Von dieser soliden Basis aus können Sie sich weiter vorarbeiten und dann auch kompliziertere Rezepte kochen. Dieses Vorgehen ist viel sinnvoller, als zu viel auf einmal zu wollen – wir in der Innerschweiz nennen das »überbeißen«. Noch ein Tipp: Der erste Schritt für das Gelingen eines Gerichts ist immer, richtig und gut vorbereitet einkaufen zu gehen. Das hört sich einfacher an, als es ist. Aber man sollte im Vorfeld genau überlegen, was man braucht, wo man wirklich die Qualität der Produkte bekommt, die man verarbeiten möchte. Auch sollte man ausreichend Vorlauf für die Beschaffung der Zutaten einplanen, damit man nicht unnötig unter Zeitdruck und somit beim Kochen in Stress gerät.

Franz Wigets Tipp zum Lesen

Comité Gastronomique: Der große Larousse Gastronomique – Das Standardwerk für Küche, Kochkunst, Esskultur; Christian, München, 2012.

Heinz Winkler

SUCHT UNKONVENTIONELLE WEGE ZUM ERFOLG

Heinz Winkler, der über zwanzig Jahre lang mit drei Michelin-Sternen ausgezeichnet war, ist seit 1991 Inhaber und Küchenchef des Hotels *Residenz Heinz Winkler* in Aschau im Chiemgau. Von 1994 bis 1995 und von 2001 bis 2008 war sein dortiges Restaurant mit drei Michelin-Sternen dekoriert. Begonnen hatte seine einzigartige Laufbahn mit Stationen in verschiedenen namhaften Restaurants in Deutschland, Frankreich, Italien und der Schweiz. Großen Einfluss auf seine Entwicklung hatten die Kochlegenden Paul Bocuse und Eckart Witzigmann, durch die er die Nouvelle Cuisine kennenlernte. Sterne sammelte er nicht nur im legendären *Tantris* in München, wo er als jüngster Koch in der Geschichte drei Michelin-Sterne vom Kochhimmel holte, sondern auch auf Mallorca, in Moskau und auf dem spanischen Festland. Viele weitere Auszeichnungen aus der Gastroszene sowie die Tatsache, dass er als erster Sternekoch überhaupt das Bundesverdienstkreuz verliehen bekam, dokumentieren sein einzigartiges Lebenswerk auf beeindruckende Weise.

Um zu dem Rat – eigentlich sind es sogar mehrere – zu kommen, die mich in meinem Leben besonders beeinflusst und geprägt haben, muss ich beschreiben, wie ich überhaupt zum Kochen kam. Denn das hat auch sehr stark mit meiner Familiengeschichte zu tun. Ich bin in Südtirol aufgewachsen, meine Mutter ist durch einen Blitzschlag gestorben, als ich drei Jahre

alt war. Ich war das jüngste von elf Kindern. Da könnte man denken, dass alle älteren Geschwister mich beeinflussen und mir meinen Weg hätten vorgeben wollen. Doch das war zum Glück nicht der Fall. Meine größeren Schwestern, die im Südtiroler Grödnertal in Hotels arbeiteten, berichteten mir zwar schon, wie es dort in der Profiküche zuging, und weckten so mein Interesse. Aber sie versuchten nicht, mich zu beeinflussen. Vielmehr ergriff ich selbst die Initiative und fragte meinen Vater, was er für einen Beruf gewählt hätte, wenn er sich hätte frei entscheiden können – was damals in Südtirol keineswegs eine Selbstverständlichkeit war. Er sagte ohne viel Zögern, dass er gerne Koch geworden wäre. Ich spürte sofort, dass auch mich dieser Beruf sehr ansprach, und konnte mir vorstellen, das auch über eine lange Zeit mit viel Liebe auszuüben. Mein Vater hat mir dann, als ich vierzehn Jahre alt war, eine Lehrstelle als Koch besorgt, und schon zwei Jahre später wechselte ich ins *Hotel Rio* im mondänen italienischen Badeort Milano Marittima.

Dort war ich nach kürzester Zeit sehr unzufrieden, da mir der Chef de Partie nur einfachste Sachen zutraute – über die Vorbereitung des Gemüses gingen meine Aufgaben kaum hinaus. Nach zwei Monaten war ich so sauer, dass ich um vier Uhr morgens aufstand, mich in die Küche schlich und gleich ein paar Gerichte auf einmal zubereitete. Das scheint meinen damaligen Chef beeindruckt zu haben, denn ab diesem Zeitpunkt durfte ich wirklich kochen. Der Erfolg dieser etwas frechen Aktion hat mir eine sehr wichtige Erkenntnis für mein Leben gebracht: Es sind die Taten, die für sich sprechen und die zählen, und nicht das, was man sagt.

Diese Episode zeigte mir aber auch, dass man sich etwas trauen und unkonventionelle Wege gehen muss, wenn man in dem Beruf, den man liebt, etwas erreichen möchte. Das würde ich für mich auch als einen Ratschlag definieren, der mich weitergebracht hat. Auch viel später habe ich noch solch unkonventionelle Wege gefunden, um möglichst viel zu lernen. Ich bin zum Beispiel in der Schweiz in wirklich große Hotels wie das *Palace* in Luzern oder das *Kulm* in St. Moritz über den Seiteneingang hineingeschlichen, um möglichst unbeobachtet zu studieren, was die alles Tolles machen. Oder als eine Zeitlang auf den Büfetts aufwendige Butterskulpturen (die eigentlich immer aus Margarine waren!) gefragt waren, habe ich einfach in einer Schnitzwerkstatt nachgefragt, wie man das am besten macht. Ein anderes Beispiel: Mit vierundzwanzig Jahren arbeitete ich dann selbst im *Palace* in Luzern und hörte per Zufall, wie ein Mitarbeiter jemandem erzählte, dass der Küchenchef des *Schlosshotel* in Pontresina, damals eines der besten Häuser Europas, gekündigt hätte. Ich ging sofort auf mein Zimmer und schrieb eine Bewerbung. Um mich zu informieren, wie man als Koch berühmt wird, fuhr ich zu Paul Haeberlin, von dem ich in einer Zeitschrift gelesen hatte, nach Illhaeusern ins *Auberge de l'ill.* Ich hatte natürlich keine Reservierung, eigentlich musste man dort zwei Monate im Voraus einen Tisch bestellen. Aber ich konnte den Restaurantchef überzeugen, mir doch einen Platz zu geben, und lernte so ein paar von deren wunderbaren Gerichten kennen. Das sollte sich später als Glücksfall herausstellen: Beim Bewerbungsgespräch in Pontresina, zu dem ich etwas später eingeladen wurde, fragte man mich, ob ich das Restaurant und seinen Chef Paul Haeberlin kenne. Das konnte ich wahrheitsgemäß bejahen und sogar ein paar Gerichte nennen – ich bekam den Job, obwohl ich erst vierundzwanzig Jahre alt war.

Ich glaube, dass man all diese Ideen nur entwickelt und all die Anstrengungen auf sich nimmt, wenn man einen Beruf gefunden hat, den man wirklich liebt und den man mit Leidenschaft ausübt. Und das ist vielleicht noch ein zentraler Rat zum Schluss: Man kann nur in einem Fach glücklich und erfolgreich sein, wenn man das Genre liebt und mit ganzem Herzen ausübt.

Heinz Winklers Tipp zum Kochen

LERNT DIE GRUNDTECHNIKEN

In der Küche kann man mit ein paar Show-Techniken je nach gängigen Koch-Moden eine Weile überleben und auch als Hobbykoch eine Zeitlang seine Gäste überzeugen. Aber mit ein bisschen Schäumchen-Machen, Kurz-Anbraten und Halb-roh-auf-den-Teller-Legen wird man auf Dauer nicht überzeugen. Unabhängig davon, wie schön man das Ganze mit geschnitztem Gemüse garniert. Das Beherrschen der wichtigen Grundtechniken – wie einen Sauerbraten oder einen Ochsenschwanz ansetzen oder eine Milchlammkeule richtig anbraten und schmoren – ist es aber, was einen wirklich guten Koch ausmacht. Das gilt für Profis wie Amateure gleichermaßen. Ich kann daher allen nur empfehlen, sich die grundsätzlichen Fähigkeiten anzueignen, wenn sie tatsächlich gut kochen wollen. Lernt dabei lieber von guten und soliden Köchen. Heute wird durch die vielen Kochshows im Fernsehen ja der Eindruck vermittelt, fast jeder der Köche dort würde auf Spitzenniveau arbeiten und jeder, der die Sendung ansieht, könne das ganz einfach nachmachen. Das ist aber nicht unbedingt so. Wer auf privater Basis sehr gute Gerichte zubereiten will, wie eine Bouillabaisse oder eine Pastete, kommt nicht darum herum, genauso wie die Profis hart daran zu arbeiten und eben von Köchen zu lernen, die ihr Handwerk wirklich verstehen.

Heinz Winklers Tipps zum Lesen

Winkler, Heinz: Highlights der Kochkunst – Gezaubert mit Kräutern und Blüten; Collection Rolf Heyne, München, 2005.

Winkler, Heinz: Heilpflanzen für Genießer – Die natürliche Gourmetküche; Haug, Stuttgart, 2004.

Winkler, Heinz: Die Klassiker der Cuisine Vitale; Umschau, Neustadt an der Weinstraße, 2005.

Joachim Wissler

GLÜCK BEDEUTET, IM LEBEN ZU STEHEN

Seit dem Jahr 2000 ist Joachim Wissler Küchenchef des Restaurants *Vendôme* im *Althoff Grandhotel Schloss Bensberg* in Bergisch Gladbach. Bereits im Jahr 2001 wurde er dort mit dem ersten Michelin-Stern ausgezeichnet, seit 2006 hält er drei Sterne. Der Gault-Millau stuft ihn mit 19,5 von 20 Punkten ein. 2001 kürte *Der Feinschmecker* das *Vendôme* zum *Restaurant des Jahres* und 2004 Joachim Wissler zum *Koch des Jahres*. Den gleichen Titel hatte ihm der Gault-Millau im Jahr 2003 verliehen. Das Gourmetportal *Restaurant-Ranglisten* organisiert jedes Jahr eine Umfrage unter den hundert besten Köchen Deutschlands, aus der Joachim Wissler 2012 und abermals 2015 als Sieger hervorging und bei der er zum *Koch der Köche* gewählt wurde. Wichtige Stationen in Joachim Wisslers Berufsleben: 1991 wurde er Küchenchef im Restaurant *Marcobrunn* im Schloss Reichartshausen in Erbach, wo er es auf zwei Michelin-Sterne brachte. Zuvor arbeitete er in Baden-Baden in *Brenner's Parkhotel* sowie im Restaurant *Weißes Rössle* in Hinterzarten. Seine Ausbildung absolvierte Joachim Wissler, der aus einer Wirtsfamilie stammt, von 1980 bis 1983 im *Hotel Traube Tonbach* in Baiersbronn.

Als junger Mensch bekommt man vor allem von seinen Eltern ja fast täglich Ratschläge. Es ist klar, dass man in dieser Lebensphase nicht alle davon annimmt und umsetzt. Oft ist es auch so, dass man erst später erkennt, wie wichtig und richtig eine Empfehlung war. Ob man einen Ratschlag beherzigt, hängt außerdem ganz stark davon ab, wie sehr man die Person achtet und respektiert, von der er stammt. Bei mir ist es so, dass ich meinen Vater ausgesprochen geschätzt und geachtet habe. Er war ein Mensch, der – wie viele aus seiner Generation – die Kriegszeiten und die Phase danach miterlebt hat. Die Familie führte ein karges Leben, und man ging abends schon glücklich ins Bett, wenn man ein bisschen etwas im Bauch hatte. Auch war es keine Selbstverständlichkeit, überhaupt eine intakte Familie oder eine Arbeit zu haben. In diesem herausfordernden Umfeld hat es mein Vater geschafft, ein kleines Unternehmen zu gründen sowie einen Gutsbauernhof mit Restaurant aufzubauen. So konnte er uns alle ernähren und immer ein aufrechter Mensch bleiben. Deshalb hatte er für mich eine große Strahlkraft und hohe Glaubwürdigkeit.

Sein wichtigster Rat an mich war: »Glück und Erfolg werden nicht über materielle Symbole unserer Gesellschaft, wie teure Autos oder eine Villa, definiert. Glück und Erfolg bedeuten, mitten im Leben zu stehen mit all seinen Höhen und Tiefen, zufrieden zu sein mit dem, was man hat, und das Leben gemeinsam mit den Menschen an deiner Seite zu meistern.« Dazu gehört unmittelbar auch der Gedanke, dass man etwas macht, weil man daran glaubt, und nicht, weil man etwas gewinnen will. In diesem Rat liegen viel Kraft und eine große Ruhe, die einem auch in schwierigen Zeiten Zuversicht geben. Damit kann man all die Herausforderungen bewältigen, die in jedem Leben auftreten. Mir hat dieser Rat sehr dabei geholfen, dem Erfolgsdruck in der Spitzengastronomie standzuhalten und dabei menschlich zu bleiben. Meine familiäre Prägung hat auch stark dazu beigetragen, dass ich nicht ständig in Angst lebe, meine Erfolge, meinen Status oder materielle Dinge zu verlieren.

Diese Haltung meines Vaters lässt sich auch auf eine andere, konkrete Weise auf die Gastronomie oder das Geschäftsleben im Allgemeinen übertragen. Der Küchenchef muss seinem Restaurant eine Philosophie geben, eine Geschichte, eine Persönlichkeit und einen gewissen Charakter. Das trifft natürlich auch auf die Gerichte selbst zu. Diesem klaren Profil muss er dann treu bleiben, sodass sich Mitarbeiter und Gäste darauf verlassen und sich daran orientieren können. Man muss jeden Tag

ROSE
DE BORBARI

daran arbeiten, dieses Profil mit Leben zu füllen und weiterzuentwickeln, damit es zeitgemäß bleibt. Es ist wie in vielen Bereichen: Man muss sich ständig verändern, um das Erreichte bewahren zu können. Ich will ein aktuelles Beispiel nennen. Heutzutage genügt es in der Spitzengastronomie nicht mehr, ein paar Mal im Jahr in den Tageszeitungen vorzukommen. Man wird als Koch oder als Restaurant nur wahrgenommen, wenn man sich professionell und regelmäßig in den sozialen Medien und Netzwerken bewegt. Dort hat man die Möglichkeit, auf aktuelle Ereignisse oder jahreszeitliche Angebote schnell zu reagieren und sich auch mit tollen Fotos zu präsentieren. Selbst wenn ich neues Personal suche, verlasse ich mich nicht mehr auf klassische Inserate etwa in den zahlreichen Branchenmagazinen. Ich netzwerke hier auch selbst, besuche beispielsweise Kongresse, an denen junge, engagierte Köche teilnehmen, und halte dort Vorträge. Wenn die Teilnehmer mir dann zuhören und ich erzählen kann, was wir alles machen, weckt das viel stärker deren Interesse als ein paar Zeilen in der Zeitung.

Joachim Wisslers Tipp zum Kochen

LIEBER GELD FÜR GUTES ESSEN AUSGEBEN ALS FÜR MEDIKAMENTE

Leider ist es so, dass viele Menschen ihre Nahrungsmittel nur nach günstigen Preisen auswählen. Das kann daran liegen, dass sie andere Prioritäten haben, aber auch daran, dass sie einfach nicht über die finanziellen Mittel verfügen, um wirklich gute Produkte zu kaufen. Das mag vor allem auch bei Berufsanfängern und Studenten der Fall sein. Aber es gibt ja die Weisheit, in der viel Wahres steckt: »Was man in der Jugend nicht für gute Lebensmittel ausgegeben hat, muss man im Alter für Medikamente ausgeben.« Ich würde daher jedem Menschen den Rat geben, lieber an anderen Stellen als an der Nahrung zu sparen. Man kann die Entscheidung für gesundes, bewusstes Essen durchaus als Philosophie bezeichnen, die auch andere Teile des Lebens sehr positiv beeinflussen kann. Ich bin der festen Überzeugung, dass es sich dafür lohnt, andere Dinge, die nicht so einen großen Einfluss auf das gesamte Wohlbefinden ausüben, etwas zu reduzieren.

Joachims Wisslers Tipp zum Lesen

Wissler, Joachim: JW 4; Wissler Group, Rösrath, 2010.

Eckart Witzigmann

ZIEHE IN DIE WELT HINAUS UND LERNE

Im Jahr 1994 kürte der Gault-Millau Eckart Witzigmann zum *Koch des Jahrhunderts* – neben bislang nur drei anderen Spitzenköchen. Damit honorierte der Gastroführer unter anderem dessen Leistung, die Küche in Deutschland auf ein neues Niveau gehoben zu haben. Losgetreten hatte Eckart Witzigmann die »Revolution auf dem Teller« ab 1971, als er im Münchner *Tantris* die Küche leitete. 1978 eröffnete er mit dem *Aubergine* – ebenfalls in München – sein eigenes Restaurant. Schon im Jahr danach erhielt dies als erstes Restaurant Deutschlands drei Michelin-Sterne. Weltweit hatte damals nur ein weiterer Koch außerhalb Frankreichs diese Top-Bewertung erreicht. Weitere wichtige Stationen des gebürtigen Österreichers waren das *Operakällaren* in Stockholm, das *Cafe Royal* in London, das *Villa Lorraine* in Brüssel und der *Jockey Club* in Washington. Er arbeitete dabei mit den besten Köchen der Welt zusammen, wie Paul Bocuse, Paul Simon, Roger Vergé, den Brüdern Troisgros und besonders Paul Haeberlin. Eckart Witzigmann entwickelte auch das innovative Konzept für das Restaurant *Ikarus-Hangar-7*, einem Objekt des Red-Bull-Gründers Dietrich Mateschitz am Flughafen Salzburg. Dort arbeiten im monatlichen Wechsel Spitzenköche aus aller Welt. Eckart Witzigmann wirkt dort nach wie vor als Patron. Auch die Idee, in alten Spiegelzelten Spitzengastronomie mit einem Showprogramm zu kombinieren, stammt von Eckart Witzigmann – daraus entstand 2002 das *Eckart Witzigmann Palazzo* mit bis zu

450 Gästen am Abend, das später im *Witzigmann-Roncalli-Bajazzo* weiterlebte. Im Jahr 2007 ernannte die schwedische Universität Örebro, die einzige staatliche Gastronomie-Universität in Europa, Eckart Witzigmann zum Doktor und Professor ehrenhalber – seither darf er sich *Professeur de la Cuisine* nennen. 2016 verlieh Ludwig Spaenle, Bayerischer Staatsminister für Bildung und Kultus, Wissenschaft und Kunst, die Auszeichnung *Pro meritis scientiae et litterarum* an Eckart Witzigmann.

Einen besonders wichtigen Rat erhielt ich von einem meiner frühen Lehrmeister, Ludwig Scheibenpflug, der Küchenchef im Hotel *Straubinger* in Bad Gastein war. Er sagte mir: »Geh hinaus in die Welt, halte Augen und Ohren offen, sauge alles Wissen in dich auf und höre vor allem nie auf, neugierig zu sein. Wer glaubt, alles zu wissen, hat im Grunde von nichts eine Ahnung.« Das hat mich tief beeindruckt und geprägt, und ich gebe diesen Rat auch immer an junge Köche weiter. Schon Goethe wusste, dass Reisen bildet. Daran hat sich meiner Meinung nach auch durch die Digitalisierung nichts geändert, durch die man den Eindruck bekommen könnte, alles, was in der Welt passiert, käme sowieso direkt zu einem vor die Haustür. Ich halte das für falsch und bin mir sicher, dass persönliche Eindrücke und vor Ort erlerntes Wissen durch das Internet nicht zu ersetzen sind. Es geht ja besonders als Koch oder als Koch in spe auch darum, ein persönliches Netzwerk mit anderen Köchen, Restaurantbetreibern oder Hoteliers zu knüpfen.
Ich jedenfalls habe mich immer an Scheibenpflugs Rat gehalten und hatte schon dreizehn Jahre im Ausland verbracht, bevor ich 1971 in München im *Tantris* anfing. Auch später noch richtete ich mich stets international aus: etwa mit einer Kochschule auf Mallorca, die schon nach zwei Jahren zu den besten Betrieben auf der Insel gehörte. Oder mit einem Restaurant für die japanische Juchheim-Gruppe in Tokio. Die internationale Aus-

richtung erlaubte es mir auch, wichtige und interessante Menschen aus aller Welt kennenlernen zu dürfen: Ich konnte schon für Queen Elisabeth II., König Harald von Norwegen oder Königin Silvia und König Carl Gustav aus Schweden kochen, aber auch für den ehemaligen US-Präsidenten George W. Bush und den damaligen französischen Staatspräsidenten Valéry Giscard d'Estaing.

Durch die internationalen Erfahrungen und Eindrücke kann man auch erst entdecken und erkennen, was man wirklich aus seinem Leben machen möchte, was in einem steckt, und sich entsprechende Ziele stecken. Bei mir war das jedenfalls so, denn als ich 1957 meine Lehre angefangen habe, war in Österreich von Sternegastronomie à la Michelin oder Gault-Millau noch überhaupt keine Rede. Da konnte ich mir noch gar nicht das Ziel setzen, selbst einmal Sternekoch oder gar *Koch des Jahrhunderts* zu werden. Solche Ziele konnte ich mir erst erschließen, nachdem ich den Stellenwert des Sterns 1964 bei meinem großen Mentor Paul Haeberlin richtig registriert habe.

Dies bringt mich zu einem weiteren Rat, den ich gerne weitergeben möchte: Nur wer möglichst viele Stationen – darunter eben auch internationale – kennenlernt, kann beurteilen, welcher Betrieb wirklich zu ihm passt und wo er am meisten lernt. Man sollte sich zwar schon durchbeißen und nicht bei jeder Kleinigkeit aufgeben, wenn man aber merkt, dass einem eine Station auf Dauer nichts bringt, muss man konsequent sein und wechseln. Es gilt, keine kostbaren Jahre damit zu vergeuden, dass man an einer Stelle klebt, die einen nicht weiterführt.

Es gehört zu den Wesensmerkmalen des Kochberufs, besonders, wenn man diesen auf hohem Niveau ausüben möchte, dass man neugierig, wissbegierig und offen bleiben muss. Das bringt einen als Mensch auch außerhalb des Berufslebens weiter. Dann gilt für dich als Koch auch der wunderschöne Satz, der dem chinesischen Philosophen Konfuzius zugeschrieben wird: »Wähle einen Beruf, den du liebst, und du brauchst keinen Tag in deinem Leben mehr zu arbeiten.«

Eckart Witzigmanns Tipp zum Kochen

SEI GENAU BEIM REZEPT UND BEIM HANDWERKSZEUG

Wer möchte, dass ein Gericht wirklich so schmeckt wie durch das Rezept vorgesehen, muss die Angaben dort akribisch studieren – das empfehle ich Hobbyköchen regelmäßig. Wenn sie etwas nicht wirklich komplett verstanden haben – etwa eine Zubereitungsweise oder Gardauer –, sollten sie das Rezept lieber zweimal lesen, als später ein Küchenfiasko erleben zu müssen. Wichtig ist auch, immer das richtige Handwerkszeug zur Verfügung zu haben: Welcher Topf ist zum Schmoren geeignet, welcher eher zum Dünsten, oder wofür benutze ich welches Messer? Nur wenn man hier gute Vorarbeit leistet und sich entsprechend informiert, wird man aus den guten Zutaten, die stets die Grundvoraussetzung eines gelungenen Menüs sind, das Beste herausholen.

Eckart Witzigmanns Tipp zum Lesen

Piepenbrock-Fischer, Mechthild; Fischer, C. P.: Eckart Witzigmann – Sechs Jahrzehnte, Food Promotion, München 2001.

Harald Wohlfahrt

GEH KONSEQUENT DEINEN WEG UND SEI HART ZU DIR SELBST

Harald Wohlfahrt ist seit 1980 Küchenchef des Restaurants *Schwarzwaldstube* im Hotel *Traube Tonbach* in Baiersbronn. Nach seiner Lehre in *Mönchs Waldhotel* in Dobel war er unter Willi Schwank im damaligen Zwei-Sterne-Restaurant *Stahlbad* in Baden-Baden und im Jahr 1977 im *Tantris* bei Eckart Witzigmann in München als Commis tätig. 1978 wurde er Souschef von Wolfgang Staudenmaier in der *Schwarzwaldstube*, wo er nach dem Besuch der Meisterschule in Baden-Baden und einem Praktikum bei Alain Chapel in Mionnay die Leitung übernahm. Seit 1992 wird das Spitzenrestaurant Jahr für Jahr vom Guide Michelin mit drei Sternen ausgezeichnet – eine Bilanz, die kein anderer deutscher Koch aufweisen kann. Auch der Gault-Millau verleiht ihm seit 2005 mit 19,5 von 20 möglichen Punkten die höchste im deutschsprachigen Raum vergebene Note. Bereits 1994 wählte die *New York Times* Harald Wohlfahrt unter die zehn besten Köche der Welt.

In meiner Anfangszeit als Küchenchef empfahl mir einer unserer Stammgäste den Roman *Musashi* von Eiji Yoshikawa. Dieses etwa 1200 Seiten starke Buch hat mich über alle Maßen beeinflusst und begleitet mich durch mein ganzes Berufsleben. Immer wieder denke ich an die Lehren, die ich aus den Szenen des Werks gezogen habe und immer noch ziehe. Dieser Entwicklungsroman handelt von dem historisch belegten Samurai Miyamoto Musashi, der im Japan des 16. Jahrhunderts lebte. Am Anfang ist Musashi ein einfacher Bauernsohn, der in einer Schlacht zu den Unterlegenen gehört. Er beschließt, sein Leben ganz dem Schwertkampf zu widmen und in dieser Disziplin ein wahrer Meister zu werden. Ein weiterer Protagonist des Buches hingegen verfolgt die eigene Entwicklung als Samurai nur halbherzig und beschäftigt sich auch mit den anderen Dingen des Lebens. Er bleibt Musashi bis zum Schluss unterlegen.

Diese absolute Hingabe Musashis an sein Ziel hat mir als junger Mensch sehr imponiert, und letztendlich wollte auch ich ein Meister meines Fachs werden. Ich möchte nun nicht behaupten, dass mein Weg so entbehrungsreich war wie der Musashis, der mit einer ungeheuren Härte gegen sich und seine Mitmenschen agierte, aber dem Ziel, ein Spitzenkoch zu werden, habe ich sehr viel untergeordnet. Letztendlich hat es mir in meiner Anfangsphase als junger Küchenchef sehr geholfen, jemanden wie Musashi in gewisser Weise zum Vorbild zu haben, denn: Der Weg vom Neuling als Küchenchef zum Sternekoch ist eben nur dann möglich, wenn man sich konzentriert, jeden Tag sein Wissen erweitert – der Hunger nach Wissen spielt auch im Buch eine große Rolle – und verdammt hart arbeitet.

Natürlich hatte ich das große Glück, nach der Ausbildung in die Sternegastronomie gehen zu können und von großartigen Leuten lernen zu dürfen. Ich war ja direkt im Anschluss an die Lehre im Restaurant *Stahlberg*, wo ich die Sterneküche kennenlernte. Bei Eckart Witzigmann habe ich die Vervollkommnung des Kochens erlebt. Die kurze Zeit bei Alain Chapel in Frankreich hat mir dann endgültig gezeigt, was ich erreichen möchte und wo ich hinwill. Bei meiner Entwicklung hat mir vor allem auch Hotelier Willi Finkenbeiner sehr geholfen. Er hat visionär erkannt, dass ein Restaurant, das nach dem Vorbild der französischen Gourmetköche geführt wird, nicht nur die *Traube Tonbach* perfekt ergänzen wird, sondern auch vom damaligen Zeitgeist gefordert wurde. Die Umsetzung dieser Vision habe ich sehr gerne mit großem Engagement unterstützt.

In vielen herausfordernden Situationen habe ich mich an Szenen aus dem Roman *Musashi* erinnert und die enthaltene Weisheit sowohl auf meinen Beruf als auch auf mein Leben insgesamt übertragen. Gerade auch für die eigene Weiterentwicklung als Mensch ist Musashi, der unter anderem die Kunst der Zwei-Schwert-Technik vervollkommnet hat, ein gutes Vorbild. Im Lauf des Romans wird er zum wahren Meister und trifft schließlich auf den Mann, der nach seiner Einschätzung der beste aller Schwertkämpfer ist. Vor ihm steht ein altes Männlein, und Musashi erkennt, dass es falsch wäre, gegen ihn zu kämpfen, weil es kein ebenbürtiges Kräftemessen wäre. Als ihm klar wird, dass es die Gesamtlebensleistung ist, die zählt, zieht sich Musashi aus der Welt der Samurai zurück und schreibt *Das Buch der fünf Ringe*. Er muss sich als Schwertkämpfer nichts mehr beweisen.

Was für die Welt der Samurais gilt, gilt auch für die Welt der Köche: Man sollte konsequent anstreben, der Beste zu werden. Aber ich bezweifle, dass es den besten Koch der Welt geben kann – und wenn, dann ist dieser Rang immer nur für eine gewisse Zeit zu halten. Nehmen wir beispielsweise den großen Paul Bocuse, der bis zu seinem neunzigsten Lebensjahr drei Michelin-Sterne hat. Niemand kann eine Soße kochen wie er, aber er wäre heute sicher nicht mehr in der Lage, einen Service für siebzig oder achtzig Gäste durchzustehen. Diesen Wettkampfplatz muss er auch nicht mehr betreten, seine Lebensleistung ist einzigartig.

Harald Wohlfahrts Tipp zum Kochen

SEIEN SIE NICHT ZU STRENG MIT SICH SELBST

Vor etlichen Jahren hospitierte eine indische Ärztin für eine Woche in meiner Küche. Sie hatte den weiten Weg nach Deutschland angetreten, weil sie eine sehr ambitionierte Hobbyköchin war. Als ich sie fragte, was ihr Ansporn für dieses aufwendige Praktikum war, antwortete sie: »Ich habe einen Mann und drei Kinder, die ich mit meiner Kochkunst verwöhnen möchte. Aber immer, wenn ich in einem Sterne-Restaurant esse, merke ich, dass ich mit meinem Können in der Küche an Grenzen stoße und einfach nicht mithalten kann.« Am Ende ihrer Woche in der Schwarzwaldstube sagte sie mir dann, dass dieser Aufenthalt sehr wertvoll für sie war, weil sie erkannt hatte, dass ein Hobbykoch nie das Niveau eines Sterne-Restaurants erreichen kann, weil man zu Hause einfach nicht in einem Team von mehreren Leuten kocht, anrichtet, dekoriert und serviert. Da konnte ich ihr nur zustimmen und riet ihr, nicht zu streng mit sich zu sein. Wenn ich privat koche, gelingt es mir alleine auch nicht, sechs oder acht Teller gleichzeitig so auf den Tisch zu bringen wie in meinem Restaurant. Bis ich den letzten Teller so aufwendig angerichtet hätte, wäre das Essen auf dem ersten Teller schon wieder kalt. Außerdem habe ich zu Hause kein Serviceteam, keinen Sommelier, keinen Patissier … Es ist also

müßig, als Alltags- oder Hobbykoch alleine in der Küche die Perfektion eines Sterne-Restaurants anzustreben. Aber gut kochen und seine Familie oder seine Freunde verwöhnen kann man trotzdem.

Harald Wohlfahrts Tipps zum Lesen

Yoshikawa, Eiji: Musashi; Droemer Knaur, München 1984.
Ducasse, Alain: Grand Livre de Cuisine (Buchreihe mit unterschiedlichen Erscheinungsjahren); Matthaes, Stuttgart.

Rico Zandonella

OHNE PRÄZISION ÜBERLEBST DU NICHT

Rico Zandonella arbeitete viele Jahre als Küchenchef in *Petermann's Kunststuben* im Schweizer Küsnacht, bevor er das Restaurant übernahm, renovierte und schließlich in *Rico's* umbenannte. Zwei Sterne des Guide Michelin schmücken nun das *Rico's*. Der Gault-Millau verlieh ihm 18 Punkte und zeichnete ihn zum *Koch des Jahres 2017* aus. Frühere Stationen auf Rico Zandonellas grandioser Kochlaufbahn waren das *Suvretta Haus* in Sankt Moritz und das Drei-Sterne-Restaurant *Au Crocodile* in Straßburg. Seine Lehrzeit absolvierte er im Hotel *Ascolago* in Ascona, das jetzt *La Marina* heißt. Schon dort hieß Zandonellas Lehrmeister Horst Petermann.

Besonders, wenn man selbst ein Restaurant führt, merkt man schnell, dass das nur dann funktioniert, wenn man sehr genau arbeitet. Das gilt umso mehr, wenn sich der Betrieb selbst tragen muss und nicht durch andere Finanzquellen subventioniert wird. Bei mir ist das so. Ich muss das ganze System *Rico's* auch finanziell gut führen und dafür sorgen, dass meine zwölf Mitarbeiter ihren Arbeitsplatz behalten und pünktlich bezahlt werden. Bei diesen und den vielen weiteren Herausforderungen der Spitzengastronomie kommt der beste Rat ins Spiel, den ich jemals erhalten habe. Er stammt von meinem Lehrmeister Horst Petermann, bei dem ich nicht nur meine Ausbildung im damaligen Hotel *Ascolago* in Ascona durchlief, sondern mit dem ich auch über Jahrzehnte in seinem Restaurant *Petermann's Kunststuben* zusammengearbeitet habe, bevor ich das Restaurant übernahm und heute unter dem Namen *Rico's* führe. Horst Petermann sagte mir damals: »Ohne Präzision kannst du in diesem Beruf nicht überleben.«

Der Begriff »Präzision« hat in diesem Zusammenhang sehr viele Facetten. Einerseits geht es darum, Respekt vor den Produkten zu haben und sie von Kopf bis Fuß zu verarbeiten und nicht nur die Hälfte davon. Das ist gerade in der Spitzengastronomie ein hoher Anspruch. »Präzision«, so gab mir Horst Petermann aber ebenfalls mit, bedeute auch, sich immer anzustrengen und weiterzuentwickeln. Das heißt, in den besten Restaurants arbeiten, zusätzlich möglichst viele Top-Häuser besuchen, neugierig bleiben und nie zufrieden sein sowie stets zu prüfen, was man noch besser machen kann.

All das habe ich in einer harten Schule gelernt, die damals vor fast vierzig Jahren üblich war. Eigentlich dachte ich nach der Lehre, dass ich ganz gut auf meinen Wunschberuf vorbereitet sei. Immerhin hatte ich den besten Abschluss im ganzen Tessin geschafft! Aber weit gefehlt. Was auf mich im Drei-Sterne-Restaurant *Au Crocodile* in Straßburg, in das ich nach einigen Zwischenstationen ging, zukam, hatte ich nicht erwartet: Wir mussten von morgens acht Uhr bis nachts ein Uhr schuften, mit nur zwei Stunden Pause, und erhielten dafür 600 Francs, von denen wir für unser Acht-Bett-Zimmer 350 Francs wieder abgeben mussten. Zu dieser Zeit hat sich keiner getraut, so etwas zu kritisieren, man musste einfach parieren. Eigene Ideen ein-

bringen wie heute? Daran war nicht zu denken. Wenn ich das meinen Angestellten erzähle, glaubt mir das keiner.
Allerdings muss ich schon sagen, dass ich in diesem harten Umfeld wirklich gelernt habe, mit den kostbaren Produkten richtig umzugehen. Wir Köche durften mit den besten Zutaten wie Hummer arbeiten. Aber es gab gewisse besonders elitäre Gerichte, die durfte ausschließlich der Chef zubereiten, zum Beispiel Gänseleber. Zumindest durften wir zusehen und lernten so auch sehr viel über Präzision. Hier schließt sich der Kreis zum Rat von Horst Petermann. Ich bin auch überzeugt, dass sein Ratschlag dazu beigetragen hat, dass wir beide so lange Zeit, um die dreißig Jahre, gut zusammenarbeiten konnten. Wenn man in so einem herausfordernden Umfeld, mit so hoher Belastung auf engem Raum zusammenarbeitet, funktioniert das ganz sicher nur mit eingespielter höchster Präzision. Auch als ich von meinem charismatischen Lehrmeister das Restaurant übernommen habe, ging das nur mit Präzision, die Perfektion fördert. Nur weil ich das viele Gute und die hohen Standards übernommen hatte, die Horst Petermann über all die Jahre in seinen *Kunststuben* erarbeitet hat, konnte ich nach der Übernahme das Restaurant weiterentwickeln und so alte Gäste halten und gleichzeitig neue hinzugewinnen. Mit dieser Erfahrung kann ich aber auch sagen, dass zu der Art von Präzision, die wir in der Spitzengastronomie brauchen, auch Hingabe gehört. Nur wer den Beruf des Kochs wirklich liebt und sich mit Haut und Haaren der Sterneküche verschrieben hat, kann ebenso erfolgreich wie glücklich werden, wenn er sein eigenes Restaurant führt.

Rico Zandonellas Tipp zum Kochen

LIEBER DREI STATT SECHS GÄNGE

Wer eine Einladung gibt, sollte nicht versuchen, mit möglichst vielen Gängen aufzutrumpfen. Ich würde statt fünf oder sechs Gängen lieber drei anbieten, die aber mit den bestmöglichen Produkten zubereiten. Ich gebe Ihnen ein konkretes Beispiel: Wenn Sie als Fischgang einen Loup de Mer auftischen, können sie einen Zuchtfisch oder einen Wildfang nehmen. Das macht pro Kilo zwar einen Preisunterschied von rund 35 Schweizer Franken aus. Aber während der Zuchtfisch vielleicht nur ein Kilo schwer ist, bringt es der Wildfang auf drei bis vier Kilo. Dadurch können die Scheiben, die man brät, wesentlich dicker ausfallen und werden somit saftiger sowie schmackhafter.

Rico Zandonellas Tipp zum Lesen

Zandonella, Rico: RICO'S; Eigenverlag, Küsnacht, 2014.

DÄNEMARK
Sylt 4
39 Glücksburg
Ostsee
Nordsee
Schleswig
Fehmarn
Kiel
Rügen
Heiligendamm
53
Rostock
Schleswig-Holstein
Lübeck
Wismar
N
S
Bremerhaven
15 25
Hamburg 46
Mecklenburg-Vorpommern
Schwerin
Oldenburg
Bremen
NIEDERLANDE
Niedersachsen
Berlin
19 20 33
37 49
13 Wolfsburg
8 Osnabrück
Hannover
Potsdam
Braunschweig
Magdeburg
Brandenburg
Sachsen-Anhalt
Nordrhein-Westfalen
Cottbus
7 Essen
Göttingen
Düsseldorf 5
Odenthal
Halle/Saale
Kassel
Leipzig
Pulheim 2 42 60 Bergisch Gladbach
Sachsen
Köln 41
Thüringen
Jena
Dresden
Trier
Hessen
Erfurt
55 Bad Neuenahr-Ahrweiler
BELGIEN
Koblenz
Rheinland-Pfalz
Königstein 12 35
48 Frankfurt
51 Piesport
TSCHECHIS
REPUBL
LUXEMBURG
Mainz
3 Trier
Bamberg
Würzburg
1 Perl-Nennig
Worms
Saarland
32 Wernberg-Köblitz
Nürnberg
14 Saarbrücken
Baden-Württemberg
Bayern
Karlsruhe
Regensburg
Baden-Baden 56
Stuttgart
38 50 62 Baiersbronn
FRANKREICH
Landshut
Passau
26 Bad Peterstal-Griesbach
Ulm
Augsburg
Bad Griesbach 16
Rust 24
Linz
6 23
Freiburg
München 52
Aschau
Sulzburg 54
Konstanz
59
61 Salzburg
Basel 22 34
27
Rottach-Egern 31
Hägendorf 36
21 44 Zürich
57
47 40 Filzm
Küsnacht 63 29 Uetikon am See
Kirchberg Werfen
Neuchâtel
Samnaun-Ravaisch
Innsbruck
58
Bern
Steinen
ÖSTERREI
28
Chur
Lausanne
Fürstenau 10 La Punt
Brixen
SCHWEIZ
9
Südtirol
45
Genf
Bozen
St. Kassian
Ascona 18
ITALIEN

hristian Bau, Perl-Nennig
onja Baumann, Pulheim-Stommeln
'olfgang Becker, Trier
olger Bodendorf, Sylt
an-Claude Bourgueil, Düsseldorf
obby Bräuer, München
erthold Bühler, Essen-Kettwig
homas Bühner, Osnabrück
aniel Bumann, La Punt bei St. Moritz/
ngadin (Schweiz)
ndreas Caminada, Fürstenau (Schweiz)
homas Dorfer, Mautern (Österreich)
hristian Eckhardt, Königstein im Taunus
ven Elverfeld, Wolfsburg
laus Erfort, Saarbrücken
evin Fehling, Hamburg
enis Feix, Bad Griesbach
onstantin Filippou, Wien (Österreich)
olf Fliegauf, Ascona (Schweiz)
ebastian Frank, Berlin
onja Frühsammer, Berlin-Wilmersdorf
reni Giger, Zürich (Schweiz)
anja Grandits, Basel (Schweiz)
ans Haas, München
eter Hagen-Wiest, Rust
arlheinz Hauser, Hamburg
artin Herrmann, Bad Peterstal-
riesbach

27 Dirk Hoberg, Konstanz
28 Daniel Homann, Samnaun-Ravaisch (Schweiz)
29 Hans-Peter Hussong, Uetikon am See (Schweiz)
30 Harald Irka, Straden (Österreich)
31 Christian Jürgens, Rottach-Egern
32 Thomas Kellermann, Wernberg-Köblitz
33 Michael Kempf, Berlin
34 Peter Knogl, Basel (Schweiz)
35 Andreas Krolik, Frankfurt am Main
36 Reto Lampart, Hägendorf (Schweiz)
37 Christian Lohse, Berlin
38 Claus-Peter Lumpp, Baiersbronn-Mitteltal
39 Dirk Luther, Glücksburg
40 Johanna Maier, Filzmoos (Österreich)
41 Eric Menchon, Köln
42 Dieter Müller, Odenthal, Kreuzfahrtschiff MS Europa
43 Silvio Nickol, Wien (Österreich)
44 Heiko Nieder, Zürich (Schweiz)
45 Norbert Niederkofler, St. Kassian in Abtei (Italien)
46 Wahabi Nouri, Hamburg
47 Rudolf Obauer, Werfen (Österreich)
48 Christoph Rainer, Frankfurt am Main
49 Tim Raue, Berlin
50 Jörg Sackmann, Baiersbronn
51 Thomas Schanz, Piesport
52 Alfons Schuhbeck, München
53 Ronny Siewert, Bad Doberan-Heiligendamm
54 Douce Steiner, Sulzburg
55 Hans Stefan Steinheuer, Bad Neuenahr-Ahrweiler
56 Paul Stradner, Baden-Baden
57 Simon Taxacher, Kirchberg (Österreich)
58 Franz Wiget, Steinen (Schweiz)
59 Heinz Winkler, Aschau im Chiemgau
60 Joachim Wissler, Bergisch Gladbach
61 Eckart Witzigmann, Salzburg (Österreich)
62 Harald Wohlfahrt, Baiersbronn
63 Rico Zandonella, Küsnacht (Schweiz)

VERZEICHNIS DER KÖCHE

Christian Bau
Victor's Fine Dining by Christian Bau
Schlossstraße 27–29
D-66706 Perl-Nennig
www.victors-fine-dining.de
www.christian-bau.de

3 Sterne Guide Michelin 2017
19 Punkte Gault & Millau 2017

Sonja Baumann
Restaurant Gut Lärchenhof
Hahnenstraße
D-50259 Pulheim-Stommeln
www.restaurant-gutlaerchenhof.de
www.baumscheff.de

1 Stern Guide Michelin 2017
17 Punkte Gault & Millau 2017

Wolfgang Becker
BECKER'S Hotel und Restaurant
Olewiger Straße 206
D-54295 Trier
www.beckers-trier.de

2 Sterne Guide Michelin 2017
18 Punkte Gault & Millau 2017

Holger Bodendorf
Bodendorf's
im *Hotel Landhaus Stricker*
Boy-Nielsen-Straße 10
D-25980 Sylt
www.landhaus-stricker.com

1 Stern Guide Michelin 2017
18 Punkte Gault & Millau 2017

Jean-Claude Bourgueil
Im Schiffchen und *Enzo im Schiffchen*
Kaiserswerther Markt 9
D-40489 Düsseldorf
www.im-schiffchen.com

2 Sterne Guide Michelin 2017
16 Punkte Gault & Millau 2017

Bobby Bräuer
EssZimmer
Am Olympiapark 1 (in der BMW-Welt)
D-80809 München
www.esszimmer-muenchen.de
www.feinkost-kaefer.de

2 Sterne Guide Michelin 2017
18 Punkte Gault & Millau 2017

Berthold Bühler
(ehemals:) *Hotel und Restaurant Résidence*
Auf der Forst 1
D-45219 Essen-Kettwig
www.hotel-residence.de

2 Sterne Guide Michelin 2016
16 Punkte Gault & Millau 2017

Thomas Bühner
la vie
Krahnstraße 1
D-49074 Osnabrück
www.restaurant-lavie.de
www.thomasbuehner.de

3 Sterne Guide Michelin 2017
19 Punkte Gault & Millau 2017

Daniel Bumann
Bumanns Chesa Pirani
Via Chantunela 15–19
CH-7522 La Punt bei St. Moritz/Engadin
www.3plus.tv/restauranttester
www.chesapirani.ch

2 Sterne Guide Michelin 2017
18 Punkte Gault & Millau 2017

Andreas Caminada
Schauenstein Schloss Restaurant Hotel
Schlossgass 77
CH-7414 Fürstenau
www.schauenstein.ch
www.andreascaminada.com

3 Sterne Guide Michelin 2017
19 Punkte Gault & Millau 2017

Thomas Dorfer
Landhaus Bacher
Südtirolerplatz 2
A-3512 Mautern
www.landhaus-bacher.at

2 Sterne Guide Michelin 2009 (im letzten für Österreich erschienenen Guide)
18 Punkte Gault & Millau 2017

Christian Eckhardt
Villa Rothschild
Im Hotel Kempinski
Im Rothschildpark 1
D-61462 Königstein im Taunus
www.kempinski.com

2 Sterne Guide Michelin 2017
18 Punkte Gault & Millau 2017

Sven Elverfeld
Aqua
im Hotel *The Ritz-Carlton*
Parkstraße 1
D-38440 Wolfsburg
www.restaurant-aqua.com

3 Sterne Guide Michelin 2017
19 Punkte Gault & Millau 2017

Klaus Erfort
GästeHaus Klaus Erfort
Mainzer Straße 95
D-66121 Saarbrücken
www.gaestehaus-erfort.de

3 Sterne Guide Michelin 2017
19,5 Punkte Gault & Millau 2017

Kevin Fehling
The Table by Kevin Fehling
Shanghaiallee 15
D-20457 Hamburg
www.thetable-hamburg.de

3 Sterne Guide Michelin 2017
17 Punkte Gault & Millau 2017

Denis Feix
(ehemals:) *Columbia Hotel*
Passauer Straße 39a
D-94086 Bad Griesbach
www.denisfeix.de

2 Sterne Guide Michelin 2016
18 Punkte Gault & Millau 2016

Konstantin Filippou
Konstantin Filippou
Dominikanerbastei 17
A-1010 Wien
www.konstantinfilippou.com

1 Stern Guide Michelin Main Cities of Europe 2016
18 Punkte Gault & Millau 2016

Rolf Fliegauf

Ecco
Via del Segnale 10
CH-6612 Ascona
www.giardino-ascona.ch

2 Sterne Guide Michelin 2017
17 Punkte Gault & Millau 2017

Sebastian Frank

Horváth
Paul-Lincke-Ufer 44a
D-10999 Berlin
www.restaurant-horvath.de

2 Sterne Guide Michelin 2017
17 Punkte Gault & Millau 2017

Sonja Frühsammer

Frühsammers Restaurant
Flinsberger Platz 8
D-14193 Berlin-Wilmersdorf
www.fruehsammers.de

1 Stern Guide Michelin 2017
17 Punkte Gault & Millau 2017

Vreni Giger
Rigiblick
im *Sorell Hotel Rigiblick*
Germaniastraße 99
CH-8044 Zürich
www.restaurantrigiblick.ch

17 Punkte Gault & Millau 2016 (im Jägerhof)

Tanja Grandits
Stucki
Bruderholzallee 42
CH-4059 Basel
www.tanjagrandits.ch

2 Sterne Guide Michelin 2017
18 Punkte Gault & Millau 2017

Hans Haas
Tantris
Johann-Fichte-Straße 7
D-80805 München
www.tantris.de
www.hans-haas.de

2 Sterne Guide Michelin 2017
18 Punkte Gault & Millau 2017

Peter Hagen-Wiest
Ammolite – The Lighthouse Restaurant
Peter-Thumb-Straße 6
D-77977 Rust
www.ammolite-restaurant.de

2 Sterne Guide Michelin 2017
16 Punkte Gault & Millau 2017

Karlheinz Hauser
Seven Seas
im *Hotel Süllberg*
Süllbergerstraße 12
D-22587 Hamburg
www.karlheinzhauser.de

2 Sterne Guide Michelin 2017
17 Punkte Gault & Millau 2017

Martin Herrmann
Le Pavillon
im Hotel *Dollenberg*
Dollenberg 3
D-77740 Bad Peterstal-Griesbach
www.dollenberg.de

2 Sterne Guide Michelin 2017
16 Punkte Gault & Millau 2017

Dirk Hoberg
Ophelia
im Hotel *Riva*
Seestraße 25
D-78464 Konstanz
www.hotel-riva.de

2 Sterne Guide Michelin 2017
17 Punkte Gault & Millau 2017

Daniel Homann
Homann's Restaurant
im *Hotel Haus Homann*
Ravaisch Straße 12
CH-7563 Samnaun-Ravaisch
www.hotel-homann.ch

2 Sterne Guide Michelin 2017
18 Punkte Gault & Millau 2017

Hans-Peter Hussong
Zum Wiesengrund
Kleindorfstraße 61
CH-8707 Uetikon am See
www.wiesengrund.ch

1 Stern Guide Michelin 2017
18 Punkte Gault & Millau 2017

Harald Irka
Saziani Stub'n
Weingut Neumeister
Sazianiweg 42
A-8345 Straden
www.neumeister.cc

18 Punkte Gault & Millau 2017

Christian Jürgens
Überfahrt
im *Althoff Seehotel Überfahrt*
Überfahrtstraße 10
D-83700 Rottach-Egern
www.seehotel-ueberfahrt.com
www.christianjuergens.de

3 Sterne Guide Michelin 2017
19,5 Punkte Gault & Millau 2017

Thomas Kellermann
Kastell
im Hotel *Burg Wernberg*
Schlossberg 10
D-92533 Wernberg-Köblitz
www.burg-wernberg.de

2 Sterne Guide Michelin 2017
17 Punkte Gault & Millau 2017

Michael Kempf
Facil
im *The Mandala Hotel*
Potsdamer Straße 3
D-10785 Berlin
www.facil.de

2 Sterne Guide Michelin 2017
18 Punkte Gault & Millau 2017

Peter Knogl
Cheval Blanc by Peter Knogl
im Grand Hotel *Les Trois Rois*
Blumenrain 8
CH-4001 Basel
www.lestroisrois.com/de/restaurants/chevalblanc

3 Sterne Guide Michelin 2017
19 Punkte Gault & Millau 2017

Andreas Krolik
Lafleur
Palmengartenstraße 11
D-60325 Frankfurt am Main
www.palmengarten-gastronomie.de

2 Sterne Guide Michelin 2017
18 Punkte Gault & Millau 2017

Reto Lampart
Gourmet-Restaurant Lampart's
Oltnerstraße 19
CH-4614 Hägendorf
www.lamparts.ch

2 Sterne Guide Michelin 2017
17 Punkte Gault & Millau 2017

Christian Lohse
Fischers Fritz im
Hotel Regent
Charlottenstraße 49
D-10117 Berlin
www.fischersfritz-berlin.de

2 Sterne Guide Michelin 2017
16 Punkte Gault & Millau 2017

Claus-Peter Lumpp
Bareiss
im Hotel *Bareiss*
D-72270 Baiersbronn-Mitteltal

3 Sterne Guide Michelin 2017
19 Punkte Gault & Millau 2017

Dirk Luther

Meierei Dirk Luther
im *Vitalhotel Alter Meierhof*
Uferstraße 1
D-24969 Glücksburg
www.alter-meierhof.de

2 Sterne Guide Michelin 2017
18 Punkte Gault & Millau 2017

Johanna Maier

Hubertus
Am Dorfplatz 1
A-5532 Filzmoos
www.johannamaier.at

17 Punkte Gault & Millau 2017

Eric Menchon

Le Moissonnier
Krefelder Straße 25
D-50670 Köln
www.lemoissonnier.de

2 Sterne Guide Michelin 2017
18 Punkte Gault & Millau 2017

Dieter Müller

Restaurant Dieter Müller
auf der *MS Europa*
www.dietermueller.de

(ehemals) *Restaurant Dieter Müller*
im *Schlosshotel Lerbach*
Lerbacher Weg
D-51469 Bergisch Gladbach

3 Sterne Guide Michelin
19,5 Punkte Gault & Millau

Silvio Nickol

Silvio Nickol Gourmet Restaurant
im Palais Coburg
Coburgbastei 4
A-1010 Wien
www.palais-coburg.com

2 Sterne Guide Michelin Europa 2016
19 Punkte Gault & Millau 2017

Heiko Nieder
The Restaurant im
Hotel *The Dolder Grand*
Kurhausstraße 65
CH-8032 Zürich
www.thedoldergrand.com

2 Sterne Guide Michelin 2017
18 Punkte Gault & Millau 2017

Norbert Niederkofler
St. Hubertus
im *Hotel & Spa Rosa Alpina*
Strada Micurá de Rü, 20
I-39036 St. Kassian in Abtei (BZ) Italien
www.rosalpina.it
www.n-n.it

2 Sterne Guide Michelin 2017
19 Punkte Gault & Millau 2017

Wahabi Nouri
Piment
Lehmweg 29
D-20251 Hamburg
www.restaurant-piment.de

1 Stern Guide Michelin 2017
17 Punkte Gault & Millau 2017

Rudolf Obauer

Restaurant-Hotel *Obauer*
Markt 46
A-5450 Werfen
www.obauer.com

19 Punkte Gault & Millau 2017

Christoph Rainer

Tiger-Gourmetrestaurant
im *Tigerpalast*
Heiligkreuzgasse 16–20
D-60313 Frankfurt am Main
www.tigerpalast.de

2 Sterne Guide Michelin 2017
17 Punkte Gault & Millau 2017

Tim Raue

Restaurant Tim Raue
Rudi-Dutschke-Straße 26
D-10969 Berlin
www.tim-raue.com

2 Sterne Guide Michelin 2017
19 Punkte Gault & Millau 2017

Jörg Sackmann
Gourmetrestaurant Schlossberg
im *Hotel Sackmann*
Murgtalstraße 602
D-72270 Baiersbronn
www.hotel-sackmann.de

2 Sterne Guide Michelin 2017
17 Punkte Gault & Millau 2017

Thomas Schanz
schanz. restaurant.
Bahnhofstraße 8a
D-54498 Piesport
www.schanz-hotel.de

2 Sterne Guide Michelin 2017
18 Punkte Gault & Millau 2017

Alfons Schuhbeck
Schuhbecks in den Südtiroler Stuben
Platzl 6+8
D-80331 München
www.schuhbeck.de

1 Stern Guide Michelin 2017
17 Punkte Gault & Millau 2017

Ronny Siewert
Gourmet Restaurant Friedrich Franz
im *Grand Hotel Heiligendamm*
Prof.-Dr.-Vogel-Straße 6
D-18209 Bad Doberan-Heiligendamm
www.grandhotel-heiligendamm.de

1 Stern Guide Michelin 2017
18 Punkte Gault & Millau 2017

Douce Steiner
Hotel Restaurant Hirschen
Hauptstraße 69
D-79295 Sulzburg
www.douce-steiner.de

2 Sterne Guide Michelin 2017
17 Punkte Gault & Millau 2017

Hans Stefan Steinheuer
Steinheuers Restaurant Zur Alten Post
und
Landgasthof Poststuben
Landskroner Straße 110
D-53474 Bad Neuenahr-Ahrweiler
www.steinheuers.de

2 Sterne Guide Michelin 2017
19 Punkte Gault & Millau 2017

Paul Stradner
Brenners Park-Restaurant
Schillerstraße 4/6
D-76530 Baden-Baden
www.brenners.com

2 Sterne Guide Michelin 2017
18 Punkte Gault & Millau 2017

Simon Taxacher
Simon Taxacher
im Hotel *Rosengarten*
Aschauerstraße 46
A-6365 Kirchberg
www.rosengarten-taxacher.com
www.simon-taxacher.com

19 Punkte Gault & Millau 2017

Franz Wiget
Restaurant Adelboden
Schlagstraße
CH-6422 Steinen
www.wiget-adelboden.ch

2 Sterne Guide Michelin 2017
18 Punkte Gault & Millau 2017

Heinz Winkler
Residenz Heinz Winkler
Kirchplatz 1
D-83229 Aschau im Chiemgau
www.residenz-heinz-winkler.de

2 Sterne Guide Michelin 2017
17 Punkte Gault & Millau 2017

Joachim Wissler
Restaurant Vendôme
im *Althoff Grandhotel Schloss Bensberg*
Kadettenstraße
D-51429 Bergisch Gladbach
www.schlossbensberg.com
www.joachimwissler.com

3 Sterne Guide Michelin 2017
19,5 Punkte Gault & Millau 2017

Eckart Witzigmann
Ikarus-Hangar-7
Wilhelm-Spazier-Str. 7A,
A-5020 Salzburg
www.hangar-7.com
www.eckart-witzigmann.de

2 Sterne Guide Michelin Europa 2016;
Team Martin Klein Restaurant *Ikarus*
18 Punkte Gault & Millau 2017

Harald Wohlfahrt
Schwarzwaldstube
im *Hotel Traube Tonbach*
Tonbachstraße 237
D-72270 Baiersbronn
www.traube-tonbach.de

3 Sterne Guide Michelin 2017
19,5 Punkte Gault & Millau 2017

Rico Zandonella
RICO'S
Seestraße 160
CH-8700 Küsnacht
www.ricozandonella.ch

2 Sterne Guide Michelin 2017
18 Punkte Gault & Millau 2017

Zeit: Ein guter Rat zeigt Chancen auf, bewahrt vor Fehlern, eröffnet Auswege aus schwierigen Situationen und kann das eigene Leben in eine spannende neue Richtung lenken. In diesem Buch geben erfolgreiche Topmanager und Unternehmer preis, welches der beste Rat war, den sie in ihrem Leben erhielten, wie sie diesen genutzt haben und welche Chancen und Veränderungen in ihrem Leben sich somit ergaben. Die Beitragenden bieten wertvolle Anregungen für jeden, der von dem Erfolg und der Erfahrung dieser Persönlichkeiten für das eigene Leben profitieren möchte.

»Die besten Ratschläge 100 erfolgreicher Top-Manager und Unternehmer sind unbezahlbar.«
ZEIT Online

»Wirtschaftsbosse unplugged: (…) Ein Kompendium einprägsamer Botschaften, das zum Nachdenken anregt.«
Manager Magazin

»Mehr als 100 gute Ratschläge, die Erfolgreichen zum Erfolg verhalfen.«
Focus

sich schnell zum unangefochtenen Marktführer in einem Milliardenmarkt entwickelte?
Die Antwort: Alle diese Menschen waren nicht nur begnadete Künstler, Wissenschaftler, Politiker oder Unternehmer – sie waren gleichzeitig auch hervorragende Manager. So konnten sie aus ihren Talenten mehr machen als andere und ihre Exzellenz freisetzen; das machte sie erfolgreich.
Frank Arnold beschreibt in seinem Buch über 60 Persönlichkeiten aus den verschiedensten Bereichen der Gesellschaft. Von dem Erfolgswissen dieser Persönlichkeiten können alle profitieren – denn Management geht jeden an: Führungskräfte aller Ebenen, Unternehmer und Freiberufler, aber auch jeden, dem seine persönliche Entwicklung und Karriere wichtig ist. Noch nie wurde Management so verständlich und unterhaltsam vermittelt wie in diesem Buch. Daher bietet *Management – Von den Besten lernen* auch einen großen Fundus für Führungskräfte, Berater, Redner und Trainer, die ihre Ausführungen mit lebendigen Beispielen und wertvollen Denkanstößen vervollkommnen möchten.
Management – Von den Besten lernen ist mittlerweile weltweit in vielen Sprachen erhältlich. Es wird international von renommierten Verlagen publiziert – unter anderem von McGraw-Hill in den USA, Phoenix in Russland, The Soup Publishing in Korea, Hankyu in Japan und Grand China Publishing House in China.

»Lesen! Managementwissen, so der Gedanke, ist nicht nur in der Wirtschaft vorhanden. Und so wählt Frank Arnold Personen aus Sport, Unterhaltung, Politik oder Kultur aus und analysiert, welche Entscheidungen ihnen zum Erfolg verhalfen. Das ergibt eine illustre Mischung, die über Warren Buffett, Bill Gates und Barack

Obama bis zu König Salomo, Hippokrates oder Herbert von Karajan reicht.«
Welt am Sonntag

»Profund, praxisrelevant, unterhaltsam (...) Geistreich und fundiert (...) Arnold meistert die Aufgabe, seinen Stoff menschennah und doch seriös zu vermitteln, mit Leichtigkeit. Dabei ist die Lektüre auch für Laien unterhaltsam, die Sprache schnörkellos, präzise (...) das originelle Buch ist eine kluge und unaufdringliche Anleitung zum Erfolg. Für Top-Manager genauso empfehlenswert wie für Nachwuchskräfte – ein Buch für Praktiker.«
NZZ am Sonntag

»Management ist lernbar. Allerdings helfen Binsenweisheiten heutzutage wenig. (...) Die Managementidee muss viel mehr demokratisiert werden. Managementwissen ist Erfolgswissen für alle Lebenslagen, und Erfolg zu haben kann jeder lernen. Das ist der simple Ausgangspunkt dieses Buches.«
FAZ Frankfurter Allgemeine Zeitung

ÜBER DEN AUTOR

Dr. Frank Arnold gilt als einer der anerkanntesten Managementberater Deutschlands und der Schweiz. Er berät Vorstände zu den Themen Strategie und Kultur. Zu den Kunden seiner Unternehmensberatung ARNOLD Management gehören zahlreiche internationale Unternehmen des Mittelstands sowie börsennotierte Konzerne.

Seine Bücher erscheinen weltweit in vielen Sprachen. Der internationale Bestseller *Management – Von den Besten lernen (What Makes Great Leader Great)* wurde mit dem Buchpreis »Beste Bücher des Jahres« ausgezeichnet. *Der beste Rat, den ich je bekam* wurde zum *Spiegel*-Bestseller. Mit seinen Büchern und über hundert Publikationen in führenden Medien wie *Neue Zürcher Zeitung*, *Manager Magazin*, *Spiegel Online*, *Capital* und *Bilanz* hat er das Führungsverständnis vieler Manager beeinflusst.

Der promovierte Wirtschaftswissenschaftler leitet Führungsseminare und ist international als Redner gefragt. Seine Vorträge zeichnen sich durch rhetorische Brillanz und die Fähigkeit aus, mit profundem Führungswissen seinen Zuhörern nachhaltige Impulse zu geben. Weiterführende Informationen finden Sie unter www.arnoldmanagement.com und unter www.frankarnold.com.

Über den Autor

Frank Arnold, geboren 1973 in Wiesbaden, ist Vater von zwei Kindern und lebt mit seiner Familie in Zürich. Er ist leidenschaftlicher Triathlet und Ausdauersportler.